珞珈经管论丛

本书系国家社科基金项目（12BMZ052）、湖北省社科基金项目（2013217）、宜昌市科技研究与开发项目（A2012-302-32）阶段性成果

本书由三峡大学"管理科学与工程"省级重点学科建设项目和三峡区域经济社会可持续发展三峡大学协同创新中心资助出版

山岳型世界文化遗产地旅游环境质量评价与优化研究

——以武当山为例

● 张晓燕 著

WUHAN UNIVERSITY PRESS

武汉大学出版社

图书在版编目(CIP)数据

山岳型世界文化遗产地旅游环境质量评价与优化研究:以武当山为例/张晓燕
著. —武汉:武汉大学出版社,2014.3
珞珈经管论丛
ISBN 978-7-307-12731-9

Ⅰ.山… Ⅱ.张… Ⅲ.山—文化遗产—旅游环境—研究 Ⅳ.K918.3

中国版本图书馆 CIP 数据核字(2014)第 004218 号

责任编辑:柴 艺 责任校对:鄢春梅 版式设计:韩闻锦

出版发行:**武汉大学出版社** (430072 武昌 珞珈山)
(电子邮件:cbs22@ whu. edu. cn 网址:www. wdp. com. cn)
印刷:湖北恒泰印务有限公司
开本:787×1092 1/16 印张:12.75 字数:277 千字 插页:1
版次:2014 年 3 月第 1 版 2014 年 3 月第 1 次印刷
ISBN 978-7-307-12731-9 定价:30.00 元

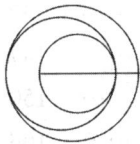

目　录

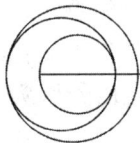

绪　论

根据联合国教科文组织世界遗产中心统计，截至 2013 年，共批准 160 个国家的 981 项世界遗产，其中世界文化遗产 759 项，自然遗产 193 项，自然和文化复合型遗产 29 项①。2013 年 6 月在柬埔寨金边举行的第 37 届世界遗产大会上，新疆天山和云南哈尼梯田被列入世界遗产名录。我国世界遗产增至 45 项，仅次于意大利（49 项），跻身世界第二。中国的世界遗产大国地位不容置疑。

单从世界文化遗产的数量来看，意大利拥有 45 项，西班牙拥有 41 项（含 2 项复合型遗产），而中国（含 4 项复合型遗产）、法国（含 1 项复合型遗产）及德国各拥有 35 项②，3 国并列全球第三。从中国的世界遗产分类来看，有 28 项世界文化遗产，3 项文化景观（庐山、五台山、西湖），4 项自然和文化复合型遗产（泰山、黄山、峨眉山—乐山大佛、武夷山）以及 10 项自然遗产。世界文化遗产占中国遗产总数的 78%。中国的世界文化遗产囊括了不同历史时期所形成的具有"突出的普遍价值"的文物、建筑群和遗址类型。它们不仅是历史、文化、艺术、科学成就的有形物质载体，更是国家的文化记忆和命脉所在。

与其他世界遗产大国不同的是：中国的世界文化遗产与中国传统名山相生相合，形成了极具特色的山岳型世界文化遗产地。它们历经数千年的自然演变，荟萃自然生态、山岳奇观、建筑艺术、民俗风情和文化精华为一体，是地球家园人文和谐共存、中国儒释道主脉文化和谐共荣、人与自然生态和谐共生的典范③。按照登录时间依次是泰山、黄山、武当山、峨眉山、庐山、武夷山、青城山、五台山，共计八处。

这八处山岳型世界文化遗产地④完整地延续和保留了中华传统文化和原生态山岳自然景观，极具传统文化和生态环境价值，是风景优美、文化富集的高端旅游景区，更是展示"美丽中国"形象的典型代表。从景区级别来看，这八山全部属于国家 5A 级景区，其中，2007 年，泰山景区、青城山—都江堰景区、乐山—峨眉山景区、黄山风景区、庐山风景区、武夷山风景区、五台山风景区被首批列入国家 5A 级景区，2011 年武当山风景区也被列入第六批国家 5A 级景区。世界文化遗产地和中国高端精

---

① 数据来自联合国教科文组织世界遗产中心（http://whc.unesco.org/en/list/）。
② 数据来自联合国教科文组织世界遗产中心（http://whc.unesco.org/en/list/）。
③ 张薇，黄黎敏. 论世界文化遗产地武当山的核心价值[J]. 中国紫禁城学会会刊，2010 (7)：20.
④ 以下简称八山。

品旅游景区品牌，使这八山成为旅游者寄情山水、游赏栖居、朝觐膜拜、修身养性、探古思今的热点旅游目的地。国家旅游局发布《2011 年中国旅游景区发展报告》称：2011 年全国 A 级旅游景区旅游总收入达到 2658.60 亿元，而 5A 级景区的旅游总收入为 1744.84 亿元。① 旅游总收入位居全国前十位的旅游景区有 4 家是山岳型世界文化遗产地，其中，庐山景区总收入为 56.27 亿元，位居 A 级景区首位；五台山景区为 28.28 亿元，排名第五位；武当山景区为 18.6 亿元，位居第九位；黄山景区为 18.18 亿元，位居第十位。很明显，八处山岳型世界文化遗产地的旅游经济发展在我国 A 级旅游景区中发挥着重要的领军作用。

从山岳型世界文化遗产地自身来看，遗产地旅游环境极具脆弱性、敏感性、复杂性，长期面临着遗产环境保护与旅游开发破坏的博弈困境。初步调查发现，这八山普遍存在着区域性、季节性旅游环境容量超载问题，宾馆餐饮设施建筑密度大，严重侵占遗产地生态用地，而且生活废水、废弃物直排等环境污染问题突出。山岳型世界文化遗产地旅游环境问题无疑影响着旅游者的游览质量，也关系着八处遗产地的可持续发展。因此，从游客评价视角对山岳型文化遗产地旅游环境质量问题进行实证研究，现实刻不容缓。

从国际发展背景来看，根据 2010 年耶鲁大学发布的全球环境绩效指数报告，中国在 163 个国家中位于第 121 位，中国被认为是全球最大的能源消耗国。尽管从人均来看，中国的能源消耗远非最多，与其他国家比也并不高②，但中国已经或将成为最大能耗国的事实及中国的污染和排放问题已经成为世界各国高度关注的重要问题。国际生态学家和环境学家逐渐认识到以化石燃料为基础的、一次性产品泛滥的经济模式将致使自然系统遭到严重破坏。旅游业远非发展初期所宣传的"无烟产业"，旅游交通、旅游住宿及旅游活动具有能源消耗密集的特征（Stefan Gofssling，2005）。旅游业对全球碳排放负有 5% 的责任（UNWTO-UNEP-WMO，2008）。

环境压力和资源约束的双重作用，迫使世界各国掀起低碳能源竞争热潮。西欧的风能发电场、日本的太阳能屋顶、美国的复合型汽车、韩国的山林再造以及阿姆斯特丹的自行车友好车道，北欧丹麦、挪威、瑞典三国展现的风能发电、节能减排、垃圾处理以及生态小区建设等方面的领先优势③。这一切改变和尝试昭示着全球经济模式的重建和环境治理的新探索，也更彰显出中国山岳型世界文化遗产地旅游环境治理与建设的迫切使命。

从国内发展趋势来看，2009 年《国务院关于加快发展旅游业的意见》（国发 41 号文件），明确提出"妥善保护自然生态、原居环境和历史文化遗产"，"推进节能环保，实施旅游节能节水减排工程。支持宾馆饭店、景区景点、乡村旅游经营户和其他旅游

① 2011 年中国旅游景区发展报告[EB/OL].http://www.traveldaily.cn/article/61765.html.

② 托马斯·海贝勒，迪特·格鲁诺. 中国与德国的环境治理：比较的视角[M]. 北京：中央编译出版社，2012：11.

③ 莱斯特·R. 布朗. B 模式 2.0：拯救地球，延续文明[M]. 上海：东方出版社，2003：1.

经营单位积极利用新能源新材料"，"减少温室气体排放，积极发展循环经济，创建绿色环保企业。五年内将星级饭店、A 级景区用水用电量降低 20%"，"合理确定景区游客容量"，"倡导低碳旅游方式"①等旅游区环境建设意见。在此基础上，2012 年中共十八大报告首次将"生态文明"提高到"五位一体"总体布局的战略层面，明确提出了"努力建设美丽中国，实现中华民族永续发展"的奋斗目标。这体现了我国今后在处理经济发展与环境保护的关系、人与自然关系上的新的治国理念和政策导向。可见，中国山岳型世界文化遗产地推进旅游环境建设与治理，提升旅游环境质量，主动融入国家战略发展导向，势在必行。

学术的生命力和意义在于对现实社会问题的理性关怀。从实地调研来看，庐山、峨眉山、武当山等山岳型世界文化遗产地非常重视旅游环境质量建设，并积极进行旅游环境保护与治理的尝试与实践，如武当山率先提出景区做"减法"的建设思路，严格控制核心景区服务设施的建筑体量和规模。统一使用尾气排放达到欧Ⅲ标准的环保客车，在整个遗产地内循环运行。同时，固体垃圾及酒店衣物全部运送山下处理，以减少山地污染和能源消耗。总体来看，这些有益探索明显改善了世界文化遗产地武当山的旅游环境质量。但问题是，由于八处山岳型世界文化遗产地所在区域及管理模式不同，旅游环境治理与建设始终处在各自独立、零星探索的阶段。山岳型世界文化遗产地旅游环境问题的内在规律和共性问题亟待深度研究。

本书出版的目的在于：客观呈现世界遗产大国旅游环境治理的新形态，归纳概括中国山岳型世界文化遗产地的旅游环境特征，以湖北武当山为典型案例，科学分析山岳型世界文化遗产地旅游环境质量存在问题及建设着力点。本书旨在践行党的十八大"努力建设美丽中国，实现中华民族永续发展"的精神，积极推动中国的世界遗产地旅游可持续发展。

本书基于国际三大检索数据库，对"遗产旅游"与"旅游环境"研究的国际动态与进展进行述评。借助人居环境理论、旅游体验理论、循环经济理论、低碳经济理论等交叉学科的思想和理论，构建了山岳型世界文化遗产地旅游环境质量评价模型与指标体系。之后，通过武当山的实地问卷调查，数据因子分析、多元回归分析、表现性和重要性分析等量化实证研究，科学确定了武当山旅游环境质量的主要影响因子和关键指标。量化实证研究表明：武当山自然生态环境、经典遗产建筑、封闭环保交通的重要性和表现性分值高，这是今后发展需要保持的竞争优势所在。但旅游环境容量不均衡、文化旅游体验单薄及山地住宿设施与服务质量是目前制约武当山旅游发展的重要瓶颈，此外，武当山在营造原真宗教氛围，维持环卫质量，开发有机特色餐饮方面还存在着较大的提升空间。

本书还通过网络游记调查与内容挖掘分析，弥补了量化研究的不足，使实证研究更加饱满和丰富。结合武当山旅游环境实际，书中提出了实施清洁生产、推进资源循

---

① 国务院关于加快发展旅游业的意见[EB/OL]. http://www.gov.cn/zwgk/2009-12/03/content_1479523.htm.

环利用和绿色管理等旅游环境优化建设对策。本书希望通过挖掘和提出山岳型世界文化遗产地独特的环境治理与建设方式，为中国及全球世界遗产地旅游环境治理的探索做出一定贡献。

本书重点围绕武当山开展典型案例研究，是由于武当山是中国唯一的旅游经济特区、湖北省唯一的山岳型世界文化遗产地，充分考虑调查实施的便捷性和可行性。本书对武当山的旅游环境质量问题采用问卷调查、网络文本内容分析等实证研究方法，以期深度挖掘和剖析其内在问题，切实做到以科学的研究方法去保证分析结果的可靠性和有效性。在全球世界遗产数量即将突破 1000 项的重要时期，本书对中国山岳型世界文化遗产地旅游环境质量和优化建设问题进行实证研究，以期通过世界遗产的"中国元素"进一步丰富国际遗产旅游研究成果。

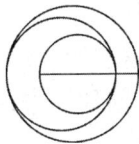

第一章 文献综述与研究方法

本章主要对"遗产旅游"和"旅游环境"的国内外研究进展进行述评和分析，并阐述研究所适用的方法。文献计量分析所依托数据库为：武汉大学图书馆提供的国际三大检索系统（SCI-EXPANDED、SSCI 和 A&HCI）、ProQuest 博硕士论文数据库、Elsevier Electronic Journals 等电子数据库平台以及中国知网数据库。

第一节 国外相关研究进展与述评

一、国外遗产旅游研究进展

（一）文献计量分析

首先，以"遗产旅游"（heritage tourism）为标题（title），在三大国际检索系统 SCI-EXPANDED（1999）、SSCI（1975）、A&HCI（1975）进行检索①。截至 2010 年 12 月，共获得文献 163 篇。按文献类型、来源期刊、所属国别、所属机构、所属学科作者进行计量分析，见表 1-1 至表 1-6。

表 1-1 　　　　　　　　　国外"遗产旅游"文献类型统计表

文 献 类 型	篇 数
论文（article）	85
书评（book review）	63
丛书（editorial material）	7
会议论文（proceedings paper）	5
报纸新闻（news item）	3
总　计	163

---

① SCI-EXPANDED（1999）、SSCI（1975）、A&HCI（1975）简称国际三大检索系统。

从表 1-1 可以看出，国外"遗产旅游"研究成果以期刊论文和书评为主，而且书评类研究成果非常丰富。可见，国际上对遗产旅游类著作的研究和评述已经成为学术研究的重要内容。这与国内学术研究成果的分布存在很大的不同。目前，国内仅《旅游学刊》等少数期刊刊载有一定量的书评类研究成果，所占比重还非常少。这表明今后国内遗产旅游研究除期刊论文和著作外，书评类研究成果存在着较大的空间和潜力，国内旅游类相关期刊有必要增设"书评"栏目。

表 1-2　　　　　　　国外"遗产旅游"文献来源期刊统计表（前十位）

来　源　期　刊	篇　数
《旅游研究年刊》（Annals of Tourism Research）	35
《旅游管理》（Tourism Management）	21
《可持续旅游》（Journal of Sustainable Tourism）	4
《国际博物馆》（Museum International）	4
《美国地理协会年刊》（Annals of the Association of American Geographers）	2
《澳大利亚地理》（Australian Geographer）	2
《中国地理科学》（Chinese Geographical Science）	2
《文化地理》（Cultural Geographies）	2
《地理学》（Geography）	2
《美国历史》（Journal of American History）	2
总计	76

由表 1-2 可见，国际上关于遗产旅游的成果主要发表在《旅游研究年刊》和《旅游管理》这两大期刊。从发表论文数量排名前十位的期刊来看，目前国际遗产旅游研究成果主要发表在旅游类和地理类期刊上，如《可持续旅游》、《国际博物馆》、《美国地理协会年刊》、《澳大利亚地理》、《文化地理》、《地理学》等杂志。但需要注意的是，据统计，"目前进入 SSCI 的期刊仅旅游类（包括户外运动和休闲）就多达 35 种"①。而且，遗产旅游研究本身具有综合性、交叉性、跨学科性的特点，这充分说明分析国际遗产旅游研究进展，不仅需要关注旅游类和地理类期刊，而且今后还要扩大样本期刊的范围，关注和分析相关学科或交叉学科的遗产旅游研究成果非常必要。

---

① 张凌云，兰超英，齐飞，吴平. 近十年我国旅游学术共同体的发展格局与分类评价——基于旅游学术期刊论文大数据的视角[J]. 旅游学刊，2013，28（10）：114-125.

表 1-3　　　　　　　　　国外"遗产旅游"文献所属国别统计表(前十位)

国　别	篇　数	%
美国(USA)	48	35.3
英国(UK)	42	30.9
澳大利亚(Australia)	13	9.6
加拿大(Canada)	11	8.1
中国(China)	6	4.4
新加坡(Singapore)	6	4.4
荷兰(Netherlands)	5	3.7
西班牙(Spain)	5	3.7
总计	136	100

　　表 1-3 显示，全球研究成果数量排名前五位的国家为美国、英国、澳大利亚、加拿大和中国。其中，美、英两国的遗产旅游研究成果占绝对比重，澳大利亚、加拿大次之，中国、新加坡为后起之秀，荷兰、西班牙也有一定贡献。总体上，遗产旅游研究成果较多的国家也是世界遗产资源富足的国家，如中国的世界遗产数量位列全球第二(45 项)，西班牙排名第三(44 项)，英国位列第八(28 项)，美国位列第十(21项)。另外，澳大利亚和加拿大各拥有世界遗产 19 项和 17 项。由此可以推断，世界遗产为遗产旅游研究的开展提供了重要的实证研究素材，各国所拥有的世界遗产资源数量与发表遗产旅游研究论文数量具有一定的相关性。2013 年，中国跻身为全球第二世界遗产大国，今后中国的世界遗产国际影响力和学术贡献将会更加突出。

表 1-4　　　　　　　　　国外"遗产旅游"文献所属机构统计表(前十位)

机　构	篇　数	%
国立新加坡大学(National Singapore University)	5	16.6
英国伯恩茅斯大学(Bournemouth University)	3	10.0
英国杜伦大学(Durham University)	3	10.0
英国埃克塞特大学(Exeter University)	3	10.0
英国伦敦大学(London University)	3	10.0
英国萨里大学(Surrey University)	3	10.0
澳大利亚纽卡斯尔大学(Newcastle University)	3	10.0
加拿大滑铁卢大学(Waterloo University)	3	10.0
以色列内盖夫本吉瑞大学(Ben Gurion University)	2	6.7
美国杜克大学(Duke University)	2	6.7
总计	30	100

表1-4统计了全球遗产旅游研究成果数量排名前十位的研究机构。从中可以看出，国立新加坡大学居首位，英国的5所大学并列第二，还有澳大利亚、加拿大、以色列以及美国4个国家的4所大学。这突出显示出英国高等院校在全球遗产旅游学术研究方面的卓越贡献和雄厚实力。而且，通过对比表1-3与表1-4发现，研究成果数量名列前茅的国家，其研究机构排名也靠前。这再次说明了世界遗产大国及其科研机构的重要贡献。遗憾的是，中国虽世界遗产资源丰富，研究成果总量位居全球第五，但尚无一所高校或科研机构位列前十。这与目前国内进行遗产旅游研究的机构比较分散，缺乏整体国际影响力和竞争力有关。因此，国内的世界遗产研究中心（国家文物局中国文化遗产研究院、北京大学世界遗产中心、中国社会科学院文化遗产保护研究中心）、重点高等院校及旅游学院亟待担负起国际高水平遗产旅游学术研究使命。有必要在政策上和经费上重点支持、培育实力相对较强的科研院所，集中支持其发表国际水平的遗产旅游研究成果，以提升中国的遗产旅游研究影响力。

表1-5　　　　　　国外"遗产旅游"文献所属学科统计表（前十位）

学　科	篇　数	%
接待、休闲、运动与旅游（hospitality, leisure, sport & tourism）	66	27.8
社会学（sociology）	39	16.5
环境研究（environmental studies）	32	13.5
地理学（geography）	26	11.0
管理学（management）	23	9.7
历史学（history）	15	6.3
规划开发学（planning & development）	11	4.6
城市研究（urban studies）	11	4.6
艺术学（art）	8	3.4
人类学（anthropology）	6	2.6
总计	237	100

从表1-5所属学科统计情况来看，国外遗产旅游研究以接待、休闲、运动与旅游（hospitality, leisure, sport & tourism）这个大的学科门类的研究为主。但需要注意的是隶属社会学和环境研究交叉学科的研究进展迅速，并超过地理学、管理学和历史学等学科。这与国内普遍认为旅游学研究成果隶属或脱胎于地理学科的结论存在较大差异①。此外，规划开发学、城市研究、艺术学和人类学等学科对遗产旅游的研究也开始兴起。可

———————

① 张凌云等（2013）对近十年我国旅游学术研究主题的分析表明，从学科分类情况来看，旅游地理学科的旅游学术成果最多。本书主要分析的是2000—2010年"国际遗产旅游研究"子内容的学科分布，研究结果可能会由于时间跨度和分析对象的不同而存在差异。本研究数据支持前向和后向增加时间维度的进一步研究。

见，国外遗产旅游研究交叉学科的特征非常明显。

表1-6　　　　　　　国外"遗产旅游"文献作者统计表（前十位）

作　者	篇　数	%
Chang, T. C.	3	13.6
Poria, Y.	3	13.6
Anon	2	9.1
Airey, D.	2	9.1
Ashworth, G.	2	9.1
Butler, R.	2	9.1
Chhabra, D.	2	9.1
Crang, M.	2	9.1
Frost, W.	2	9.1
Fyall, A.	2	9.1
总计	22	100

表1-6列出了发表遗产旅游论文数量为2~3篇的作者。这十位作者对国外遗产旅游研究做出了重要贡献。

除高质量的期刊论文外，美国 ProQuest Information and Learning 博硕士论文数据库收录遗产旅游博硕士论文17篇（截至2010年12月底）。本书分别对论文所属单位、作者、题目、研究方法和发表时间进行统计，见表1-7。

表1-7　　　　　　国外"遗产旅游"研究博硕士论文统计表

序号	单位	作者	题目	研究方法	年份
1	美国南伊利诺伊大学	Rosenstein, Diana Miller	遗产旅游业中非营利性的私人部门和公共部门营销角色研究	问卷调查、方差分析、单尾和多尾方法、T检验、卡方检验	1994
2	美国田纳西大学	Chandler, James Arthur	遗产旅游地旅游者生活方式和活动偏好研究	问卷调查、方差分析	1998
3	美国印第安纳州立大学	Berglee, Royal E.	美国中部村落型遗产地旅游开发研究	问卷调查、方差分析、因子分析、聚类分析	2000

序号	单 位	作 者	题 目	研究方法	年份
4	美国北卡罗来纳大学	Chhabra, Deepak	游客对遗产旅游地抛杆赛原真性感知研究	问卷调查、回归分析	2001
5	美国纽约城市大学	Minott, Andre St. Claver	历史城市遗产保护与旅游发展中的社区居民态度研究	访谈、问卷调查	2003
6	美国西弗吉尼亚大学	Babka, Christine M.	遗产旅游地成年志愿者的特征和行为动机研究	问卷调查	2003
7	美国得克萨斯大学埃尔帕索分校	Fowler, Edwin Ray	遗产旅游吸引物的历史文化多样性研究	定性理论研究	2004
8	美国得克萨斯大学奥斯汀分校	Adams, Joy Kristina	遗产节庆旅游的种族认同性影响研究	访谈、问卷调查	2006
9	美国宾夕法尼亚州立大学	Bandyopadhyay, Ranjan	印度遗产旅游发展中的不和谐问题研究	定性理论研究	2006
10	美国密歇根大学	Khirfan, Louna Ja'far	基于可持续规划的视角的城市遗产保护与旅游发展研究	访谈、观察、问卷调查、文化素材分析、认知图谱、文献研究	2007
11	美国加利福尼亚州立大学	Klingener, Nancy	遗产旅游对社区的影响以及社区转型研究	文献数据法	2007
12	美国纽约州立大学帝国州立学院	Whitley, Bryan James	历史社会博物馆遗产旅游的文化生产力和政策制定研究	定性理论研究	2007
13	加拿大麦吉尔大学	Chang, Tou-Chuang	新加坡遗产旅游发展中古村落地方特色保护问题研究	定性理论研究	1997
14	加拿大特伦特大学	Wideman, Maureen Anne	城镇遗产旅游发展中的社区参与问题研究	定性理论研究	1997

续表

序号	单 位	作 者	题 目	研究方法	年份
15	加拿大康考迪亚大学	Freitas, Jennifer L.	历史公园遗产旅游中的世俗朝圣研究	定性理论研究	1998
16	加拿大达尔豪斯大学	Lawrance, Robert A.	乡村社区遗产旅游原真性研究	访谈、文献法、电子邮件调查	1998
17	加拿大滑铁卢大学	Scantlebury, Michael Gregory	遗产地旅游企业所有权结构与员工参与、社区参与的关系研究	原因分析、地图技术、抽样调查	2003

表1-7显示：从遗产旅游博硕士论文所属机构来看，有12所大学属于美国，占总数的70.5%；5所大学属于加拿大，占总数的29.5%。总体来看，国外遗产旅游博硕士论文注重对某一特定类型遗产的研究，目前主要围绕城市（镇）遗产、乡村（村落）遗产、历史公园三大遗产类型，对山岳型世界遗产的研究成果暂时还没有。研究内容涉及遗产地保护与可持续发展、旅游社区影响与居民态度、遗产地旅游企业发展、遗产原真性、遗产节庆活动影响以及遗产旅游者活动等方面，研究问题主要集中在旅游社区参与、原真性、旅游者行为以及遗产吸引力等。研究方法上，定量和定性研究各有千秋，采用定量和定性相结合研究方法的有5篇，占总数的29.4%；采用定量方法的有6篇，占总数的35.3%；采用定性方法的也有6篇，占总数的35.3%。可见，国外遗产旅游博硕士论文研究并不拘泥于任何一种固定的研究方法，而是结合研究问题的需要，选择合适的研究方法。

（二）主要研究内容

1. 遗产旅游人地关系研究

遗产旅游会对当地社区居民产生心理、文化、社会和经济影响（Minott, Andre St. Claver, 2003）。在心理影响方面，遗产地居民主要通过提供服务的形式参与社区旅游发展，对历史遗产产生强烈的文化、社会、情感依恋；在文化影响方面，遗产旅游发展促进社区居民与旅游者的交流，提高当地居民的历史文化意识和自豪感以及促进当地社区文化的可持续发展；在社会生活影响方面，遗产旅游发展对当地社区居民的生活质量和生活方式产生重要影响（Klingener, Nancy, 2007）；在经济影响方面，遗产旅游为增加当地社区的经济收益和促进遗产地社区经济转型提供重要动力（Natan Uriely et al., 2002）。但随着研究的进展，国外研究者清楚地发现，遗产旅游与当地社区之间其实是一种互动发展的关系。社区在遗产旅游发展中扮演着非常重要的角色，不应当成为遗产旅游开发的牺牲品。而且，社区居民可以作为重要的人力资源为遗产地旅游发展和规划贡献智慧（Wideman, Maureen Anne, 1997）。此外，社区居民的归属感和环境态度，对遗产旅游可持续发展具有直接和间接的正面影响（Lorraine

Nadia Nichola et al.，2009）。社区原真性的文化传统和保存完好的民居建筑群对于遗产旅游的发展具有重要意义（Takamitsu Jimura，2010），如历史城区是内部社会演变与外部环境融合发展的过程，历史城区的地方文化、形态和生活构成了主要旅游吸引物。社区地方文化和特色因素在旅游吸引物的开发、旅游政策的形成以及目的地营销中发挥着重要的作用和功能（Chang，Tou-Chuang，1997）。如果仅仅关注旅游者的活动，忽视地方社区居民的活动和需求必然会破坏历史城区的文化和地理的可持续性，最终导致历史城区特色的消失和旅游吸引力的下降。所以，在遗产旅游开发中，应注重发挥遗产地社区参与的作用，不仅包括社区居民的参与，还包括社区文化元素的发扬，如关注当地社区居民对历史遗产的依赖感和认同感（Minott，Andre St. Claver，2003），鼓励其积极为当地遗产旅游发展献计献策，充分挖掘、展示当地的文化艺术，实现遗产旅游与当地社区的良性互动发展。

2. 遗产旅游原真性研究

遗产原真性是国外遗产旅游研究的热点之一。国外已经从原真性理论研究转向量化实证分析。在对苏格兰高地的遗产旅游节事活动实证研究中，研究者发现，遗产真实性感知与旅游者人口统计特征关系显著，其中，旅游者的性别和文化背景对遗产节庆活动的真实性感知具有显著影响，而苏格兰高地舞蹈、方格裙游行、苏格兰游戏、苏格兰纪念品、家庭聚会和部落交流是影响旅游者对遗产节庆原真性感知的重要因素（Chhabra，Deepak，2001）。对新斯科舍省（Nova Scotia）乡村遗产地研究发现：文化历史的真实性和原生性对遗产旅游者的感知和满意度具有重要影响（Lawrance，Robert A.，1998）。遗产旅游开发如果单纯以教育娱乐为借口，忽视遗产地的历史准确性、原真性和文化多样性（Fowler，Edwin Ray，2004），势必会对旅游者的感知和满意度造成影响。

3. 遗产旅游可持续发展问题研究

遗产旅游虽为世界文化遗产地的保护和发展提供了动力，但也随之带来了一系列的环境和文化问题。旅游者数量或人口压力是影响遗产地旅游可持续发展的关键因素（Anne Drost，Fasken Martineau，1996）。在遗产旅游发展初期，遗产地可能为了经济利益不愿意限制旅游人数，但环境的恶化会导致遗产地失去吸引力，旅游者的数量最终会骤降，而世界遗产地本身也会面临被列为濒危遗产或摘牌的威胁。除旅游者数量外，旅游者的环境、经济、社会态度会对遗产地可持续发展造成重要影响（Lorraine Nicholas Brijesh Thapa，2009），其中，环境态度涉及生物多样性、珍稀动植物、社区环境、公共土地保护、动植物栖息地保护指标；经济态度涉及购买当地产品、使用当地服务、支持遗产地经济、为遗产地保护捐款指标；社会态度涉及接触当地居民、旅游安全、文化交流、尊重当地文化和价值观、公平对待当地居民等指标。同时，地方经济政策和遗产地保护资金缺乏、地方文化的丧失也会对遗产地旅游可持续发展造成严重威胁（Mimi Li，Liping Cai，2008）。Khirfan，Louna Ja'far（2007）以中东地区的叙利亚北部城市阿勒颇（Aleppo）、约旦的艾沙尔特（Al-Salt）、以色列北部港口城市阿卡（Acre）三个城市为案例，提出既可以保持历史城区特色又可以实现可持续发展的模型，即在城市规划中注重地方文化的展示，通过地方特色的挖掘对满足旅游者、社区居民以及遗产旅游开发的需求。由上述研究可见，国际学者认为遗产地旅游可持续发展取决于遗产地文化、社会、卫生、政策、生态以及遗产地利益相关者等多种综合因素（Navrud，2005）。

4. 遗产旅游体验研究

遗产地具有重要的朝圣功能（Freitas，Jennifer L.，1998），国外近年来对遗产旅游体验的实证研究成果较多。通过实证研究发现，遗产地旅游者的类型属性、生活方式、活动偏好、家庭年收入、旅行距离和体验质量与旅游消费支出正相关（Chandler，James Arthur，1998）。这些因素对遗产地住宿业、餐饮业以及其他零售业的经济收益影响较大。此外，遗产旅游者的学习体验、心灵体验等精神体验对旅游者的重游意愿、推荐意愿影响显著（Yaniv Poria，Richard Butler，David Airey，2003）。可见，遗产旅游体验不仅受旅游者主观因素的影响，还受到遗产地环境质量和文化形象等客观要素的影响，决定遗产地的经济绩效和吸引力。

5. 遗产旅游与民族、文化认同性研究

文化遗产具有重要的文化和精神象征作用（Hyungyu Park，2010），对于塑造地方个性和特色、民族归属感和文化认同感具有重要意义（Macdonald，S.，2006）。遗产旅游在主导国家的历史、文化和认同感，增进民族归属感，维护民族团结方面具有重要的政治色彩。因而，政府可以将遗产旅游作为有效的管理工具，一方面，通过世界遗产来传播历史文化知识；另一方面，塑造政府管理层、游客、民众群体的思想价值观，获得民族认同感（Bandyopadhyay，Ranjan，2006），甚至将遗产旅游作为国家旅游营销的重要工具，发挥文化教育功能和文化生产力作用（Whitley，Bryan James，2007）。可见，遗产旅游的意义不仅在于其文化旅游的功能，还承担着更高层面的文化、民族认同及国家营销的功能。

6. 遗产地旅游企业发展研究

对巴巴多斯（Barbados）遗产地旅游企业调查研究表明，企业员工数量、客户数量、运营时间、年收益、企业所有权、提供的服务种类、旅游营销以及与当地社区的交流情况等影响当地旅游企业运营的重要因素（Scantlebury，Michael Gregory，2003）。在遗产旅游发展早期，遗产地非营利性的民营部门和政府公共部门营销水平与能力都比较低，但随着旅游业的发展，非营利性的民营机构的营销手段、技术明显优于非营利性的政府公共部门（Rosenstein，Diana Miller，1994）。企业经理人的营销态度、营销倾向、营销实践及营销计划对遗产旅游企业绩效具有重要影响。可见，遗产地旅游企业绩效受到企业自身成长的客观因素和旅游营销主观努力的影响。

（三）国外遗产旅游研究述评

1. 遗产旅游研究的国家差异

各国的世界遗产资源是遗产旅游研究的关键素材，但遗产资源数量并不能决定遗产旅游研究成果的多寡，关键还取决于国家的经济水平、科研实力及遗产保护意识。美国、英国、加拿大、澳大利亚既是发达国家又是遗产大国，这四个国家在遗产旅游研究中占据着领军地位，并涌现出多个遗产旅游学术研究实力非常强的科研机构。相比之下，发展中国家尚存在明显的差距，例如印度虽然拥有 30 项世界遗产，位列全球第七；俄罗斯拥有 25 项世界遗产，位列全球第八，但这两个国家的遗产旅游研究成果数量甚少，研究实力也非常薄弱。中国作为世界遗产第二大国，随着本国经济及整体科研水平的高速发展，遗产旅游研究成果数量大幅度提升，目前中国的遗产旅游科研实力已跻身于全球第五，但暂时还没出现国际水平的科研机构。因而，培育国际水平的遗产研究机构是今后中国遗产旅游研究的重要任务之一。

2. 遗产旅游研究期刊高度集中

国外遗产旅游研究成果数量逐渐增长，成果形式包括期刊论文、博硕士论文及书评等。博硕士论文及书评成为国际遗产旅游研究的重要特色。期刊论文主要集中在《旅游研究年刊》、《旅游管理》两大旅游类研究期刊，刊载的遗产旅游论文涉及城市遗产旅游、工业遗产旅游、博物馆营销、考古旅游、事件旅游等方面，这两大期刊对全球遗产旅游研究起到了极大的推动作用(张朝枝，2009)。但文献计量分析表明，国外遗产旅游研究具有明显的交叉学科特征，尤其 21 世纪以来从社会学、环境学视角的研究已经超越了管理学、地理学和历史学。所以，除两大旅游类国际期刊外，交叉学科期刊，特别是 SSCI 收录的期刊和书评是国内学者了解和把握国际遗产旅游研究的重要的平台和文献基础。

3. 遗产旅游研究呈现明显的交叉学科特征

无论是从期刊论文还是博硕士论文来看，国外遗产旅游研究注重从社会学、环境学、人类学、地理学、民族学、管理学等交叉学科开展遗产旅游研究，在方法上，呈现多元化的特征，定量、定性、定量和定性相结合等多种分析方法灵活使用。定量研究普遍采用问卷调查法来获得数据和信息。数据统计分析采用方差分析、因子分析、聚类分析、T 检验、卡方检验、结构方程模型等方法。同时，还注意交叉使用访谈法、观察法、文化素材分析法、认知图谱法、地图技术法、文献研究法等多种技术方法。

4. 遗产旅游研究问题的高现实性

从研究对象表层来看，城市遗产、乡村遗产、历史公园三大遗产类型是国际遗产旅游研究的重点。从研究和探索问题的深层次来看，国外遗产旅游研究主要是围绕遗产区域地理环境系统与人类社会系统的动态联系进行研究，以遗产地人地关系的和谐为研究主线。从物的层面来看，遗产旅游发展必须以当地生态环境与资源能源的可持续性及遗产文化和特色的维护为底线。从人的层面来看，尊重社区居民的生存利益，满足旅游者的遗产体验需求是遗产旅游的根本。维护遗产及周围环境的真实性和整体性及协调遗产地人地关系是过去近十年国际遗产旅游研究的重要问题。国际遗产旅游研究趋势表明，遗产旅游研究既要关注其所发挥的国际文化交流、地区经济发展及当地条件改善等功能，更要关注遗产旅游所引起的环境吸引、文化认同和教育功能。

二、国外旅游环境研究进展

笔者以"旅游环境"（tourism environment）作为"标题、摘要、关键词"（TITLE-ABSTR-KEY），在 Elsevier SDOL 数据库进行检索，检索时段为 2000—2012 年，共获得 467 篇文献。从文献类型来看，其中期刊论文有 417 篇，著作有 50 部。

（一）文献计量分析

本书重点对国际期刊文献的来源期刊、研究主题、发表年份进行了统计分析，见表 1-8 至表 1-10。

表 1-8　　　　　　国外"旅游环境"研究文献来源期刊统计表（前十位）

文　献　来　源	篇数	%
《旅游管理》（Tourism Management）	79	18.94
《旅游研究年刊》（Annals of Tourism Research）	43	10.31
《社会行为科学百科》（Procedia-Social and Behavioral Sciences）	26	6.24
《海洋与海岸管理》（Ocean & Coastal Management）	23	5.52
《环境管理》（Journal of Environmental Management）	11	2.64
《接待业与旅游业管理》（Journal of Hospitality and Tourism Management）	7	1.68
《城市景观规划》（Landscape and Urban Planning）	7	1.68
《财经百科》（Procedia Economics and Finance）	7	1.68
《能源百科》（Energy Procedia）	7	1.68
《城市》（Cities）	7	1.68

表 1-8 列出了刊载"旅游环境"论文数量排名前十位的国际期刊。其中，《旅游管理》位列第一，论文数量为 79 篇，占总量的 18.94%；《旅游研究年刊》位列第二，论文数量为 43 篇，占总量的 10.31%。总体上，《旅游管理》和《旅游研究年刊》刊载了超过 1/4 的旅游环境研究论文。此外，《海洋与海岸管理》、《环境管理》等期刊也刊载了一定量的旅游环境研究论文。

在对来源期刊进行统计的基础上，本书进一步对国外旅游环境研究文献的研究主题进行分析，从中透视 21 世纪以来国外旅游环境研究热点，统计结果如表 1-9 所示。

表 1-9　　　　国外"旅游环境"期刊文献研究主题（topic）统计表（前十位）

研究主题	篇数	研究主题	篇数
旅游（tourism）	27	旅游开发（tourism development）	7
国家公园（national park）	13	行为科学（behavioral science）	5
可持续旅游（sustainable tourism）	11	土耳其（Turkey）	5
气候变化（climate change）	10	乡村旅游（rural tourism）	4
保护区（protected area）	7	自然旅游（nature-based tourism）	4

　　表 1-9 显示，"旅游"（tourism）、"国家公园"（national park）、"可持续旅游"（sustainable tourism）、"气候变化"（climate change）、"保护区"（protected area）是国外旅游环境研究的高频词。这说明旅游业发展中的环境问题及国家公园、保护区、气候变化等特定的区域和时代背景中的环境问题备受关注。此外，可持续旅游也是国外旅游环境研究持续关注和探讨的问题。

　　本书对 2000—2012 年每年发表的旅游环境期刊论文数量进行逐年统计分析，以分析和判断国外旅游环境研究的发展趋势，分析结果见表 1-10。

表 1-10　　　国外"旅游环境"期刊文献发表年份统计表（2000—2012 年）

年　份	篇　数	％
2012	94	22.54
2011	61	14.63
2010	35	8.39
2009	37	8.87
2008	23	5.52
2007	32	7.67
2006	32	7.67
2005	20	4.80
2004	15	3.60
2003	17	4.08
2002	20	4.80
2001	21	5.04
2000	10	2.39
总　计	417	100

根据表 1-10 的统计结果，可以看出 21 世纪以来，旅游环境研究的年度文献数量基本上呈现平稳上升的趋势，2004 年和 2008 年略有回落。特别是从 2011 年以后，国外旅游环境研究的论文呈现飞速增长的趋势，2011 年为 61 篇，而 2012 年就达 94 篇，占总数的 22.54%。由此可见，随着人们对环境问题认识的深入，旅游环境研究今后还会保持强劲增长的势头。

(二)主要研究内容

1. 旅游活动的环境影响研究

旅游开发活动会对旅游目的地的自然、文化、社会、经济环境产生影响(Ivana Logar，2010)。国外学者从早期的定性理论分析发展到运用多种地理信息技术进行科学研究。研究认为，山地及海滨生态系统脆弱，对徒步、攀岩、漂流、观鸟以及其他旅游活动的干预非常敏感。徒步旅游、废水排放、野营、圈地放牧、越野驾驶造成土壤、水、野生动植物遭受破坏，并产生噪声和空气污染。运用地理信息系统(GIS)和遥感图像(RSI)技术，对印度喜马拉雅山拉达克(Ladakh)的研究表明，山地脆弱的生态系统以及缺乏足够的设施、政策和规划引导，使山地旅游产生负面环境影响。而且，长期跟踪研究表明，意大利亚平宁山的滑雪活动造成山地植物的多样性下降一半(Sandro Pignatti，1993)。海滨旅游度假区的废水直排，导致海水遭受污染，并使水生疾病的发生率大大增加(Günay Kocasoy，Hatice Imer Mutlu，B. Aylin Zeren Alagöz，2008)。更为突出的是，研究者发现从用地性质来看，目前旅游开发城镇化建设的趋势非常明显，景观建筑和旅游基础设施、旅游服务设施用地严重侵占原有的河岸、低谷等生态用地和农业用地(Davide Geneletti，Dorje Dawa，2009)。可见，国际研究充分证实了旅游活动干预和旅游设施建设对脆弱性旅游区环境的影响和破坏。而且，旅游设施城镇化问题是国际近几年致力于探索和研究的新问题。旅游设施城镇化这一现象的规律及治理模式还有待进一步研究。

2. 旅游环境竞争力研究

国外研究认为旅游接待人数与环境质量呈现一种倒 U 形的关系。一方面，在旅游发展初期，旅游目的地环境质量较高，旅游吸引力和旅游者人数逐步上升，并达到最高阀值。之后，随着环境质量逐步下降，旅游者人数开始递减，直至大幅度下降。另一方面，旅游者对旅游目的地的选择越来越成熟，旅游环境质量成为影响旅游者选择偏好的重要因素(Michael Barker，Stephen J. Page，2002)。2012 年，对加勒比海地区的实证研究表明，环境友好型的旅游产品备受市场青睐，清洁技术等新的环保技术正在形成新的环保产业集群(Kyung Ho Kang，et al.，2012)。因此，从长远利益来看，制定合适的政策、探索合理的保护措施、运用新的环境技术是未来重要的发展趋势。特别是对于以旅游业为支柱产业或经济发展严重依赖旅游业的地区而言，采取一定的措施和技术来保护、改善旅游环境非常紧迫。忽视环境质量的旅游发展必将难以为继，忽视环境保护的旅游目的地会在旅游市场竞争中被边缘化。

3. 旅游环境保护战略研究

政府应对非法倾倒、排污进行法律制裁，同时，积极推进制度建设和推广使用清洁技术，以促进旅游目的地环境保护(T. Young，2006)。国外研究认为制定土地和资源利用规划、实施环境影响评价、监控和管理，是保护旅游目的地自然和文化环境的重要前提。征收环境税是有效的经济调节手段(Hamid Beladi, et al.，2009)。社区环保团体和组织及利益相关者也是旅游环境保护的重要力量(Maria Kousis，2002)。以往的研究侧重于研究政府规制和治理，而2009年Andrew Holden首次提出尽管约束性的环境制度和政策对减轻旅游发展的负面环境影响具有一定作用，但要真正处理好旅游与环境的关系，最终还得依赖软性的环境伦理战略。他认为通过环境伦理教育，可以从意识层次调动利益相关者的积极性，如使酒店员工认识到每一位员工都是环境利益相关者，促进员工和客人共同追求资源节约、再利用和回收利用。此外，针对加勒比海地区的最新研究表明，运用清洁技术可以节约旅游经营成本，创造新的市场效益，并产生正的环境和经济效应，对旅游业可持续发展具有重要作用(Fitzgerald Yaw Jr.，2005)。可见，国外学者通过不同视角的研究已经充分认识到旅游者的可持续性实践相当复杂，单一的刚性规制和发展模式很难起到明显的效果。旅游目的地环境保护需要考虑制度治理、环境伦理教育、生态技术运用等多种战略的使用。

4. 旅游环境保护生态技术研究

Jose Antonio Puppim de Oliveira(2003)认为巴西政府主要采取了设立环境保护机构、投资环境保护项目、控制和限制旅游人数或建立专门的环境保护区等有效的旅游环保措施。而加勒比海等旅游业发达地区则主要运用清洁技术，来有效规避旅游业所产生的负面环境影响。清洁技术包括将污水处理后用于灌溉，回收利用金属、玻璃、塑料制品，用固体废物制作堆肥，使用可再生能源以及建造降低照明和制冷能耗的建筑等。研究者认为对旅游污染较重的海岸，采取栽种垂柳等具有净化功能的水生植物，可以有效改善海水质量，并减少所引发的疾病。整体来看，目前旅游清洁技术和环保促使的推广和使用主要受到政府态度的影响，如加勒比海地区当地政府明确规定，鼓励使用环境友好技术或进行相关投资尝试的酒店，对生产太阳能热水器原材料的厂商免征所得税和消费税，德国、瑞典等政府直接清洁技术提供拨款补助。此外，旅游企业自身的长远发展战略、客人的绿色消费偏好、竞争对手压力、人力资源条件、技术条件及能源使用成本也是影响清洁技术使用和推广的因素。

（三）国外旅游环境研究述评

1. 国家公园的环境保护问题是国际旅游环境研究的重点对象

国家公园是世界遗产之中的重要类型之一。2013年的世界遗产名录中有136处是国家公园，占遗产总量的14%①。从已发表的文献来看，国际旅游环境研究将"国家公园"作为重要研究主题。本书选择山岳型世界文化遗产地类型进行研究，符合国际学术研究的主流导向。

2. 发展中国家的旅游环境问题非常严峻

在绝大多数发展中国家，旅游被认为是促进当地经济发展和增加就业机会的重要

---

① 根据联合国教科文组织世界遗产中心统计(http://whc.unesco.org/en/list/)得到。

手段。由于旅游季节性、旅游规划政策的滞后、旅游基础设施不够完善、旅游环境保护不当及旅游活动的干预等因素，发展中国家的山地旅游环境破坏问题日益严峻。从世界形势来看，旅游环境破坏与污染是发展中国家旅游业发展面临的重要短板。

3. 旅游环境问题研究具有学术和实践双重重要价值

国际上旅游产业发达区域已经在实践中探索和运用新型生态技术，并且获得明显成效。从目前情况来看，表面上政府引导、市场驱动、消费偏好虽是重要的引擎，但良好的市场回应是旅游企业投资和运用生态技术的根本动力，也是旅游企业自觉、良性逐利行为的经济理性所在。今后旅游环境问题的研究和破解更依赖于行业实践和学术创新的互动。

第二节 国内相关研究进展与述评

一、国内遗产旅游研究进展

(一) 文献计量分析

在中国知网数据库平台 (CNKI) 中，以"遗产旅游"为"主题"进行检索，共获得1246 条结果，对文献来源、高频关键词、发表年份、来源基金项目进行分类统计，见表 1-11 至表 1-14。

表 1-11　　　　　　　　国内"遗产旅游"文献来源统计表 (前十位)

来源期刊	篇数	来源期刊	篇数
《旅游学刊》	49	《旅游科学》	13
《中国旅游报》	43	《人文地理》	12
《旅游学研究》	17	《资源开发与市场》	11
《乐山师范学院学报》	14	《经济地理》	9
《旅游论坛》	13	《北京第二外国语学院学报》	9

表 1-11 显示，国内刊载遗产旅游文献排名前十位的文献中，《旅游学刊》、《中国旅游报》占据主导地位，而《旅游论坛》、《旅游科学》、《人文地理》、《北京第二外国语学院学报》等旅游类期刊也刊载了一定量的研究成果。这说明《旅游学刊》确实对构建国内旅游学术共同体起到了关键的阵地作用。

表 1-12　　　　　　国内"遗产旅游"文献发表年份统计表 (2000—2012 年)

发表年份	篇数
2012	209
2011	184
2010	162
2009	160
2008	111
2007	149
2006	100
2005	29
2004	27
2003	15
2002	12
2001	3
2000	5

　　如表 1-12 所示，从发表年份来看，进入 21 世纪以来国内遗产旅游研究呈现快速上升的趋势。特别是 2006—2012 年，遗产旅游研究呈现爆发式的增长，这七年发表数量均超过 100 篇，2012 年高达 209 篇。可以预见今后国内遗产旅游研究成果数量还会进一步增加。

表 1-13　　　　　　国内"遗产旅游"文献高频关键词统计表 (2000—2012 年)

关键词	个数	关键词	个数
非物质文化遗产	52	文化遗产	19
旅游开发	48	旅游资源	13
遗产旅游	30	世界遗产	12
工业遗产旅游	21	保护	11
工业遗产	20	开发模式	10

　　表 1-13 显示，从遗产类型来看，国内主要围绕"非物质文化遗产"、"工业遗产"、"文化遗产"、"世界遗产"这四种遗产进行研究，目前对非物质文化遗产这一类型的研究成果最多。从研究问题来看，主要涉及对遗产旅游、工业遗产旅游、遗产旅游资源开发、遗产保护及开发模式等问题的研究。可见，遗产旅游及遗产的保护与开

发问题是国内研究的重心和焦点所在，同时工业遗产旅游已引起学术界的重视，但对山岳型世界文化遗产这一类型遗产的研究成果还非常少。

表 1-14　　国内"遗产研究"及"遗产旅游"文献来源基金项目统计表（2000—2012 年）

基金项目	"遗产研究"	基金项目	"遗产旅游"
国家社会科学基金	588	国家社会科学基金	64
国家自然科学基金	355	国家自然科学基金	34
湖南省社会科学基金	54	广东省自然科学基金	5
国家科技支撑计划	52	湖南省社会科学基金	4
湖南省教委科研基金	34	浙江省教委科研基金	3

如表 1-14 所示，国内受国家社会科学基金和国家自然科学基金资助的"遗产研究"成果达 943 篇，其中，受国家基金资助的"遗产旅游"研究成果达 98 篇。受湖南省社会科学基金及国家科技支撑计划资助的"遗产研究"成果达 106 篇。可见，国家及省级层面对"遗产"及"遗产旅游"研究非常重视，资助力度也比较大。

（二）主要研究内容

1. 遗产旅游资源开发研究

世界遗产具有"普世性"、"珍稀性"和"唯一性"。遗产旅游资源包括自然景观、宗教文化、建筑艺术和民俗风情等资源。遗产旅游开发应严格遵循"保护第一，开发第二"的原则，以文化遗产生态系统为本，开发生态型文化遗产旅游产品，满足现代文化价值取向折射出的原生态文化诉求，维护遗产资源的真实性和完整性，保护遗产生存环境（卞欣毅，2006；张薇、黄黎敏，2009）。

2. 遗产旅游影响研究

遗产旅游开发在为遗产地带来经济收益的同时，造成遗产地原生态旅游资源不断退化，人地关系和谐存在严重隐患（孟华，2006）。遗产旅游开发导致遗产地景观破碎、野生动植物资源受损、水土流失、环境容量超载、环境污染一系列问题，而遗产地索道建设造成严重生态景观破碎和视觉污染（谢凝高，2000）。因而，规避和降低对遗产旅游开发的负面影响是遗产旅游研究亟待解决的问题。

3. 遗产地旅游环境容量研究

旅游环境容量关系着遗产地自身的可持续发展和旅游者的游览质量。国内对遗产地旅游环境承载力研究较多（钱丽萍、罗明，2009）。经测算，中国的遗产地尤其是山岳型世界文化遗产地的热点线路、黄金景点以及服务设施密集区均存在旅游环境容量超载的严峻问题（刘庆友、冯立梅，2003；万金保、朱邦辉，2009）。青城山的住宿、餐饮、购物、交通设施处于资源与能源高消耗的状态，而且，旅游者对自然资源的需求和能源消耗均超过当地居民，青城山只能通过从其他区域输入自然资源和枯竭自身自然资源来维持该地区的发展（陈辉，2007）。国内学者认为利用旅游 GIS 技术进行旅游灾害预警、建立生态基础设施、控制关键区域、加大时空分流、新增游览线路是缓解旅游环境容量压力的重要途径(俞孔坚、李博,2008)。

4. 遗产地旅游行为偏好研究

从国内外遗产旅游行为偏好来看,国外旅游者青睐攀登观光、品尝当地美食特产、参观古建筑、欣赏传统书法、绘画、戏剧、参与当地节庆活动以及与当地居民交流等活动(章尚正、杨琪,2008)。这反映出国外旅游者追求通过徒步、攀岩等"苦行"的方式近距离欣赏大自然,对中国传统文化感兴趣,并且喜欢体验民间生活。这与北京的胡同旅游行为非常吻合。也就是说,国外旅游者偏重的是对遗产地自然风景和人文气息的"慢"、"静"、"苦"的体验。相比之下,国内旅游者则喜欢乘坐缆车索道、观看文化活动演出、参加宗教节庆活动、参观建筑文化等,偏重的是"闹"、"快"、"奇"的体验。总体上,旅游者对遗产地的满意度受到收费价格和服务环境等多种因素的影响(王群,2006)。遗产旅游者行为规律及偏好的研究是遗产旅游产品开发的重要基础。

5. 遗产地旅游管理研究

世界遗产地人地关系复杂。为实现遗产保护与遗产旅游的双赢,需要结合遗产地自身的独特性,设立专门的遗产行政部门,增强遗产管理的权威性和执行力(孟华、秦耀辰,2005)。国内学者认为,探索推行世界遗产绿色管理(安定明、张利雅,2008)、构建遗产地社区参与旅游的协调机制(林壁属,2006)、实施危机管理、对遗产旅游开发效益进行评价等解决遗产地保护与开发问题的重要途径(徐嵩龄,2003)。

(三)研究述评

1. 遗产地人地关系成为国内研究的焦点

国内主要围绕遗产旅游价值与开发对策、遗产旅游影响、遗产地旅游环境容量、遗产旅游者行为偏好以及遗产地旅游管理等问题进行研究,涉及面非常广泛。其中,遗产地人地关系矛盾及环境保护问题成为重要关注点。学者们直接而尖锐地指出了遗产地核心区域普遍存在的索道游乐设施建设、食宿服务设施建设、商铺经营活动及不均衡性的游客流的破坏及污染问题。

2. 研究成果之间的层递性有待加强

从学科支撑点来看,国外研究从人类学、民族学、社会学、环境学、管理学多学科视角切入,研究问题具有独立性、深度性和层递性。相比之下,国内虽然遗产旅游研究成果数量很多,但成果之间呈现平面化的松散状态,缺乏层递性和证伪性。在研究方法上,问卷调查法、访谈法、田野调查法、网络技术法、地理信息系统技术等方法的运用尚待跟进。

3. 针对不同类型遗产的专项研究有待跟进

中国的遗产类型丰富,在自然和文化遗产大类上还可以细分为工业遗产、建筑遗产、遗址遗产、城市遗产、村落(寨)遗产、山岳遗产、水体遗产、石刻遗产、洞穴遗产等子类型。国际上对城市遗产、建筑遗产、村落遗产等特殊类型遗产的研究已经形成了系列成果和学术专著。今后国内专项遗产研究还具有较大的空间和潜力。

二、国内旅游环境研究进展

(一)文献计量分析

以"旅游环境"为"主题"在中国知网数据库进行检索，共获得3662条记录。对文献来源、发表年份、高频关键词及来源基金项目进行计量分析，见表1-15至表1-18。

表1-15　　　　国内"旅游环境"文献来源统计表(前十位)

来源期刊	篇数	来源期刊	篇数
《中国旅游报》	79	《商场现代化》	20
《旅游学刊》	40	《云南地理环境研究》	20
《旅游论坛》	35	《经济地理》	18
《生态经济》	23	《人文地理》	16
《资源开发与市场》	21	《北京第二外国语学院学报》	15

表1-15显示，国内关于"旅游环境"的研究成果主要发表在《中国旅游报》、《旅游学刊》、《旅游论坛》及《生态经济》等核心期刊及重要报纸上。这说明国内不同的旅游类核心期刊对"旅游环境"研究成果进行了一定量的刊载。

表1-16　　　　国内"旅游环境"文献发表年份统计表(2000—2012年)

发表年份	篇　　数
2012	366
2011	434
2010	422
2009	373
2008	270
2007	377
2006	289
2005	200
2004	140
2003	132
2002	113
2001	81
2000	94

表 1-16 显示，2000 年以后国内"旅游环境"研究成果数量大幅度增长。2011 年成果数量最多，达 434 篇，而 2008 年略有回落，为 270 篇。这反映出进入 21 世纪以后，旅游环境问题引起了国内学者的极大重视与关注，这方面的理论研究开展得较快。

表 1-17　　　　　　　国内"旅游环境"文献高频关键词统计表（2000—2012 年）

关键词	个数	关键词	个数
生态旅游	281	环境保护	86
旅游环境	249	评价	61
可持续发展	221	指标体系	56
旅游环境容量	136	乡村旅游	49
旅游环境承载力	115	自然保护区	38

由表 1-17 可见，国内对生态旅游、乡村旅游及自然保护区的旅游环境问题研究较多。这在一定程度上与这些区域旅游环境比较敏感、脆弱相关。从研究侧重点来看，多集中于可持续发展、环境承载力、环境容量、评价指标体系、环境保护等问题。从高频关键词可以看出，目前对世界遗产旅游环境问题的研究成果比较缺乏。

表 1-18　　　　　　　国内"旅游环境"文献来源基金项目统计表（2000—2012 年）

基 金 名 称	数 量
国家自然科学基金	109
国家社会科学基金	76
国家科技支撑计划	11
湖南省社会科学基金	9
福建省自然科学基金	7

如表 1-18 所示，国内"旅游环境"研究主要受国家自然科学基金和国家社会科学基金资助。这不排除与目前国家自然科学基金课题偏重于对理论问题和实际问题的数理模型实证研究，而国内旅游环境研究恰好多侧重于环境容量（承载力）的测算、评价指标体系的构建的倾向有关。因此，总体上，来源于国家自然科学基金的课题成果多于来源于国家社会科学基金的课题成果。

（二）主要研究内容

1. 旅游环境系统界定

林越英（2007）认为旅游环境包括山、水、林木、天气变化等自然环境因素和建筑、人文特色等人文环境因素。对旅游环境系统而言，社会、经济、自然环境在内的复合环境系统(崔凤军，2007)。也就是说，旅游环境不单纯包括旅游区的自然生态环境，还包括当地的文化环境和社会生活环境。世界遗产具有重要的环境价值(徐嵩龄，2003)，遗产地人和自然环境、文化环境的和谐相处是衡量遗产地环境质量的重要标准。

2. 旅游环境容量模型与测算

旅游环境承载力是旅游环境系统与旅游经济联系的中间环节，也是判定旅游区是否维持可持续发展状态的重要依据。旅游环境承载力不仅包括旅游区的自然生态承载力，还包括游览空间承载力及生活设施承载力(崔凤军，1995)。国内主要采用灰色预测法、BP 神经网络方法和"3S"技术方法对旅游环境承载状况进行动态模拟预测(崔凤军、杨永慎，1997)。整体上，国内对旅游环境容量研究无论是在理论模型构建还是测量方法上均形成了丰厚的研究成果。

3. 旅游环境保护措施

旅游目的地环境保护，既需要建设者和经营者的不懈努力，也需要旅游者、当地居民的支持配合，减少人为活动对生态环境造成的负面影响。鼓励社区参与旅游环境保护(梁军、郑硕飞，2008)，加强旅游环境伦理建设(王潞、李树峰，2009)是促进旅游目的地环境保护的重要途径。对于世界遗产地的旅游效益评估，要充分考虑环境成本和社会成本，实行"绿色旅游 GDP"核算(杨美霞，2008)。

(三) 研究成果述评

1. 旅游发展高度依赖原生环境的旅游类型是国内研究的重点

从发展实践来看，生态旅游、乡村旅游等区域旅游环境原生态特色突出，以高质量的生态环境质量为市场卖点和吸引力，而且，区域旅游发展更是严重依赖当地的原生环境质量。不难理解，极度依赖当地原生态环境的旅游区域和旅游类型首先被国内学者敏锐地觉察到，成为国内学术界研究和探索的敏感问题。从文献计量分析来看，国内对这些区域的旅游环境问题研究成果确实占据较大比重。而国际旅游环境研究则以"国家公园"这一重要的遗产类型为重点研究对象。从国内世界遗产旅游区现实情况来看，其自然环境和文化环境原生性和脆弱性突出，遗产旅游区经济发展同样依赖于对当地原生旅游环境的保持与维护。因此，可以预见，对国内世界自然遗产地、自然环境特色突出的世界文化遗产地及世界自然和文化复合遗产地的旅游环境问题研究将是今后国内研究的重要对象。

2. 旅游区新型环境保护经验与技术是国内研究的重要方向

从文献计量分析来看，国内研究还主要停留在对环境影响分析、环境容量与承载力等发现"现象"、提出"问题"的表层面研究和"模型"验证的抽象研究。而对其背后深层次原因的探究及解决策略适宜性深度研究的成果较少。比如，国内部分学者也意识到了旅游区的体制约束、旅游者的素质、区域复杂的人地关系等内在的因素，但对管理体制、旅游态度与素质及相关者利益博弈等原因的剖析还有待跟进。从近三年国际旅游环境研究进展态势来看，国外研究注重对旅游区新型环境保护经验及环境技术的深度调研与定性研究。旅游环境研究需要处在塔尖的"元理论"探讨，也需要来自底层的"鲜素材"。学术的生命力也恰恰在于源于实践，而高于实践。因此，对国际国内新型、前沿旅游环境保护技术的分析和归纳是旅游学研究的重要使命。对此类经验的了解、借鉴和推广是国内旅游环境保护与建设的现实需求。

第三节　主要研究方法

一、研究范式

学术研究需要遵循既定的研究范式，否则很难引起学术共同体的认可。从旅游学研究的整体情况来看，"学术界普遍认为尽管它表面上存在一个学科建制，但实际上内在的学术规范迟迟未建立"①。目前从社会科学和自然科学借用一些概念和理论来研究旅游学问题，这是当前旅游研究的流行范式（左冰，2010）。可以说，旅游研究的发展严重依赖于其他相关学科的发展和研究技术的创新（左冰，2010）。从国际发表文章的趋势来看，科学实证研究是当前国际旅游研究的主流方法。这一状况的形成与旅游学研究归属于管理学门类，沿用、借鉴、追随管理学的研究范式成为旅游学研究的一大特征。当然，由于学科建制的模糊性，地理学、社会学的研究范式对旅游学研究也起到了重要的引领作用。

针对旅游学研究的独特性，Jafari 和 Ritchi（1981）明确提出采用多学科的旅游研究方法是非常必要的。他们认为从不同的学科视角介入，可以提供对旅游有益的洞察和分析，有利于推进旅游问题的科学研究。但需要指出的是，多学科研究的前提是必须充分了解所运用学科的基本概念、原理以及推论，以便开展深度研究，并保证研究的科学性，否则便会陷入知识的浮饰状态和生拉硬扯的嫁接状态。这一观点得到旅游研究同行的高度认可，多学科研究方法和交叉学科研究方法成为旅游研究的一大特色（左冰，2010）。然而，随着旅游现象的综合性和问题的复杂性增加，旅游研究已进入后科学研究时代，即旅游研究不再局限于固定的领域，而是形成以问题研究为中心的研究范式（Sayer，2003）。从各种相关的学科和研究领域中寻找理论和技术是今后旅游学研究的重要发展趋势。

这种新的研究范式提出后，很快引起全球旅游学者的高度关注和积极回应。当然，这并非意味着传统分析方法的失败，而是意味着我们需要转变现有的研究模式，使研究问题成为科学问题，而研究结果上升为科学理论，而非简单的资料堆砌和个人的主观臆想。因而，本书遵照全球旅游研究的交叉学科研究范式，围绕山岳型世界文化遗产地旅游环境质量问题，进行科学实证研究。

①　左冰. 旅游流动、资本积累与不平衡地理发展——基础设施建设对旅游发展影响研究[M]. 北京：经济科学出版社，2010：58.

二、研究方法

研究方法与理论范式同等重要(左冰,2010)。因为将好的想法和科学问题转化为科学研究并被其他研究者认可和接受并不容易,这需要深厚的理论积淀和对研究方法的掌握与拓展(詹宁斯,2007)。唯有如此,才能保持问题—理论—方法—数据—结论的一致性和可靠性。研究方法,尤其是数据收集和分析方法直接决定着研究结论的科学性与可信度(左冰,2010)。因此,本书围绕山岳型文化遗产地旅游环境质量问题的研究,采用多种调查方法获得数据和资料,并采用多种分析方法进行纠偏和相互验证研究。

本书以实证研究为主线,围绕 8 处中国山岳型世界文化遗产地,并以武当山为典型案例进行分析。这主要是考虑到山岳型世界文化遗产地在中国世界遗产中的典型性、特殊性和价值性。典型案例地武当山属于中国唯一的旅游经济特区,是湖北省唯一的山岳型世界文化遗产地。武当山本身是皇家宫观建筑群与道家文化名山的完美结合体,具有人与自然和谐发展的环境典范特征,同时,也是考虑到作者实地调研和收集资料的便捷性和实际可操作性。

本书综合采用理论建模、田野调查、问卷调查、深度访谈和内容分析方法,层层剖析,环环推进,提出相应的山岳型世界文化遗产地旅游环境治理和优化建设建议,从而达到"以小窥大"的理论研究目的。同时,本书研究竭力克服单一研究方法和分析技术导致研究结论的片面性。具体运用的研究方法如下:

1. 田野调查法

田野调查法是社会学、人类学重要的研究方法,特别适用于旅游研究(Van dan Berghe,1994)。田野调查是以近距离和记录事实的方式来深入了解对象的生活背景,以求准确、及时、系统地理解和解释现象。本书主要采用个体参与观察法,作者多次以散客的身份到武当山游览,并参与旅游活动,亲身体验武当山的旅游环境质量及存在问题。同时,以闲聊、会话的方式与同行者、遗产地居民和经营者进行沟通和交谈,甄别和探寻武当山旅游环境质量的问题及影响因素。

2. 问卷调查法

问卷调查法是社会学重要的研究方法。它通过数据统计分析,以直观化、标准化、定量化的方式,通过样本高效率地解释现象或发现规律。本研究在武当山的乌鸦岭、逍遥谷、紫霄宫,随机抽取样本,邀请旅游者填写问卷。获得问卷数据后,采用SPSS16.0 软件进行旅游者基本特征描述性统计分析、探索性因子分析和旅游者人口统计特征的方差分析,验证所提出的研究假设;同时,采用 AMOS17.0 软件进行验证性因子分析,为确定山岳型世界文化遗产地武当山旅游环境质量的主要影响因子及其二级指标的权重。

3. 深度访谈法

深度访谈样本个体的选择具有很强的目的性、针对性、非随机性,旨在从小样本数据中获取充分信息。本研究拟对武当山风景区管理局、环保局、旅游局三个职能部门的负责人和《丹江口市旅游发展总体规划》的主持人张薇教授进行深度访谈，以从管理层和规划层了解武当山旅游环境质量建设的思路。此外，拟对武当山乌鸦岭购物一条街的酒店、商铺经营管理者进行随机访谈，获得旅游经营者对武当山旅游环境质量建设的建议。通过深度访谈，吸取直接建议，为武当山旅游环境质量建设及治理范式的提出奠定基础。

4. 博客(Blog)游记内容分析法

Blog 文本分析法是传播学研究的新方法，现已广泛运用于社会科学研究中。对于旅游研究而言，以往对旅游者的个性特征、动机、行为意愿等因素的调查主要依赖问卷调查法。但问卷调查容易受到样本选择、调查时间和地点等因素的影响。特别是针对旅游环境体验而言，传统问卷调查法只能获得作者设定的变量数据信息，而博客游记则是旅游者发自内心的真实旅游体验的抒发与流露，具有极高的内容价值，而且还可以节约调研的时间、精力和经费。本书采用传播学新兴的 Blog 文本内容分析法，对武当山旅游环境质量体验进行质性研究，通过文本内容挖掘旅游者的真实体验信息，明晰以武当山为代表的山岳型世界文化遗产地旅游环境质量问题和建设的着力点，弥补量化实证研究的不足。

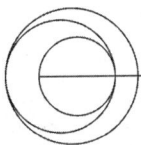

第二章 旅游环境质量研究的理论基础

山岳型世界文化遗产地旅游环境质量研究具有明显的交叉学科研究特征。本章主要论述其涉及的旅游体验理论、宜居环境理论、循环经济理论、低碳经济理论等核心理论，为山岳型世界文化遗产地旅游环境质量理论研究奠定基础。

第一节 旅游体验理论

一、体验经济理论的提出

20 世纪 70 年代，美国未来学家阿尔文·托夫勒在名著《未来的冲击》中率先提出：服务业最终会超过制造业，而体验生产又会超过服务业，未来商家将要靠体验取胜，预见了体验经济的冲击力。20 世纪 90 年代末，美国学者约瑟夫·派恩和詹姆斯·吉尔摩在《体验经济》一书中描述了从好莱坞、迪斯尼到热带雨林咖啡厅、比斯托美食餐厅、美国加利福尼亚州的荒野公园、邦巴拉儿童公园，甚至交通运输业等已经出现的典型的、新兴的体验经济现象。这些现象的共同特征表现为：人们不仅因为商品或服务的功能而去购买或消费，更在意的是购买和消费过程中所享受的参与和互动带来的美好体验。确切地说，人们更重视内在心境与外在环境的互动效果。根据体验者的参与程度和体验者与环境的关系，B. Joseph Pine 和 James H. Glimore(1999)将体验在内容上划分为娱乐体验、教育体验、逃遁体验和审美体验。体验经济理论的最大贡献在于从服务经济发现体验现象，并从中剥离出体验的重要特征，认识到体验所蕴藏的价值量，指明未来企业价值创造源泉和竞争着力点将从外在的产品创新、服务创新转向为消费者内在体验创新为核心，"企业要以服务为依托，以商品为载体，为消费者创造值得回忆的活动" ①。B. Joseph Pine 和 James H. Glimore 揭开了体验经济的面纱：体验经济强调服务"舞台"的设计和消费者的参与，以为创造消费过程中消费者美好感觉为目标，以最终让消费者为"体验"付费为宗旨。体验经济昭示着一种全新的经济形态，体验经济理论的提出对全球经济形态的转型起到重要的引领作用。

---

① B. Joseph Pine, James H. Glimore. The experience economy: Work is theatre and every business is a stage[M]. Harvard Business School Press, 1999: 31-32.

二、经典旅游体验理论及其测量模型

旅游业与体验存在着天然的耦合关系。旅游者从日常生活世界暂时跨入独特、差异的"旅游世界"中，借助观赏、交往、模仿、消费、游戏等多种活动方式，与"旅游世界"中的人和事物产生互动与交流。"旅游者获得的是旅游过程中的印象、感受和体验。"①因此，"旅游是一种天然的体验活动，而余暇性和异地性这种体验与其他体验分离出来，赋予其独特之处"②。旅游者购买旅游产品时最关心的是能否留下难以忘怀的印象以及能否获得值得回味的体验。旅游产品设计与服务配置，从根本上说也是围绕为游客塑造独特的旅游体验进行的。

(一)经典旅游体验理论

20 世纪 60 年代开始，旅游体验研究成为国际旅游理论研究的重要领域。已有的研究成果从旅游心理学、旅游人类学和旅游社会学等多学科角度切入，形成六种经典旅游体验理论，本书对此进行梳理和归结，具体见表 2-1。

表 2-1 　　　　　　　　　　　　经典旅游体验理论一览表

经典理论	研究视角	主 要 观 点
层次论	等级模式	体验分为享受自然、摆脱身体压力、学习、价值共享和创造五个不同的等级和目标
涉入论	标准模式	Csikszentmihalyi(1988)提出体验的最佳标准是"畅爽"，这种状态具有适当的挑战性能让一个人沉浸其中，以至于忘记时间的流逝和自己的存在
行为论	行为导向	基于行为学方法，通过行为性、标准化和控制性信念来预测目标导向行为
现象论	体验类型	Cohen(1979)最早从现象学的角度研究旅游体验，认为旅游者类型不同，所寻求的体验也不同，旅游者主要以休闲、排遣、经验、实验和存在五种不同的方式，寻找属于自己的体验
局外人论	体验转换	局内人是指当地居民，局外人指的是外来的旅游者。早期局外人无法理解和意识到当地的社会文化符号，但随着旅游者与当地居民距离的缩短，旅游者通过文化、社会和生活符号体验，可以成为有洞察力的局外人
本真论	体验真实	MaeCannell(1967)提出旅游客观对象的真实性，认为展示给旅游者的旅游客体应是完全真实，不能有任何仿制的东西；Ning Wang(1999)将体验的真实性分为客观性真实、建构性真实和存在性真实，从更为复杂的、建构的视角来阐释体验的真实性

资料来源：谢彦君.旅游体验研究——走向实证科学[M].北京：中国旅游出版社，2010.

① 邹统钎，吴丽云.旅游体验的本质、类型与塑造原则[J].旅游科学，2003 (4)：7-10.
② 谢彦君.旅游体验研究——走向实证科学[M].北京：中国旅游出版社，2010：9.

(二)旅游体验模型与测量

旅游体验是一个非常复杂的过程。旅游体验研究的对象最终走向两个问题域：旅游者的体验需求和满足旅游者体验需求的体验产品供给问题(谢彦君, 2005)。旅游者体验需求需要考虑心理问题的复杂性，但旅游者体验的诉求最终会落到具体的实物供给层面，可以被观察和测量。旅游体验作为一个非常现实的问题，不仅需要纯粹的理论思辨，更需要在操作层面进行解读，走向技术化、操作化和具体化的研究(谢彦君, 2005)。

在早期研究中，旅游体验质量测量主要借鉴服务质量(SERVQUAL)测量模型和量表，但该量表较多地沿袭了工业经济中产品质量的观点，注重服务的功能性要素，对其他服务情境的普适性受到质疑。学者们根据 SERVQUAL 模型将服务质量划分为不同的测量维度的方法论思想，针对不同的体验情景，开发出不同的模型，如测量休闲游憩者体验 REPS 模型(Driver, 1976)、测量饭店体验的 LODGSERV 模型(Knutson, 1991)、测量度假体验的 HOLSAT(Tribe and Snaith, 1998)、测量历史遗迹体验的 HISTOQUAL(Frochot, Hughes, 2000)以及测量生态旅游体验的 ECOSERV 模型(Khan, 2003；谢彦君, 2010)。其中，Driver(1976)提出的休闲游憩者体验 REPS 量表如表 2-2 所示。

表 2-2 　　　　　　　　　　　　　　**休闲游憩体验量表(REPS)**

编号	变　量	英 文 原 文
1	享受自然	enjoy nature
2	强身健体	physical fitness
3	缓解紧张	reduce tension
4	逃避压力	escape physical stressors
5	户外学习	outdoor learning
6	共享价值观	share similar values
7	培养独立性	independence
8	增进家庭关系	family relations
9	反省人生	introspection
10	学习与人相处	be with considerable people
11	追求成就感和刺激感	achievement /simulation
12	身心放松	physical rest
13	教导他人	teach/lead others
14	尝试冒险	risk taking
15	减少冒险	risk reduction
16	结交新朋友	meet new people

续表

编号	变 量	英 文 原 文
17	培养创造性	creativity
18	怀旧和回忆	nostalgia
19	感受质量环境	agreeable temperatures

旅游体验质量的好坏，取决于诸多内在和外在的因素，如旅游者类型、个性心理特点、个人知识能力、付出成本、旅游同伴、群体规模以及体验产品特征等（苏勤，2004）。Ross（1991）在对热带雨林的旅游者体验研究中发现，良好的道路状况、奇特的景观、不拥挤的度假地、便捷实惠的交通、多样的自然环境、友好的当地居民和接待社区、新奇的野生植物、本真性等要素和旅游者自身内的各种因素以不同的方式发生作用影响旅游者体验质量。旅游体验质量受到多过程变量的干涉，如先在因子、干涉变量、行为变量和体验结果等变量。Chris Ryan（1997）结合旅游体验干涉变量构建的旅游体验质量理论模型，见图2-1。

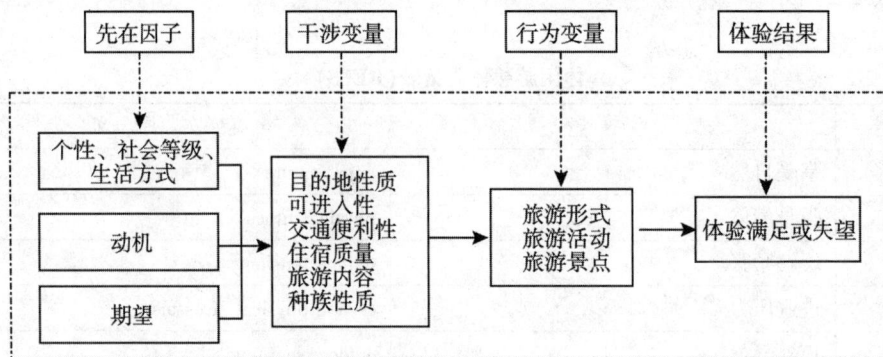

图 2-1　旅游体验质量模型

资料来源：根据 Chris Ryan（1997）提出的旅游体验质量模型翻译得到。

总体上，对旅游体验的测量主要存在主体和客体两个方面。体验客体测量沿袭了管理学、营销学关于服务质量和满意度的测量方法，即期望与感受之间的差异；而旅游体验主体的测量侧重于对旅游者内心利益和需要的满足、情感的测量。这种以模型为代表的定量研究方法增加了旅游体验研究的可靠性和科学性。但是，旅游者丰富的情境体验很难用统一的问卷语言和通用模式捕获，同时，过度分解的量化指标往往获得旅游者破碎而非整体化的体验信息（谢彦君，2010）。所以，针对旅游体验这种颇具心理学和行为学特征的研究内容，单纯的定量研究方法不足以揭示旅游体验现象的本质规律。因此，谢彦君（2010）在《旅游体验研究——走向实证科学》提出新的研究思想：运用质性研究（Q 方法），借助表现旅游情境中体验主体的认知和情感的文本资料，全面挖掘旅游体验的心理学、社会学和人类学意义，科学探索旅游体验的基本规律。这为本书质性实证研究方法的运用起到了重要的方法启示作用。

三、遗产旅游体验的本质

联合国教科文组织（UNESCO）1972 年通过了《保护世界文化和自然遗产公约》，其中第一条就对"文化遗产"的概念及包含的内容作了明确的界定。文化遗产包括文物、建筑物和遗址等实物形态。文物是指从历史、艺术或科学的角度来看，具有突出的普遍价值的建筑物、雕刻和绘画，具有考古意义的部件和结构，铭文、洞穴、住区及各类文物的组合体；建筑物是指在建筑形式、统一性及其与环境景观结合方面，具有突出的普遍价值的单独或相互联系的建筑群体；遗址是指从历史、美学、人种学或人类学的角度来看，具有突出的普遍价值的人造工程或自然与人类结合工程以及考古遗址的地区。文化遗产存在着范围广泛、多种多样的文化遗产系列图谱（理查兹，1996）。

世界遗产委员会根据《保护世界文化和自然遗产公约》各缔约国的提名，对世界范围内的典型性、稀缺性的文化遗产作出认定，将具有"突出的普遍价值"的遗产列入《世界遗产名录》，并设专项世界遗产资金，资助缔约国保护其遗产。世界文化遗产是一个国家的文化命脉和文化记忆所在，包含着珍贵的文化信息，对文化传承和交流传播发挥着重要作用，为现代文明的构建提供了多样性文化原型，具有极高的文化普适价值。

随着大众文化休闲消费支出和比重的增大，文化遗产旅游成为国际文化旅游发展最快的形式之一。世界旅游组织认为将近 40% 的国际旅游涉及遗产与文化。遗产旅游是旅游者"深度接触其他国家或地区自然景观、人类遗产、艺术、哲学以及习俗等方面的旅游"[①]。旅游者对不同区域、不同属性的文化遗产有着不同的体验追求和期望，如北欧人认为遗产旅游包括游览城市，特别是古老城市的核心区；对于北美人来说，遗产旅游主要指游览自然景观，尤其是国家公园，包括土著民族的文化、城市中的博物馆和美术馆、在乡村和城市举办的各类节庆活动以及突出民族认同感的特殊节庆活动等；对于澳大利亚和新西兰人来说，自然景观虽十分重要，但遗产同样包括共存于自然环境以及人文环境中的独特文化、当地居民以及民族认同感[②]。可见，"遗产旅游无论是游览自然景观、接触大自然，还是感受旅游目的地历史古迹、建筑或文物，均是一种对遗产地特殊旅游环境的高品质体验"[③]。

遗产地通过自身原真性的，颇具垄断性和魅力的自然景观、文化景观、辅助性的旅游设施、和谐的社会环境，构成完整的环境系统，形成旅游者景观审美、文化教

① 蒂莫西. 遗产旅游［M］. 北京：旅游教育出版社，2002：1.
② 蒂莫西. 遗产旅游［M］. 北京：旅游教育出版社，2002：6.
③ 蒂莫西. 遗产旅游［M］. 北京：旅游教育出版社，2002：174.

育、休闲娱乐以及身心修养体验的强磁场。遗产旅游体验的内涵主要体现在以下四个方面。

(一)景观审美体验

旅游者对遗产地的第一感知和体验形象是不同的地方"姿态"①。世界遗产以地域作为一个生命活体，造就对"一方水土一方文化"的地域风格，彰显其独特的本土精神和文化意境。中国的世界遗产地多处于风景旖旎的山岳，名山圣水、遗产建筑结合组成了审美价值颇高的环境体系。旅游者可以体验到山水的自然与独特，动植物的野趣以及建筑艺术的精湛，通过声、色、形的美感感知，触动心灵，产生共鸣。

(二)文化教育体验

遗址、建筑物、文物等实物要素，真实地呈现了特定历史时期的原貌，见证了其最具代表性和影响力历史阶段的社会背景和生活形态，镌刻着岁月沧桑的印记，具有文化标志的功能。这是遗产最本质的特征和根本价值所在，也是旅游者走进历史、感悟历史、对话历史的直接载体。旅游者通过遗产旅游，目睹了解遗产地历史、文化、习俗、自然等，接触到传统文化精华，促进自身知识和素养的提高，形成个人或集体认同感，激起爱国情怀和民族自豪感，为塑造国家文化金字塔提供基础②。

(三)休闲娱乐体验

随着休闲、度假旅游的发展，文化遗产地独特的民俗风情、宗教节事、武术表演等活动以及辅助性的特色餐饮、交通工具、住宿设施等均为游客提供直接参与及娱乐体验的机会，吸引旅游者放慢脚步，悉心品味，感受参与、品尝、共舞的快乐，并促使旅游者转换角色，主动浸入环境之中，获得休闲娱乐体验。

(四)身心修养体验

遗产地舒适的气候条件、优良的空气环境质量、水环境质量、声环境质量、多姿多彩的动植物等要素组合形成的绿色、原始、清新的环境，构成调谐身心的天然养生气场。这种环境对于人的体力和脑力再生产具有积极意义。旅游者暂时栖隐之中，身心放松，压力缓解，肌体调节，神清气爽，达到身心修养和自然理疗的目的。

可见，体验是遗产旅游的内核，而遗产地自然现象、文化环境以及人类活动改变或建造的建筑环境等各种现象环境直接影响旅游者的体验质量③。为了更加清晰地阐明旅游体验的影响因素，蒂莫西(2002)提出了遗产旅游体验影响模型，如图2-2所示。

蒂莫西(2002)虽然构建了颇有影响力的遗产旅游体验模型，但该模型只是从宏观层面提出了影响遗产旅游体验的要素。Masberg和Silverman从微观层面列出了影响

---

① 张薇，方相林，张晓燕. 世界文化遗产地殷墟旅游可持续吸引力提升研究——基于旅游产品原真性开发的新视角[J]. 北京第二外国语学院学报，2009(5)：60-66.

② 铃木忠义. 文化财观光[J]. 建设杂志，1964(79)：15-17.

③ 蒂莫西. 遗产旅游[M]. 北京：旅游教育出版社，2002：8.

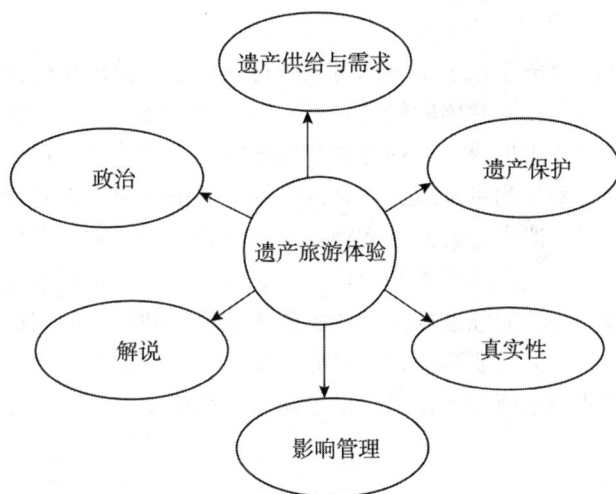

图 2-2　遗产旅游体验影响模型

资料来源：蒂莫西. 遗产旅游[M]. 北京：旅游教育出版社，2002.

遗产旅游体验的七个因素，具体见表 2-3。①

表 2-3　　　　　　　　　遗产旅游体验影响因素一览表

因素	具 体 内 容
游览活动	野餐、徒步行走、乘坐交通工具、游览小径等
同行伙伴	父母、同事、朋友等
历史信息	旅游者容易记住的具体事实和获得的信息，如建筑年代、人物、历史故事等
建筑特色	建筑的外观和状况
服务人员	游客所接触的人物，比如导游、讲解员等
文化景观	展览所展现的土著居民生活方式、文化遗产、手工艺品、服装和食物等
自然景观	自然环境的特点，如树木、灌木和风景等

表 2-3 说明：游览活动、旅游方式、历史信息、建筑特色、服务人员、文化景观、自然景观是影响遗产旅游体验的重要因子。此外，参观游览的便捷性、遗产景点的真实性、热情接待和个性化的服务、准确专业的讲解、干净整洁的接待设施和道路、制作精美的路标有助于旅游者获得愉悦的游览体验。反之，遗产地如果产生拥挤、污染、受损等环境质量恶化问题，将会严重影响旅游者的遗产旅游体验(Jan van

① Masberg, Silverman L. H.. Vistor experience at heritahge sites: A phenomenological approach [J]. Journal of Travel Research, 1996, 34(4).

der Borg，1996）。

总的来说，体验经济学催生了全球对旅游这一典型体验现象的研究。旅游体验揭示了旅游活动的本质。在旅游体验研究领域，经过长达50多年的理论积淀，从心理学、社会学、人类学视角形成了七种经典旅游体验理论，构建了针对不同体验情景量化实证研究的体验模型和测量量表，并且逐步发现实证研究方法对于旅游体验研究的契合性和必要性。文化遗产旅游是以文物、建筑物和遗址及其周围环境为主要旅游吸引物的特殊旅游活动，文化遗产地旅游环境形成旅游者进行景观审美、休闲娱乐、文化教育以及身心修养体验的强磁场。遗产旅游体验模型和相关的实证研究成果阐明了影响遗产旅游者体验的关键要素。这些研究成果为本书山岳型世界文化遗产地旅游环境质量的内涵分析和理论模型的提出提供了切实的理论支撑。

第二节　宜居环境理论

一、人居环境理论溯源

人居环境研究起始于对城市化所带来的人类居住环境问题的思考。19世纪末20世纪初，随着城市化速度加快，城市人居环境问题凸显。Ebenezer Howard（1898）敏锐地意识到了这些问题，以全新的思想出版了 *Garden Cities of Tomorrow*（《明日田园城市》）。在此书中，Ebenezer Howard 首次提出不能仅着眼于孤立的城市，而要融合城市和乡村之长，对环境进行重新设计，通过"田园城市"模式，改善城市人居环境的质量。"田园城市"思想促进了现代城市规划系列思想的诞生，也是人居环境思想萌芽的重要标志。

Patrick Geddes 从生物学视角来研究城市生态问题，在 *Cities in Evolution*（《城市演化》）一书中，他系统研究现代城市成长和变化的动力以及人类、居住地、地区的关系，揭示了城市在时空上具有的生物性和社会复杂性特征。城市环境是多种元素的构成体，城市的环境和功能决定了人的生活质量。Patrick Geddes 提出"人与环境的相互依存关系是城市学研究的核心"[1]。人居环境建设要突破城市的常规范围，把自然地区也纳入城市规划的基本框架中，通过营造绿色化的城市环境来改善市民生活质量。Patrick Geddes 从生物学角度进一步丰富了人居环境理论。

Lewis Mumford 在很大程度上继承和发扬了 Patrick Geddes 的思想，提出不能仅仅考虑城市的区域范畴，而应综合关注地理、经济和人文要素，实现城市与乡村的结合、自然环境和人工环境的结合。只有这样才能满足人居的基本需求、社会需求和精神需求。Lewis Mumford 对宜居环境思想的重要贡献在于：他指出自然环境是决定现

---

① 转引自吴良镛. 人居环境科学导论 [M]. 北京：中国建筑工业出版社，2001：9.

代城市生长变化的动力和城市生命力所在。他认为"在区域范围内保持绿化环境，这对城市文化来说是极其重要的。一旦这个环境被损坏、被掠夺、被消灭，那么城市也将随之而衰退。因为这两者的关系是共存共生的"①。而且，他还指出"随着人们余暇的增加，保存自然环境显得空前重要。不仅要保持肥沃的农业和园艺地，还要保护供人们娱乐、休息和隐居之用的天然园地，增加人们业余活动的场所，阻止城市无限制生长吞噬绿地"②。Lewis Mumford 强调自然环境和人文环境所构成的区域整体性氛围，认为"只有建立一个经济、文化多样化的区域框架才能满足人居的需求，历史文化遗产尤其是优良传统观念和生活理想的重要载体"，"要创造性地利用景观，使城市环境变得自然而适于居住，否则城市居民会加倍拥入其他的自然风景区，导致自然风景区最终也变为休闲贫民窟"③。可见，尽管 Lewis Mumford 未直接提出宜居环境理论，但他深刻地认识到自然环境和人文环境对宜居环境建设的重要性，并以多学科为基础提出一系列的学术观念，如人文观、区域观、自然观等，对人居环境研究具有极高的方法论意义。

C. A. Doxiahs 运用人类学、社会学和地理学理论，开创了"聚居学"的研究先河，从对纯人居建筑研究转向对人类聚落的研究，超出了以往就建筑论建筑的研究范式。人类聚居研究融合系统论、控制论和信息论的思想精华，提出人类聚居是由自然、人、社会、建筑、支撑网络等多种元素构成的关系复合体。生态问题在人类聚居中极为重要，生态学是人居环境科学体系中的外围基础学科之一。人类聚居必须对人类及其住所与其周围环境的关系进行重点研究。C. A. Doxiahs1975 年④出版了 *Ekistics and Ecology*(《人类聚居学和生态学》)一书。在此书中，他提出人类是自然界的组成部分及景观生态系统的成员，认识生态学个体、种群、群落、生态系统要素及其自然演进的过程，是人居环境与自然达成协调的必要前提。人居环境建设不能仅仅站在人类对自然利用的基础上，更要站在整个自然演进过程的系统整体高度，从自然演进的内在基础与人居环境需要的各个角度来把握人居环境建设的空间格局、功能过程与动态演替。在 C. A. Doxiahs 之后，麦克哈格在 *Design with Nature*(《设计结合自然》)中提出，重点不在设计，也不在自然本身，而是把重点放在两者的结合上，注重培养人类与生物的合作意识和伙伴关系，并要充分利用自然提供的潜力等。学者们高瞻远瞩地认识到生态、自然对于人居环境建设的重要性。

20 世纪 80 年代后期，城市宜居性成为学术界和实践界关注的焦点。P. Evans 提出城市宜居性是生存和生态可持续性两者的有机结合。生存可持续性包括良好的居住

---

① L. Mumford. The city and history, its origins, its transformations and its prospects[M]. London：Secker&Warhuarg. 1963：35.

② L. Mumford. The city and history, its origins, its transformations and its prospects[M]. London：Secker&Warhuarg. 1963：35.

③ L. Mumford. The city and history, its origins, its transformations and its prospects[M]. London：Secker&Warhuarg. 1963：35.

④ 转引自吴良镛. 人居环境科学导论[M]. 北京：中国建筑工业出版社，2001：12.

条件、离住地不远的工作、适当的收入以及为实现健康生活的公共设施和服务，但这一切必须以生态可持续性为前提，不能以环境退化为代价，否则最终会降低生存条件和生活质量。1993 年《芝加哥宣言》提出，"建筑及其建成环境对人居环境具有重要的影响，宜居环境建设既需要考虑对资源和能源的使用率，又需要考虑对人类和生态系统健康的影响等"①。该宣言较早从资源利用效率和生态健康角度提出人居环境建设的实施途径。

可见，人居环境理论研究从最初的田园城市设想，到对人与环境依存关系的重视以及环境系统论、人类聚居学的形成，经历了螺旋式上升和发展的过程。整体上形成了一脉相承而又逐步深化的研究体系。人居环境理论较早认识到人类是地球生态系统的成员，摆正了宜居环境建设中人与自然环境的关系，试图将自然气氛引入城市，寻求城市与自然的融合，探寻生态学意义上的健康的城市。20 世纪中期以来，聚落地理学、城市地理学和城市规划学等学科的快速发展，为人居环境研究注入了活力。但西方城市化进程较早，城市构成了人居环境的主体，导致人居环境理论的研究对象均以城市为焦点，而对乡村、旅游区以及其他承担特殊环境服务功能的单元，尚未产生系统的理论成果。

二、人居环境科学的核心思想和研究范式

20 世纪后，随着城市人居环境问题变得日益突出，建筑学和城市规划学等已不能完全适应人居环境建设的需要。吴良镛院士提出建筑学要融合环境、技术理念的发展，从单幢建筑物的设计走向建筑群落的规划与设计；城市规划要融合经济、社会、地理等，从城市走向城乡区域的整体协调；地景学要融合生态学等观念的发展，从咫尺天地走向"大地园林"。建筑、地景、城市规划三位一体才能创造可持续性的人居环境。其《人居环境科学导论》着重探讨了人与环境之间相互关系，强调把人类聚居作为一个整体，从社会、经济、生态、文化、艺术、技术等方面综合地考察人类居住环境。这一理论的提出开创了国内人居环境科学理论研究的先河，标志着国内人居环境科学的理论方法体系的形成和建立。

人居环境科学的宗旨在于"把环境科学与环境工程的理论和方法引入人类聚居形态，用以提高环境的质量，形成高质量的居住环境"②。人居环境系统是以人与自然的协调为中心的人居环境系统。自然是人居环境的基础，人类居住需要的满足是人居环境的核心。理想的人居环境是人与自然的和谐统一。高质量居住环境的取得，既要达到作为"生物的人"对物质环境需求的满足，又要达到作为"社会的人"对社会文化环境需要的满足。吴良镛院士将人居环境系统具体分为自然系统、人类系统、社会生

---

① http://wenku. baidu. com/link? url = VFi _ OWi9lfrA _ j1uzAF7bTB _ eRAP8UqPfg0 QvxBEGnycXHYm1C7rke0ELo9kE8EWz3-wxUQJG8TTHTri_qrIwscMn_-cJaNKfo0Dpi3-_C.

② 吴良镛. 人居环境科学导论[M]. 北京：中国建筑工业出版社，2001：69.

态系统、居住系统和支撑系统五个部分，提出人居环境系统模型①，见图 2-3。

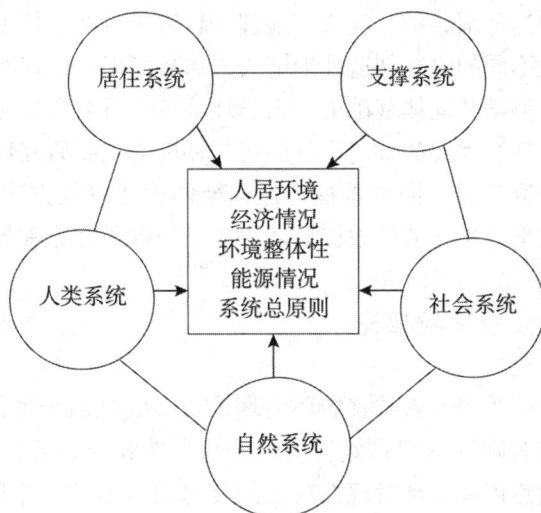

图 2-3　人居环境系统模型

资料来源：吴良镛. 人居环境科学导论［M］. 北京：中国建筑工业出版社，2001.

吴良镛对人居环境系统模型所包括五个子系统的内涵进行分析，具体如下②：

（1）自然系统。自然生态环境是人类聚居的基础。自然系统包括气候、水、土地、植物、动物、地理、地形、资源等，具有不可替代性和不可逆性。人居环境研究需要着眼于自然系统的运行规律以及其与人居环境的关系，如区域环境与城市生态系统、土地资源保护与利用、生物多样性保护与开发、自然环境保护与人居环境建设、水资源利用与城市可持续发展等。

（2）人类系统。人类系统主要指作为个体的聚居者。人居环境侧重于对人的物质需求、生理心理、行为规律等特征的分析。

（3）社会系统。人居环境是人类聚居和人类相互交往、共同活动的场所。人居环境的社会系统因素包括公共管理、法律制度、文化特征、经济发展、健康福利等。人居环境在地域结构和空间结构上要适应"人与人"的关系特点，重视社区管理、乡村脱贫与区域可持续发展等社会问题。

（4）居住系统。居住系统主要指住宅、社区设施、城市中心等。人居环境侧重于对居住设施的物质环境及艺术特征分析。

（5）支撑系统。支撑系统主要指人类住区的基础保障设施，包括水及能源的供给和处理体系等公共服务设施系统、交通系统、通信系统、计算机信息系统以及教育和

---

① 吴良镛. 人居环境科学导论［M］. 北京：中国建筑工业出版社，2001：40.

② 吴良镛. 人居环境科学导论［M］. 北京：中国建筑工业出版社，2001：40-47.

行政体系等。

总体上，人居环境科学是一个动态、开放的学科群组，它以建筑学、地景学、城市规划学为核心，通过外围经济、社会、地理、环境等自然、技术和人文科学多学科群的交叉和拓展，从不同的途径创造性地解决人居环境繁杂的现实问题。吴良镛曾专门提出：在已形成的科学共同体基础上，人居环境科学研究今后应着眼于人居环境问题与矛盾，以建设可持续发展的、高质量的居住环境为主要研究目标，选择典型地区或具有典型意义的研究项目，同时重视理论框架的构建以及方法论和研究范式的探索。本书选择山岳型世界文化遗产地旅游环境质量问题研究非常契合这一要求。

三、中国古典宜居环境理论

在人居环境科学体系中，人类宜居环境理论与实践是当今世界的一个热门论题。西方的人居环境研究者呼吁回归自然，提倡人与自然和谐共处，为人类创造宜居环境。这确实是人类的意识觉醒和对现在行为的反思①。其实，中国古代对宇宙、天、地、人等要素关系的思考和实践，早已形成了源远流长、丰富实用的宜居环境思想。

中国古典宜居环境思想源自于农耕文明时代对宜居环境的选择和各富特色的环境意境创造，如"古之徙远方以实广虚也，相其阴阳之和，尝其水泉之味，审其土地之宜，观其草木之饶，然后营邑立城，制里割宅，通田作道，正阡陌之界，先为筑室……使民乐其处而有长居之心"②，揭示出优质的水资源、广袤的土地、茂盛的植被、便捷的交通以及舒适的房屋等自然和人工环境是吸引人们长期定居的重要条件。古人还明确提出"水处者池，山处者木，谷处者牧，陆处者农，地宜其事"③，讲究因地制宜，遵循自然生态内在规律，充分利用自然资源，建设高质量的居住环境，还萌发了原始的宜居环境保护思想，如"古之长民者，不堕山，不崇薮，不防川，不窦泽"④，强调对自然山林、沼泽和湖泊等自然要素的保护和可持续利用。中国古代经过长期的观察和实践探索，形成了一整套适应当时状况的理性思维，以风水学为典型代表。风水学其实就是一门人类选择自己生存环境的学问，生活居住空间的营造讲究遵循天地之道，以达到天地福泽⑤。伴随中国古代社会文明发展，风水学成为中国古代选择和营造人居环境的主要理论根据和指导原则。"风水学所强调人居环境条件的优化选择，实际上就是一种山环水抱、旖旎风光的宜居环境的营造"⑥。风水学代表了早期零碎的宜居环境思想，而真正系统、科学的宜居环境理论形成则以明末造园家

① 张薇. 园冶文化论[M]. 北京：人民出版社，2006：259.
② 《骈字类编》卷一[O].
③ 《群书治要》卷第一[O].
④ 《太平御览》卷第七十二[O].
⑤ 郝润华. 山水趣谈[M]. 上海：上海古籍出版社. 2010：24.
⑥ 张薇. 园冶文化论[M]. 北京：人民出版社，2006：261-262.

计成所著《园冶》为标志。

张薇（2006）认为，《园冶》不仅是一部古代造园理论著作，而且是一部杰出的古典宜居环境理论著作，它体现了宜居环境的标准体系、构成因素、营造原则和发展趋势等基本内容和理念，在社会发展进程中证明是一种优化选择，具有普遍意义。《园冶》理论的基点正在于为人们创造优美优质的生存空间及和谐相处、其乐融融的生活环境，从而使人身体健康、精神愉悦，保障人居利益。《园冶》与中国传统风水学具有极高的契合性，而且结合中国的具体造园实践，超出了风水学模糊、混沌的思想，所构建的宜居理论更具有科学系统性和实际可操作性。

中国古典园林一向被人们认为是最舒适最理想的居住环境，它代表着人们追求舒适生活环境的标准和发展趋势，蕴含深刻的宜居环境建设思想和理念。《园冶》宜居环境理论涵盖了构建高质量的自然生态环境、创造和谐的社会生态环境、陶冶健康的精神生态环境，形成三者辩证统一的宜居生态系统链，奠定了古典宜居环境理论基础。张薇（2006）在对《园冶》所蕴含的古典宜居环境思想挖掘的基础上，结合当今宜居环境需求，提出了系统的宜居环境理论，即人类宜居环境理论主要是探寻营造适质量类聚居地及其生境的规律，在人与自然环境相互作用过程中，重构协调共生持续发展的和谐关系，所提出宜居环境系统的具体内涵。

（一）高质量的自然生态环境

自然生态系统中，水是生命之源。丰富的水资源不仅能保持自然生态系统的良性运行，而且给居住环境带来灵动。绿色植物则是宜居环境生态平衡的主导因素，不仅可以构成景观，而且还可以形成微气候环境和生态系统，从而提升人居环境的舒适度。动物也是人与自然和谐共处的一个重要对象。"《园冶》不仅仅追求造园审美上的精巧要求，还追求人与自然环境的相互融合，以人的舒适度和人与生物圈的适宜为标准，注重对山形地貌、水体、植物、动物的自然生态元素的运用，营造具有舒适价值的人居环境"[①]。《园冶》在尊重自然规律的基础上，以人工选择代替自然选择，加速了物种的更替和生物进化，追求人居生态系统的新平衡，致力于营造出高度人化而又与山、水、花、草、树、鸟、兽共存共荣的自然环境，启迪人们领悟自然、融入自然，形成与自然生态系统和谐的人居生态系统[②]。尤其在当前，稀缺的生态环境更是成为人居环境建设的基础条件。

（二）和谐的社会生态环境

人生活在一定的地域中，必然与周围的人产生交错的联系，构成社会生态网络。人类宜居环境的社会生态环境包括整体社会宏观环境和微观人际交往的社会环境，两者相辅相成，缺一不可（张薇，2006）。从宏观看，社会政治、经济的祥和稳定是人类拥有宜居环境的必要前提；从微观看，和睦的居住社区环境直接影响着宜居环境的质量。《园冶》充分注意到社会生态环境作为社会精神纽带，促进不同利益群体之间

---

① 张薇. 园冶文化论［M］. 北京：人民出版社，2006：265.

② 张薇.《园冶》古典人类宜居环境理论探研［J］. 自然科学史研究，2006（3）：255-268.

得以相处相融的重要性，提倡以开放、主动、自觉的态度建立与周围的邻里、朋友友善亲和的相处关系。高雅互动，宽容待人，保持淳朴和善的人际关系。可见，和谐的社会生态环境是构成宜居环境的重要条件。

（三）健康的精神生态环境

宜居环境建设单有适宜的自然环境、和谐的社会环境是不够的，必须有与这些客观环境相匹配的自身精神环境。情趣高尚、志高行远、宽容坦荡是精神生态环境的重要因素。《园冶》强调园主人要有高洁脱俗的政治理想、完美的道德人格和健康积极的个体修养。《园冶》认为享受生活并非只满足于舒适的物质条件和优美的环境，更要有充盈的精神文化世界，强调营造文人雅士般的精神生活，刻画出高雅的书香图景，如"移竹当窗，分梨为院，溶溶月色，瑟瑟风声，静抚一榻琴书，动涵半轮秋水，清气觉来几席，凡尘顿远襟怀"[1]，展现出"萧寺可以卜邻，梵音到耳"的清净、祥和的世界。《园冶》主张以祥和平淡的心境生活对待生活，如"暖阁偎红，雪煮炉铛涛沸。渴吻消尽，烦顿开除"[2]，或"秋老蜂房未割，西成鹤凛先支"的普通平常心态和生活乐趣。这充分说明精神生态环境建设对于宜居环境建设的必要性。

总体上，古典宜居环境理论除系统的理论框架外，还针对山林、城市、村庄、郊野、滨水湿地等不同的区域环境类型提出富有操作性和实践性的宜居环境建设范式，是本书构建山岳型世界文化遗产地旅游环境质量理论框架所依托的重要理论基点。

四、宜居城市理论

"宜居城市"这一概念的提出表达了人类在实现高度的工业化和城市化后，对城市这种聚落形式的担忧和企盼。"建设宜居城市，是城市发展的最高境界"[3]。世界卫生组织将安全性、健康性、舒适性和便利性列为居住环境的基本理念（WHO，1961）。钱学森进一步提出"山水城市"的概念，他认为应该综合考虑生态环境与城市历史背景、文化脉络的相互协调。把自然生态引入城市人工环境，创造山水之中的美好人居环境。进入21世纪，李丽萍（2007）对宜居城市建设进行深入研究。她提出宜居城市是一个由自然物质环境和社会人文环境构成的复杂巨系统。自然物质环境包括自然环境、人工环境和设施环境三个子系统，而社会人文环境包括社会环境、经济环境和文化环境三个子系统。各子系统有机结合、协调发展才能共同营造高质量的城市人居环境。李丽萍（2007）从以下六个方面提出宜居城市理论的内涵。

（1）经济持续繁荣。雄厚的经济基础、合理的产业结构和强大的发展潜力是城市持续发展，并为居民营造一个良好的居住、生活环境的必要前提。

（2）社会和谐稳定。政局稳定、治安良好、城乡协调发展的城市是居民安居乐

---

① 张薇. 园冶文化论[M]. 北京：人民出版社，2006：274.

② 张薇. 园冶文化论[M]. 北京：人民出版社，2006：276.

③ 李丽萍. 宜居城市建设研究[M]. 北京：经济日报出版社，2007：11.

业，充分享受丰富多彩的现代城市生活的政治保障。只有具备这一条件，居民才有可能将城市视为自己物质家园和精神归宿。

(3)文化丰富厚重。城市历史文脉与城市社区有机融合所形成的独特的城市文化环境，包括城市历史文化遗产、现代文化设施、城市文化氛围等。宜居城市的建设必须维护城市文脉的延续性，方能彰显城市特色，提高市民素质和修养。

(4)生活舒适便捷。生活是否舒适便捷是影响城市宜居性的关键因素，主要体现在：基础设施健全、公共交通和通信网络发达以及公共服务设施供给充足等要求。

(5)景观优美怡人。景观优美怡人包括良好的自然景观和人工环境。自然生态环境承担着不可替代的生态服务功能。人造景观要考虑视觉和实用上的审美和功能需求。最终达到城市自然景观、人文景观和历史风貌的有机协调和融合。

(6)公共安全度高。公共安全度是城市社会、经济、文化、环境协调发展的基础，是创造宜居环境的前提保证。宜居城市建设必须建立完善的预防与应急处理机制，将突发公共事件造成的损失减少到最低程度，使城市居民有安全感。

结合宜居城市环境的理论内涵，李丽萍(2007)提出了相应的宜居城市评价指标体系，见表2-4。

表2-4　　　　　　　　　　　　　　宜居城市评价指标体系

一级指标	二级指标	三级指标	一级指标	二级指标	三级指标
经济发展度	经济发展水平	经济水平	景观怡人度	生态环境质量	控制污染
		经济结构			绿化程度
		经济效益			废物处理
	经济发展潜力	发展成本		景观协调度	自然景观
		科教水平			人工景观
		创新能力			景观融合
社会和谐度	社会稳定程度	政局稳定	居住舒适度	社区舒适程度	生态住宅
		收入分配			邻里关系
		就业情况			生活设施
	社会保障水平	社会保障		生活质量水平	消费水平
		社保程度			住房面积
		生活保障			卫生保健
文化丰厚度	历史文化遗产	文物古迹		生活便捷程度	交通设施
		传统艺术			信息设施
		民俗风情			服务设施
	现代文化设施	教育设施	公共安全度	自然灾害预防	发生率
		体育场馆		人为灾害预防	事故率
		娱乐设施			公共卫生
					社会安全

可见，宜居环境理论脱胎于人类聚居学和人居环境科学，形成了古典宜居环境理论和宜居城市建设理论等颇具方法论思想的理论成果，为本书山岳型世界文化遗产地旅游环境质量的内涵阐释和理论构建起到了重要的指导作用。

第三节　循环经济理论

一、循环经济理论的提出与基本原则

随着人类对环境问题认识的逐步深化、资源环境经济学和生态经济学理论思想的发展，环境经济理论和实践发展也不断成熟。20世纪60—70年代，世界各国环境问题的焦点是如何治理产生的污染物和减少其危害，也就是环境治理的末端方式。但这种方式不能从根本上解决环境问题，相反对经济发展也造成了相当大的负担。20世纪80年代，世界各国开始倡导用资源化的方式来处理废物，也就是从净化废物上升到利用废物，但还未解决如何从生产和消费的源头上防止污染的问题。20世纪90年代以来，可持续发展作为一种重要的环境思想，得到世界各国的普遍认同。以源头预防和全过程控制污染来代替末端治理，逐渐成为实现可持续发展的一种有效途径（王军，2007）。

美国经济学家波尔丁首次提出"宇宙飞船理论"，即就像在空中飞行的宇宙飞船一样，地球要靠不断地消耗自身有限的资源而生存，如果不合理地开发资源、继续破坏环境，迟早有一天，地球会像宇宙飞船那样将自身的资源耗尽后最终走向毁灭[1]。这一理论被视为循环经济的思想萌芽和早期理论的代表。

循环经济思想关注环境保护与资源合理利用的具体路径，旨在使资源以最低的投入，达到最高效率的使用和最大效度的循环利用，从而实现污染物排放的最小化和人类经济活动的生态化，使经济活动与自然生态系统的物质循环规律相吻合，达到经济社会和生态环境的双赢（王军，2007）。资源利用的减量化、再使用、再循环是核心原则。在实践中，这三个原则具有优先次序，即减量化—再使用—再循环利用的过程[2]，具体流程如图2-4所示。

减量化是循环经济的第一要求，属于输入端，要求从生产源头或原材料输入端有意识地节约资源、提高每单位产品对资源的利用率，以减少进入生产和消费过程的物质量，从而降低废物的产生量。德国的《循环经济—废物管理法》（1996）明确提出：在生产和消费的过程中首先要避免产生废物，尽量减少经济活动的废物产生量；对不

---

① 参见让-克洛德·乐伟.循环经济：迫在眉睫的生态问题[M].上海：世纪出版集团，2012.

② 王军.循环经济的理论与研究方法[M].北京：经济日报出版社.2007：43.

第一步:
减量化
(Reduce)

天然资源的投入 → 生产（制造、流通等）

第三步:
再循环利用
(Recycle)

消费、使用

第二步:
再使用
(Reuse)

处理（再生、焚烧等） ← 废弃

最终处理

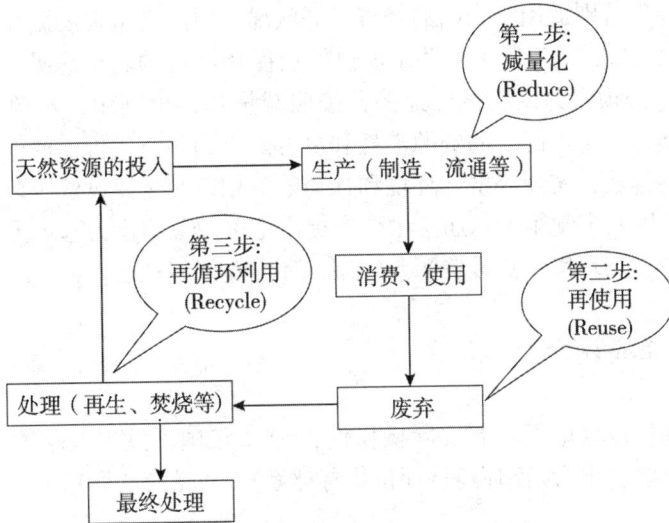

图 2-4　循环经济 3R 原则的实施过程图

可避免产生的废物，有回收利用价值的尽可能回收利用；当无法避免以及不能实现回收利用时，才可以将最终废物进行环境无害化处置。可见，减量化是一种预防性措施，是节约资源和减少废物产生的最有效办法。中国已被国际社会列为高耗能国家。因此，今后落实"减量化"的原则，通过过程控制和生产效率的提高，势在必行。

再使用原则要求在生产过程中应尽可能多次使用或以多种方式使用所投入的原材料，延长产品的使用寿命；在消费中，也应尽可能多次使用或以多种方式使用所购买的产品，并鼓励消费者购买可重复使用或供他人二手使用，以防止物品过早地成为废物。不可否认的是，中国目前在商品生产和使用方面存在着"快餐化"现象。中国制造更多地表现为对廉价、数量和速度的追求。城市、乡村、景区频繁的拆建可以说是最好的例证。而且，商品的"快餐化"消费也使得很多产品很难实现重复和多次使用。所以，在"快餐化"生产和消费的病态循环和畸形导向下，商品生产初期便缺乏对产品生命周期的足够尊重，进而引致短周期的使用和消费。因此，从生产到消费的"再使用原则"应该也迫切需要成为中国制造的重要精神。

再循环利用原则属于末端治理方式。需要注意的是，废物的再生利用虽然可以减少废物的最终处置量，但再次加工过程也需要消耗一定的能源，会产生一定的成本，同时也会产生新的废物或二次污染。

从以上 3R 原则可以看出，循环经济追求"最优消耗、最适消费和最少废弃"，倡导一种"资源—产品—再生资源"的反复循环、闭路流动的新型、先进的生态经济形态。循环经济改变了传统经济发展方式将物质生产与消费割裂开来，依靠资源净消耗线性导致大量生产、大量消费并大量废弃的恶性循环模式，转变为依靠资源的循环和高效利用来发展经济，并维护自然生态平衡的良性发展模式。

循环经济理论的提出，引起全球理论研究和实践探索热潮。从循环经济的内涵和原则来看，该理论特别适用于中国的经济发展状况。中国已将发展循环经济上升到国家发展战略层面。2005 年《国务院关于加快发展循环经济的若干意见》(国发 22 号文件)明确提出："必须大力发展循环经济，按照减量化、再利用、资源化的原则，采取各种有效措施，以尽可能少的资源消耗和尽可能小的环境代价，取得最大的经济产出和最少的废物排放，实现经济、环境和社会效益相统一，建设资源节约型和环境友好型社会。"①中国共产党第十六届五中全会提出把资源节约作为基本国策，提出发展循环经济，保护生态环境，建设资源节约型、环境友好型社会。

二、循环经济评价指标体系

为了使循环经济理论更具有实际操作性，2007 年国家发展改革委、国家环保总局、国家统计局联合出台《循环经济评价指标体系》，如表 2-5 所示。

表 2-5　　　　　　　　　　循环经济评价指标体系(宏观层面)

维度	序号	指　　标	单位
资源产出	1	主要矿产资源产出率	亿元/万吨
	2	能源产出率	亿元/万吨标准煤
资源消耗	3	单位国内生产总值能耗	吨标准煤/万元
	4	单位工业增加值能耗	吨标准煤/万元
	5	重点行业主要产品单位综合能耗	吨标准煤/吨
	6	单位国内生产总值取水量	亿立方米/万元
	7	单位工业增加值用水量	亿立方米/万元
	8	重点行业单位产品水耗	亿立方米/吨
资源综合利用	9	农业灌溉水有效利用系数	/
	10	工业固体废物综合利用率	%
	11	工业用水重复利用率	%
	12	城市污水再生利用率	%
	13	城市生活垃圾无害化处理率	%
	14	固体废物回收利用率	%

① 国务院关于加快发展循环经济的若干意见[EB/OL]. http://ishare.iask.sina.com.cn/f/13396775.html? from=like.

续表

维度	序号	指　　标	单位
废物排放	15	工业固体废物处置量	kg
	16	工业废水排放量	kg
	17	二氧化硫排放量	kg
	18	COD 排放量	kg

资料来源：循环经济评价指标体系［EB/OL］. http://hzs. ndrc. gov. cn/newfzxhjj/ W020070814519102464061.doc.

表 2-5 共包括 4 个维度 18 项指标，主要针对宏观层面循环经济进行评价。王军（2007）以科学性、可操作性、系统性、层次性、可比性为基本原则，构建区域循环经济评价指标体系，包括经济发展、资源减量与循环利用、污染控制与环境安全、生态恢复、绿色管理水平 5 个方面 40 个指标，如表 2-6 所示。

表 2-6　　　　　　　　　区域循环经济评价指标体系

维度	序号	指标	单位
经济发展	1	人均 GDP	万元/人
	2	GDP 年均增长率	%
	3	城镇居民人均支配收入	元
	4	第三产业 GDP 所占比重	%
	5	环保投资所占 GDP 比重	%
	6	科技投入所占 GDP 比重	%
	7	高科技企业对 GDP 的贡献率	%
资源减量与循环利用	8	单位工业增加值综合能耗	T 标煤/万元
	9	单位工业增加值水耗	吨/万元
	10	GDP/资源投入量	万元/T
	11	用水增量与 GDP 增量比	%
	12	能源消耗量与 GDP 增量比	%
	13	可再生能源所占比例	%
	14	工业水重复使用率	%
	15	城市再生水回用率	%
	16	城市生活垃圾分类回收率	%
	17	城市生活垃圾资源化率	%
	18	工业固体废物综合利用率	%

续表

维度	序号	指标	单位
污染控制与环境安全	19	单位工业增加值工业废水产生量	吨/万元
	20	单位工业增加值工业固体废物产生量	kg/万元
	21	单位工业增加值有毒有害废物产生量	kg/万元
	22	单位工业增加值工业废气产生量	标立方米/万元
	23	单位工业增加值 COD 排放量	kg/万元
	24	单位工业增加值 SO_2 排放量	kg/万元
	25	固体废弃物安全处置率	%
	26	主要污染物排放达标情况	
	27	城市水环境质量	
	28	城市空气环境质量	
	29	城市噪声环境质量	
生态恢复	30	受保护湿地面积占国土面积的比例	%
	31	退化土地恢复率	%
	32	地下水超采区治理率	%
	33	森林覆盖率	%
	34	人均公共绿地面积	m^2/人
	35	物种多样性指数	%
绿色管理水平	36	规模以上企业开展清洁生产所占比例	%
	37	规模以上企业 ISO14001 环境管理体系认证	%
	38	信息系统建设及利用状况	
	39	循环经济知识培训	人次
	40	循环经济的社会认知率	%

资料来源：王军. 循环经济的理论与研究方法[M]. 北京：经济日报出版社，2007：60-61.

除循环经济评价指标体系外，循环经济已从理论研究上升到法律制度层面。《循环经济促进法》于 2009 年 1 月 1 日开始实施。同时，《上海宣言》(2004)提出将旅游循环经济试点示范作为重要的探索任务。

三、循环经济理论运用于遗产旅游目的地的内在要求

循环经济是用发展的思路解决资源约束和环境污染的重要途径。遗产地形成年代久远、空间结构相对复杂、生态系统脆弱性和敏感性高，资源更具有唯一性、难以替代性、不可再生性的特征。因而，结合循环经济的原则，遗产旅游目的地必须积极探索资源消耗、清洁生产、废弃物再利用和产业代谢循环等循环经济实践。

(一)达到资源消耗减量

资源减量化和节约化，是防止生态环境污染和保护生态环境的治本措施。遗产地在旅游开发时避免重复开发、盲目设计大体量高能耗设施以及资源消耗密集型的旅游设施，鼓励文化教育类和低环境污染的旅游活动；在能源投入端采用电能、太阳能、风能、生物能等清洁能源，增加能源的自给性，实现以生态和经济上都合理的方式利用遗产地资源，创造新的旅游吸引点。

(二)实施产品清洁生产

循环经济是以产品生态服务功能为导向的经济，清洁生产是循环经济的基本实现形式。世界遗产地在餐饮和旅游购物品等产品生产、使用、废弃过程中，要全程控制对生态环境的污染，通过提供符合人体安全、健康要求的绿色产品直接吸引旅游者，并促使产业链向生态效益化延伸；通过在生产过程中降低污染物排放、预防环境污染，节约废弃物处理费用，并从源头上保护遗产地环境；最终通过绿色产品形象扩大市场影响力，培育潜在旅游者，全面实现遗产地清洁生产的溢价效应。

(三)实现废弃物再利用

通过废弃物的再利用，形成原料、废物、原料之间的共生网络关系和物质、能量的反馈式输入输出关系，最大限度地减少废弃物排放。世界遗产地必须建立完善的固体废弃物分类、收集、运转和处理体系及污水处理和回用系统；建立废弃物交换和再利用中心，通过"食物链"，对废弃物找到下游的"分解者"，或直接对旅游废弃物进行重新开发利用，形成新的旅游吸引物；实现废弃物排放的无害化、减量化、资源化，最终达到变废弃物污染负效益为资源利用正效益的目的。

(四)促进产业代谢循环

循环经济中强调生态学意义上的循环，即物质循环和代谢过程。循环经济的实现依赖于多个产业链之间的资源—产品—废物—资源的复合循环。世界遗产地必须按照物质代谢和共生关系延伸产业链，通过单条产业链的深化挖掘和多条产业链循环，实现遗产地业、种植业、饲养业、餐饮业、观光业的深度耦合以及旅游产业链的本地化、生态化、效益化。

整体上，学界已经提出系统的循环经济 3R 原则和相应的循环经济评价指标体系。实施循环经济成为新的法律要求。对高品质的世界遗产旅游目的地来说，践行循环经济理论，营造高质量旅游环境也势在必行。

第四节 低碳经济理论

一、低碳经济理论的形成轨迹

人类面临着日益剧增的需求与其生产能力及自然资源供给能力之间的多边关系和矛盾。人类对碳基能源的利用在改变生产规模的同时也改变了人与自然之间的关系，一方面带来了物质消费、生产制造的膨胀，另一方面使地球承载力逼近物理边界，自然界在亿万年中形成的精巧平衡已被打破。大气中二氧化碳浓度目前已从工业革命前期的 280ppm 上升到 380ppm 以上，气候变化是今天摆在我们面前的最为严重的问题（King David，2004）。过度的资源、能源消耗、不可逆转的环境破坏，随时都可能使人类成为"气候或环境难民"。因此，低碳经济理论的产生，与世界各国应对全球性气候变化的认识和行动紧密相关。

《联合国气候变化框架公约》（1992）是世界上第一个主张控制温室气体排放、遏制全球气候变暖、应对全球气候变暖带给人类经济和社会冲击的公约。《京都议定书》（1997）对于减排温室气体的种类、各国应承担的减排额度、减排时间表和减排方式作出了具体的规定，该议定书建立了国际排放贸易机制、联合履行机制和清洁发展机制三个旨在减排温室气体的灵活合作机制。可见，这两个国际公约和协定不仅意识到低碳问题的严峻性，而且提出国际低碳发展的目标，并对低碳发展机制进行探索，具有重要意义。

1999 年，美国学者 Lester R. Brown 在《生态经济革命——拯救地球和经济的五大步骤》中首次对全球变暖问题进行系统的理论探索。该书提出面对地球温室化的威胁，应尽快从以化石燃料为核心的经济转向为以太阳、氢能源为核心的新能源经济。该书被视为低碳经济研究的萌芽著作。之后，Lester R. Brown 在《B 模式——拯救地球，延续文明》中，明确提出将碳排放量减少一半，加速向可再生能源经济的转变，实现经济与环境绝对脱钩的减物质化发展模式，开创了国际低碳经济理论研究的先河。[①]

2003 年，英国政府的能源白皮书《我们的能源未来：创建低碳经济》率先以政府文件的形式使用"低碳经济"（low-carbon economy）的概念[②]，指明了低碳经济发展的具体目标及模式、未来能源和战略竞争力及其创造更高的生活标准和新的商机的重要

---

① Lester R. Brown. B 模式——拯救地球，延续文明[M]. 上海：东方出版社，2003：2.

② UK energy white paper：Our energy future-creating a low carbon economy[EB/OL].http://www.abebooks. com/products/isbn/9780215012104/Great-Britain-Parliament-House-of-Commons-Environmental-Audit-Committee/Our-Energy-Future-Creating-a-Low-Carbon-Economy/2003.

意义。可见，由英国引领的低碳经济发展模式，不仅是一个新概念，而且着眼于国家能源战略层面的长久利益。

随着低碳意识的觉醒，芬兰、瑞典、挪威、丹麦、英国等欧洲国家开始以不同的形式征收碳税，约束高能耗产业发展，具体见表2-7。

表2-7　　　　　　　　　　　　　欧洲五国碳税征收形式一览表

国家	碳税征收形式
芬兰	1990年开始征收碳税，是第一个征收碳税的国家。自2008年1月起，对所有能源类型征收20欧元/吨的碳税，碳税收入约为5亿欧元
瑞典	1991年开始征收碳税，最高税率是每吨征收150美元，工业公司支付税款的50%
挪威	1991年开始征收碳税，对油气行业征收碳税，标准是65美元/吨
丹麦	1991年开始征收碳税，家庭支付的税率是14.3美元吨/二氧化碳，企业支付7.15美元/二氧化碳
英国	2001年对工业、商业和公共事业中的能源使用征收气候变化税，税率为：发电，0.00456英镑/千瓦时；天然气，0.00159英镑/千瓦时；液化石油气，0.01018英镑/千克，税收被用于抵消雇主的社会保险削减部分，并促进可持续能源推广开始征收碳税

资料来源：熊焰. 低碳之路——重新定义世界和我们的生活［M］. 北京：中国经济出版社，2010.

2007年7月，美国出台《低碳经济法案》，选择以新能源开发、低碳经济发展作为应对危机，促进美国经济的战略转型。联合国环境规划署也将2008年的世界环境日定为"转变传统观念，推行低碳经济"的主题，向世界传播新的经济模式。

低碳经济理念真正深入全球意识形态领域，引起重视，并上升为强烈的政治意愿是在2009年12月7日《联合国气候变化框架公约》第五次缔约方会议（简称哥本哈根会议）。《哥本哈根协议》针对几个焦点问题达成重要共识：尽管发展中国家距碳排放峰值还有一段时间，但低碳发展战略仍然至关重要；发达国家和发展中国家必须强制或自主减少砍伐森林和森林退化；成立气候基金，作为金融机制的运作实体；增加减排透明度；以共同但有区别的责任原则的履行减排义务[①]。由于减排问题直接涉及国家战略利益，各方都不敢否认自己的责任，同时又希望别人作出最大的让步，以便自己的损失最小，致使在哥本哈根大会上参会各方并未对2010年以后的全球减排行动、资金技术支持等方面达成具体共识和协议。但此次会议的重要意义不在于预期的具体减排数字，而在于此次会议是世界各国从高碳排放向低碳文明转型的在意识形态领域

---

①　中国人民大学气候变化与低碳经济研究所. 低碳经济——中国用行动告诉哥本哈根［M］. 北京：石油工业出版社，2010：42.

的重要标志，它使低碳经济上升为国际主流社会发展的战略选择，成为地球公民热门讨论和深思的话题。在很大程度上，低碳经济已不单是环境问题，而是全球重视的重要经济问题和安全问题，正如奥巴马在地球环境日所说，"我们已不再是在保护环境和刺激经济中作出抉择，而是在繁荣与衰退中进行取舍，哪个国家在清洁新能源技术上领先，哪个国家就将引领 21 世纪的全球经济"①。

《美国复苏与再投资法案》（2009）投资总额达 7870 亿美元，主要用于新能源的开发和利用，如高效电池、智能电网、碳储存和碳捕获、可再生能源（风能和太阳能等）。之后，《美国清洁能源与安全法案》（2009）用立法的方式提出建立美国温室气体排放权限额—交易体系的设计，提出对不承诺产品碳排放量计量或排放密集型的产品，征收碳关税②。这说明今后的国际竞争，除了传统的资本、资源和劳动力竞争外，还有低碳生产率将成为新的国际竞争形式。

可见，国际社会逐渐认识到解决气候变化的根本出路在于切断经济增长和温室气体排放之间的联系，建立低碳经济发展的新模式。

二、低碳经济理论的内涵

低碳经济理论产生于 20 世纪 90 年代。低碳经济是以低能耗、低排放、低污染为基础的崭新经济形态，从实际的、可量化、可操作的角度提出了应对气候变化和促进人类的可持续发展的具体模式，涉及产业模式、制度变革、生活方式、价值观念甚至国家利益的全球性能源经济革命，将成为全球下一代经济体系的核心和基础③。国内外学者对低碳经济的概念、实现的可能性、市场价值等方面给予不同角度的探讨和研究。尽管研究角度各异，但都是在不影响经济和社会发展的前提下，通过技术创新和制度创新，最大限度地追求减少温室气体排放，减缓全球气候变化，改善地球生态系统自我调节能力，实现经济和社会的可持续发展的理论思考。

低碳经济理论相对来说是一个年轻、正在构建和成长过程中的理论。本书综合仅有的几部低碳经济理论研究的著作，对低碳经济理论的内涵进行概括和梳理。具体如下：

（一）降低碳基能源的消耗，提升能源使用效率

相对于无约束的碳密集能源生产方式和消费方式，低碳经济强调通过制度约束、技术创新和资金支持，实现碳基能源消耗的减量和利用效率的提高，降低经济发展对生态系统碳循环的影响。在制度层面，碳税已经成为推动高能耗产业转型的重要驱动力。在技术创新层面，主要通过清洁煤炭利用技术、超导电网和智能电网、节能和零

---

① 中国能源报［EB/OL］. http://paper. people. cn/zgnyb/html/2009-05/04/content_244904. htm.

② 熊焰. 低碳之路——重新定义世界和我们的生活［M］. 北京：中国经济出版社，2010：2.

③ 陶良虎. 中国低碳经济——面向未来的绿色产业革命［M］. 北京：研究出版社，2010：42.

碳建筑、便捷公共运输系统等实现以及对这些技术的资本支持和鼓励。可见，降低碳基能源的消耗，提升能源利用效率是低碳经济发展的根本要求。

（二）利用可再生能源，优化能源结构

可再生能源具有生命周期长，安全、无污染的优势，可再生能源的利用是实现低排放和零排放的关键着力点，是实现经济增长与碳基能耗脱钩的关键途径，也是低碳经济未来发展的重要研发和竞争领域。美国专门制定以发展新能源为核心的绿色复兴计划（2009），用于风电、太阳能发电、第二代生物燃料等可再生能源的研发。从社会效益来看，绿色和清洁能源的投资可以创造更多的就业岗位，"每1000亿美元绿色相关投资能带来935200个直接就业机会"[1]。因而，可再生能源利用是低碳经济发展的重要要求之一。

（三）保护碳汇林，增加碳中和

除了从碳源上降低碳排放外，增加碳汇也是发展低碳经济的重要任务之一。通过原生植被保护、人工复合绿地系统可以有效增加碳中和，并可成为碳交易的重要项目。同时，实现植物的园林造景审美功能，维护生态系统的稳定性具有重要意义。但必须对人工速生林对土壤、水分以及整体生态群落的影响进行环境评估，谨防以增加碳汇林的名义盲目变更土地用途。

三、低碳经济理念对旅游发展的意义

据世界旅游组织最新研究，2005年旅游业二氧化碳排放量占全球总排放量的5%，且以2.5%的年均速度增长。其中，旅游交通占72%，住宿业占21%，碳排放量占据绝对比重。虽然数据的测算只是估计值，并且有不确定性波动，但是可以看出旅游业是高环境敏感性和依赖性的产业，其产业链完全链接在良好的环境基础上。而且，研究表明，旅游者对旅游目的地有比居住地有着更高的环境质量要求。一旦旅游目的地环境破坏，产业链也当即破坏。旅游业履行降低碳排放责任是必然要求。国际上，以Stefan Gossling（2002）为代表低碳旅游研究者主要从旅游目的地开发和旅游公共管理方面，撷取低碳经济的方法论进行中观或微观层面的论证，如气候变化对旅游目的地的影响（Maria Berrittella，2006）、碳排放对旅游地生命周期的影响（Nae-Wen Kuo，Pei-Hun Chen，2009）、碳足迹追踪以及旅游地公共环境管治等。

低碳经济对旅游发展的意义表现在以下三个方面：

第一，明确降低碳排放量为旅游发展的测量指标。

可持续发展理论作为理念层面上的哲学观念，对旅游业发展具有极高的宏观指导意义，但其具体实施仍存在模糊性。低碳经济理论将旅游发展的测度指标明确到碳排放量降低的目标，为旅游业发展提供可衡量、可操作化的标准。

---

① Green recovery: A program to create good jobs and start building a low-carbon economy[EB/OL].
http://ideas.repec.org/p/uma/perips/peri_report.html.

第二，促进旅游产品开发模式转变。

旅游业发展应通过旅游规划，创造符合低碳经济特征的新产品。从旅游产品供给环节，降低资源消耗和碳排量。同时，通过植物景观的配置，实现碳中和，并通过产品设计与开发，引导旅游消费的低碳化转型。

第三，引导旅游业新技术应用。

低碳经济要求旅游业把景观建设与节能新技术结合起来，注重开发和利用太阳能、风能等清洁能源，降低成本和消耗，并塑造新的旅游吸引物[①]。

四、遗产旅游目的地对低碳经济理论响应的必要性

遗产旅游目的地对低碳经济发展作出积极响应，树立低碳旅游发展的典范，这也是遗产地生态系统保护、提升旅游目的地竞争力、满足旅游者需求的必要。

(一)遗产地生态系统保护的内在要求

遗产地旅游环境系统极其敏感和脆弱。对于遗产地来说，旅游吸引物、旅游服务设施、旅游餐饮和纪念品、垃圾处理、污水处理等方面运用各种节能、减排低碳技术，可以有效降低遗产地的碳排放，"有利于直接保护遗产地生态系统的完整性和平衡性"[②]。

(二)满足旅游者的新兴需求

旅游业能源消耗量与旅游者行为具有很强的相关性。随着旅游信息的通畅和旅游者出游经历的丰富，越来越多的旅游者表现出明显的低碳旅游偏好，如选择青年旅舍、农家旅馆、帐篷、房车、交换住宿等住宿方式，交通工具上选择自行车、徒步，甚至义工旅游等多样化的低碳旅游形式，既降低了旅游成本，又换取更本真性的旅游体验。所以，遗产地进行低碳化开发也是满足旅游者的新兴旅游需求的重要趋势。

(三)提升遗产地绿色竞争力

低碳技术是遗产地创造新的旅游吸引物基础。首先，太阳能、风能等可再生能源的开发和利用以及其他低碳技术含量高的高科技产品开发可以形成遗产地的旅游吸引物；其次，通过旅游餐饮和纪念品、环保交通体系、绿色客房等低碳旅游吸引物的开发，可以促进遗产地与国际低碳旅游相接轨，提升自身的绿色竞争力，占据新一轮发展与竞争的制高点。

因此，低碳经济理论从提出到实践运用，是人类对资源、环境和生存危机反省、对人与自然的关系重新认识的产物。低碳经济理论明确了旅游目的地履行减排的具体责任，为旅游目的地营造高质量旅游环境提供重要的思想指导。

---

① 低碳经济促进旅游业转型升级[EB/OL].http://www.cotsa.com/News/T-41918.
② 蔡萌，汪宇明.低碳旅游：一种新的旅游发展方式[M].旅游学刊，2010(1)：13-17.

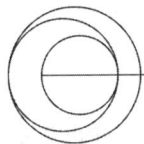

第三章　国际世界遗产地旅游环境保护新动态

　　1972 年 11 月联合国教科文组织第 17 届大会立足全球共同保护的责任，与有关国家订立国际公约，出台了《保护世界文化和自然遗产公约》(Convention Concerning the Protection of the World Cultural and Natural Heritage)。这为集体保护具有突出的普遍价值的文化和自然遗产，建立了一个永久有效的国际制度。公约明确规定："世界遗产"是指被联合国教科文组织和世界遗产委员会确认的具有全人类公认的突出意义和普遍价值的文物古迹及自然景观①，具体包括"世界文化遗产"、"世界自然遗产"及"世界文化与自然遗产"等实体遗产类型。

　　世界遗产是整个文化和自然遗产的最高样板，它已经成为衡量一个国家对人类文明作出的贡献以及当代社会文明素质和综合国力高低的标尺②。然而，从世界遗产实际情况来看，自然损毁及越来越复杂的人类活动，造成其不可承受之重，以"保护"之名对世界遗产进行掠夺式开发是当前一个非常现实和紧迫的问题。对于遗产所属国来讲，经济、科学和技术力量的不均衡，使得各国对遗产的保护与建设水平参差不齐。在发展中国家，自然和文化遗产很大程度上还是利益主体获取经济利益和社会利益的重要工具。

　　而从全球利益来看，任何一项世界文化或自然遗产的损坏或消失都是全球多样化的损失。因此，对世界遗产的保护与建设问题的国际学术研究是世界遗产大会的重要宗旨之一。1991 年世界遗产大会提出，世界遗产研究不可做百科全书式的简化介绍，而应当建立自己的学术框架。1992 年世界遗产大会提出，由于世界遗产丰富的内容及各国所拥有遗产项在各方面的差别，在一个多学科综合的基础上，以全球性的视角建立世界遗产的全球性研究体系是非常必要的。

　　国际上公认世界遗产地具有突出的普遍价值和文化和生物多样性。它们应该成为有效管理的典范。在世界遗产可持续发展问题的热点研究过程中，联合国教科文组织世界遗产中心德罗斯特(1996)认为，无论是城市，还是天然公园，没有当地居民作为"遗产地的守卫者"积极主动的参与，不管多少努力，也不能做到长期的保护。世界遗产保护政策和活动必须与当地的社会经济发展相结合，达到协调一致。那么，在全球世界遗产即将突破 1000 处的关键时期，更需科学而富有深度地对待世界遗产及

---

①　保护世界文化和自然遗产公约 [EB/OL]. http://www.gov.cn/test/2006-05/23/content_288352.htm.

②　世界遗产需要科学对待 [EB/OL]. http://tech.gmw.cn/2013-07/02/content_8140181_2.htm.

遗产旅游发展问题。

第一节　国际世界遗产发展形势

2013 年 6 月 23 日在柬埔寨首都金边召开的第 37 届世界遗产大会上，全球世界遗产总数达到 981 处，其中 193 处为自然遗产（新增 5 处），759 处为文化遗产（新增 14 处），29 处为混合遗产（自然与文化双重遗产）。会上新增了包括中国新疆天山和云南红河哈尼梯田在内的 19 处世界遗产，具体见表 3-1。

表 3-1　　　　　　　　　　2013 年新增 19 处世界遗产名单

序号	国别	名　称	性质
1	中国	新疆天山	世界自然遗产
2	纳米比亚	纳米布沙海	世界自然遗产
3	意大利	埃特纳山	世界自然遗产
4	墨西哥	厄尔比那喀提和德阿尔塔大沙漠生物圈保护区	世界自然遗产
5	塔吉克斯坦	国家公园（帕米尔）	世界自然遗产
6	中国	云南红河哈尼梯田	世界文化遗产
7	斐济	莱武卡	世界文化遗产
8	印度	拉贾斯坦邦山地堡垒群	世界文化遗产
9	日本	富士山——信仰的对象与艺术的源泉	世界文化遗产
10	朝鲜	开城历史古迹地区	世界文化遗产
11	卡塔尔	祖巴拉考古遗址	世界文化遗产
12	德国	威海姆苏赫山地公园	世界文化遗产
13	伊朗	古莱斯坦宫	世界文化遗产
14	意大利	托斯卡纳地区的梅第奇别墅和花园	世界文化遗产
15	波兰/乌克兰	喀尔巴阡地区木质教堂	世界文化遗产
16	乌克兰	陶瑞克—切森尼斯古城及乔拉镇	世界文化遗产
17	尼日尔	阿加德兹历史城区	世界文化遗产
18	葡萄牙	科英布拉大学—阿尔塔和索菲亚	世界文化遗产
19	加拿大	红湾巴斯克捕鲸站	世界文化遗产

资料来源：世界遗产中心（http：//whc.unesco.org/zh/list/）。

为了明确各国世界遗产状况，对 2010—2013 年各国的世界遗产总量进行统计，排名前十位的国家见表 3-2。

表 3-2　　　　　　　　　　　　各国世界遗产数量排名 (前十位)

排名	国家	2013 年	2012 年	2011 年	2010 年	地区	与邻国共有数量
1	意大利	48	46	46	45	欧洲	0
2	中国	45	43	41	40	亚太	0
3	西班牙	44	44	43	42	欧洲	3
4	法国	38	38	37	35	欧洲	3
4	德国	38	37	36	33	欧洲	2
6	墨西哥	32	31	31	31	拉美	0
7	印度	30	29	28	28	亚太	0
8	英国	28	28	28	28	欧洲	1
9	俄罗斯	25	25	24	24	欧洲	3
10	美国	21	21	21	21	北美	2

资料来源：http://www.360doc.com/content/13/0626/13/11005683_295642625.shtml.

表 3-2 显示，在前十位遗产大国中，有 6 个欧洲国家，依次是意大利、西班牙、法国、德国、英国、俄罗斯。亚太地区国家有 2 个——中国和印度。在前五位世界遗产大国中，有 4 个欧洲国家，分别为意大利、西班牙、法国、德国。2010 年之后，中国的世界遗产数量稳步增长。2013 年，中国以 45 项世界遗产的数量跻身全球第二，仅次于意大利，成为世界遗产大国。

富足的遗产资源是中国参与世界遗产事务的重要基础，但中国世界遗产保护及遗产旅游发展过程中面临着诸多问题，我们应清醒地认识到，中国不能停留在对遗产数量盲目崇拜、自我陶醉的局面，或热衷申报世界遗产而疏于后续保护的功利层面。中国作为世界遗产超级大国的话语权和世界影响力有赖于前沿性、高端性、全球性的遗产学术贡献和极富自然性、文化性、持续性的遗产旅游实业发展。

第二节　世界遗产大国旅游环境保护动态

美国、意大利、西班牙、法国、德国等世界遗产大国不仅拥有富足的世界遗产资源，而且在遗产地旅游环境保护方面创立了独特的体系和方式。它们通过对遗产地旅游环境的科学保护和多样化利用，推动了遗产保护与本国发展需求的融合，成为世界遗产旅游环境保护的典范国家。本书对前五位世界遗产大国及经济发展严重依赖旅游业的加勒比海地区的旅游环境保护经验和动态进行了归纳分析。

一、美国对国家公园遗产旅游环境的保护与建设

美国是世界公认的最早以国家力量介入自然文化遗产保护的国家，并形成了独特的"美国理念"。"西方国家的国家公园体制是一种独特的文化和自然遗产管理体制，它们起源于美国西部开发时工业文明对当地文明、生态的影响及保护运动"①。截至2013 年，美国共有 21 项世界遗产，其中自然遗产 11 项，文化遗产 8 项，自然和文化复合遗产 1 项，濒危自然遗产 1 项。美国的世界遗产中，国家公园有 12 项，占总量的 57%。美国的世界遗产状况见表 3-3。

表 3-3 美国世界遗产一览表

序号	英文名称	中文名称	登录时间	性质
1	Mesa Verde Indian Ruins	梅萨维德印第安遗址	1978 年	文化
2	Yellowstone National Park	黄石国家公园	1978 年	自然
3	Everglades National Park	大沼泽国家公园	1979 年	濒危自然遗产
4	Grand Canyon National Park	大峡谷国家公园	1979 年	自然
5	Independence Hall	独立大厅	1979 年	文化
6	Kluane/Wrangell-St. Elias/Glacier Bay/Tatshenshini-Alsek	克卢恩/兰格尔—圣伊莱亚斯/冰川湾/塔琴希尼—阿尔塞克	1979 年/1992 年/1994 年	自然
7	Redwood National and State Parks	红杉国家公园	1980 年	自然
8	Mammoth Cave National Park	猛玛洞穴国家公园	1981 年	自然
9	Olympic National Park	奥林匹克国家公园	1981 年	自然
10	Cahokia Mounds State Historic Site	卡俄基亚土丘历史遗址	1982 年	文化
11	Great Smoky Mountains National Park	大烟雾山国家公园	1983 年	自然
12	La Fortaleza and San Juan National Historic Site in Puerto Rico	波多黎各的古堡与圣胡安历史遗址	1983 年	文化
13	Statue of Liberty	自由女神像	1984 年	文化
14	Yosemite National Park	约塞米特蒂国家公园	1984 年	自然
15	Chaco Culture	查科文化国家历史公园	1987 年	文化

① 杨锐. 中国自然文化遗产资源管理[M]. 北京：社会科学文献出版社，2001：367.

续表

序号	英文名称	中文名称	登录时间	性质
16	Hawaii Volcanoes National Park	夏威夷火山国家公园	1987 年	自然
17	Monticello and the University of Virginia in Charlottesville	夏洛茨维尔的蒙蒂塞洛和弗吉尼亚大学	1987 年	文化
18	Taos Pueblo	陶斯印第安村	1992 年	文化
19	Carlsbad Caverns National Park	卡尔斯巴德洞穴国家公园	1995 年	自然
20	Waterton Glacier International Peace Park	沃特顿冰川国际和平公园	1995 年	自然
21	Papahānaumokuākea	帕帕哈瑙莫夸基亚国家海洋保护区	2010 年	自然和文化

资料来源：世界遗产中心（http：//whc.unesco.org/zh/list/）。

黄石国家公园的定位开创了美国自然、文化遗产保护的先河。1872 年，美国国会把位于西北部的黄石地区确定为为了人们利益和欣赏的大众公园或休闲地①，设立了最早的国家公园——黄石国家公园。黄石国家公园地处落基山脉，海拔为 2438 米，总面积为 8956 平方公里。园内串联各景点的环山公路建有 500 多公里，步游道建有 1500 多公里。年平均游客量为 300 万人次，有 1/3 的美国人一生中至少到黄石国家公园游览一次。2013 年上半年游客为 1016651 人次，其中 6 月的休闲旅游者为 744056 人次②。

1996 年，美国出台了《国家历史遗产保护法》。目前，美国形成了由国家公园为主的独特的自然文化遗产体系，并确立了有效的国家公园管理模式。尽管近几年，国家公园也存在游客量逐步增长、资源利用力度逐步增大的压力，但从实际情况来看，美国的国家公园较好地处理自然文化遗产与旅游活动之间的关系，比较完好地保护了当地的原生态环境和资源，满足了旅游者的科普游览及旅途生活需求，为保护遗产地旅游环境起到了较好的作用。其内在机制归纳起来有：

（一）公益性、留传性的遗产性质定位

美国早在 1916 年通过的《国家公园管理局组织法》中规定："保存公园地风景、自然、历史遗迹和野生生命，并将它们以一种能不受损害地传给后代。"1992 年，美国国家公园管理局在其发布的《美国国家公园 21 世纪议程》中再次明确："国家的历

---

① 王云龙. 新兴旅游产业问题研究［M］. 天津：南开大学出版社，2007：127.
② 黄石国家公园［EB/OL］.http://www.yellowstonenationalpark.com/.

史遗迹、文化特征和自然环境有助于人们形成共同国家意识的能力——这应是国家公园管理局的核心目标。"显然，美国认为无论何种自然文化遗产资源，不仅是从先辈那里继承下来的，而且也是从后代那里借来的。保护自然文化遗产资源的根本目的在于为当代及下一代的享受、欣赏和受教育服务。所以，保持其真实性、完整性，做到可持续利用责无旁贷。公益性、留传性的遗产资源定位就使其利益相关者像呵护祖宅一样珍惜遗产资源。在这一长远目标之下，竭泽而渔的资源利用模式和杀鸡取卵的利益攫取模式自然无法生存。所以，恰恰是这种立足后代共同欣赏遗产资源的思想定位，确保了自上而下的制度和管理模式的一致性。

(二)交通工具主导的门票定价

黄石国家公园的门票(entrance fee)并非简单地根据游客的年龄、职业性质进行设定。其门票独特之处在于根据交通工具进行差异化定价。例如，私家车乘坐者需要购买 25 美元门票，驾驶摩托车或雪地摩托车(冬季)的游客需要购买 20 美元的门票，而针对徒步、骑自行车或滑雪的 16 岁以下儿童及老人的门票仅为 12 美元。在园地停车费方面，对私家车收取 50 美元的停车费，而对 62 岁以上的美国公民或永久居民收取 10 美元的停车费。显然，美国国家公园的门票定价体现了对青少年和年老者的优惠和照顾。但更为重要的是，实施以交通工具为主导的差异化门票定价，体现了对低碳型、运动型旅游行为的引导、鼓励与支持。

(三)自助式的旅游垃圾回收

很多遗产地大力增置垃圾箱或增加清洁人员，而每天垃圾箱的分类与清理会消耗大量的人力物力。美国盖特韦和俄亥俄运河国家公园却采取了撤去公园部分区域垃圾箱的措施。该国家公园由工作人员向游客发放垃圾袋，并对向指定地点交送垃圾的游客给予鼓励①，从而降低了园地的直接环境污染，减少了分理垃圾的人工预算与清运费。同时，这种自助垃圾回收行动，也让游客切实参与到环保行动中。游客成为国家公园绿色环境维护的一分子，而非整洁环境的享受者和旁观者。游客的自助垃圾回收体验使其更加体会到垃圾清扫的辛苦，自觉珍惜环境。

(四)简易的旅游生活服务设施

美国国家公园在旅游活动形式和服务设施建设上都极大地体现了自然性和生态性。在布法罗河国家公园，设有马匹营地及简单的露营地，配有饮用水、小木屋、壁炉可供临时休息。营地的休闲设施以简易实用为主，最高规格为带淋浴的木屋。耗能较大的汽车旅馆、加油站、杂货店、洗衣房、旅客诊所主要设在营地附近的小镇上。此外，美国国家公园辟有骑马、骑骡的游览专线，支持骑马、骑骡等畜力交通和旅游活动。旅游者可以租用也可以自备骡马畜力。同时，要求乘骑者自备饲料。可见，国家公园旅游服务设施建设与布局做到了高度尊重自然及有效的功能分离。生态游览区的一切设施以简单、实用、自然为目标，人口密集生活区则布置大型、高耗能、豪华的生活服务设施。遗产地的游览设施只是必要的点缀，而非主体建筑。这种建设模式

---

① 郑敏. 美国国家公园的困扰与保护行动[J]. 国土资源情报，2008(10)：54-57.

有效地考虑了游览需求和当地居民生活需求的结合。

(五) 户外教室的科普功能导向

美国国家公园不仅承担着保护的功能，更重要的是，其被公众看做"最大的、没有围墙的户外教室"或"国家自然或历史的博物馆"，承载着为青少年提供生态、历史教育的使命和功能。公园一般设有专门的教育部门，负责印刷公园简介的小册子，并与科学家和教育学家合作，开发针对不同年龄段孩子的教程或旅游项目，比如针对不同年龄段推出的初级守护者、野生动物教育与探险、寄宿学习及现场研讨会等科普和学习活动。由此看来，国家公园较好地实现了校园教育与校外教育的互补，充分发挥了遗产资源的实体教育价值。美国将国家公园视为学生的第二课堂，遗产被当做学校教育资源或生动教材，完好地保存、传承。明确而又清晰的户外教育导向而非单纯的娱乐消遣导向，使国家公园在管理者和公众心中具有至上、神圣的社会地位。在经济社会中，人们将资源视为商品在市场中逐利的自然法则是普遍存在的。美国国家公园恰恰是找到了遗产作为户外教育载体的利基点，这也就找到了其在市场中生存的平衡点。在教育利益的大蛋糕下，遗产保护的动力得以较好地维持，遗产地旅游消费仅成为微弱的组成部分。

(六) 全民参与公园保护

美国国家公园拥有庞大的环境保护组织机构和人力队伍。美国黄石国家公园的正式工作人员主要负责提供关于公园的信息和保护环境。为了在旅游旺季保持公园的平稳运作，每年还要招募许多临时雇员和志愿者。同时，与非营利的合作伙伴、合作协会、基金会以及赞助商们开展合作，共同对遗产资源进行保护，完善旅游设施以及为旅游环境问题提供科研支持。如宇宙家园关爱公司 (Univer Home & Personal Care) 长期与黄石国家公园合作，提供资金举办关于公园热点问题的科学研讨会。整体上，遗产地环境保护是一个非常复杂的系统工程，需要强有力的人力和资金作为保障。美国国家公园较好地吸收了非营利性组织及个人募捐提供的资金支持。在遗产地环境保护人力资源上，单靠遗产地的工作人员力量也是非常有限的，而美国国家公园较好地借助了来自各行各业的志愿者。这样既保证了环境处理及环境保护工作的有效性，又巧妙地解决了人力成本的费用。当然，这与美国高度成熟的志愿者体系密不可分。所以，遗产地环境保护仅仅依靠单方面力量和投入是远远不够的，对社会志愿者的调动是有效的途径。

二、意大利对传统建筑遗产旅游环境的保护与建设

意大利是全球世界遗产第一大国，共有世界遗产 49 项。自 15—16 世纪文艺复兴以来，意大利就非常重视对建筑遗产的保护，成为全球最有代表性的国家。在意大利 49 项世界遗产中，有世界自然遗产 4 项，世界文化遗产 45 项。其中圣玛丽亚感恩教堂、罗马历史中心及教廷建筑、比萨大教堂广场、马泰拉石窟民居和石头教堂花园、阿尔贝罗贝洛圆顶石屋、卡塞塔建筑群、卡塞尔罗马别墅、阿奎拉主教教堂、阿西西

古镇大教堂、提沃利城伊斯特别墅等建筑遗产等 10 余项属于建筑遗产。意大利的世界遗产状况见表 3-4。

表 3-4　　　　　　　　　意大利世界遗产状况一览表

序号	英文名称	中文名称	登录时间	性质
1	Rock Drawings in Valcamonica	梵尔卡莫尼卡谷地岩画	1979 年	文化
2	Church and Dominican Convent of Santa Maria delle Grazie with "The Last Supper" by Leonardo da Vinci	绘有达·芬奇《最后的晚餐》的圣玛丽亚感恩教堂和多明各会修道院	1980 年	文化
3	Historic Centre of Rome, the Properties of the Holy See in that City Enjoying Extraterritorial Rights and San Paolo Fuori le Mura	罗马历史中心，享受治外法权的罗马教廷建筑和缪拉圣保罗弗利	1980 年/ 1990 年	文化
4	Historic Centre of Florence	佛罗伦萨历史中心	1982 年	文化
5	Piazza del Duomo, Pisa	比萨大教堂广场	1987 年	文化
6	Venice and its Lagoon	威尼斯及泻湖	1987 年	文化
7	Historic Centre of San Gimignano	圣吉米亚诺历史中心	1990 年	文化
8	The Sassi and the Park of the Rupestrian Churches of Matera	马泰拉石窟民居和石头教堂花园	1993 年	文化
9	City of Vicenza and the Palladian Villas of the Veneto	维琴查城和威尼托的帕拉迪恩别墅	1994 年/ 1996 年	文化
10	Crespi d'Adda	阿达的克里斯匹	1995 年	文化
11	Ferrara, City of the Renaissance, and its Po Delta	文艺复兴城市费拉拉城以及波河三角洲	1995 年/ 1999 年	文化
12	Historic Centre of Naples	那不勒斯历史中心	1995 年	文化
13	Historic Centre of Siena	锡耶纳历史中心	1995 年	文化
14	Castel del Monte	蒙特堡	1996 年	文化
15	Early Christian Monuments of Ravenna	拉文纳早期基督教名胜	1996 年	文化
16	Historic Centre of the City of Pienza	皮恩扎历史中心	1996 年	文化
17	The Trulli of Alberobello	阿尔贝罗贝洛圆顶石屋	1996 年	文化
18	18th-Century Royal Palace at Caserta with the Park, the Aqueduct of Vanvitelli, and the San Leucio Complex	卡塞塔的 18 世纪花园皇宫、凡韦特里水渠和圣莱乌西建筑群	1997 年	文化

续表

序号	英文名称	中文名称	登录时间	性质
19	Archaeological Area of Agrigento	阿克里真托考古区	1997 年	文化
20	Archaeological Areas of Pompei, Herculaneum and Torre Annunziata	庞培、赫库兰尼姆和托雷安农齐亚塔考古区	1997 年	文化
21	Botanical Garden (Orto Botanico), Padua	帕多瓦植物园	1997 年	文化
22	Cathedral, Torre Civica and Piazza Grande, Modena	摩德纳的大教堂、市民塔和大广场	1997 年	文化
23	Costiera Amalfitana	阿马尔菲海岸景观	1997 年	文化
24	Portovenere, Cinque Terre, and the Islands (Palmaria, Tino and Tinetto)	韦内雷港、五村镇以及沿海群岛	1997 年	文化
25	Residences of the Royal House of Savoy	萨沃王宫	1997 年	文化
26	Su Nuraxi di Barumini	巴鲁米尼的努拉格	1997 年	文化
27	Villa Romana del Casale	卡萨尔罗马别墅	1997 年	文化
28	Archaeological Area and the Patriarchal Basilica of Aquileia	阿奎拉古迹区及长方形主教教堂	1998 年	文化
29	Cilento and Vallo di Diano National Park with the Archeological Sites of Paestum and Velia, and the Certosa di Padula	奇伦托和迪亚诺河谷国家公园，帕埃斯图姆和韦利亚考古遗址	1998 年	文化
30	Historic Centre of Urbino	乌尔比诺历史中心	1998 年	文化
31	Villa Adriana (Tivoli)	提沃利的阿德利阿纳村庄	1999 年	文化
32	Assisi, the Basilica of San Francesco and Other Franciscan Sites	阿西西古镇的方济各会修道院与大教堂	2000 年	文化
33	City of Verona	维罗纳城	2000 年	文化
34	Isole Eolie (Aeolian Islands)	伊索莱约里(伊奥利亚群岛)	2000 年	自然
35	Villa d'Este, Tivoli	提沃利城伊斯特别墅	2001 年	文化
36	Late Baroque Towns of the Val di Noto (South-Eastern Sicily)	晚期的巴洛克城镇瓦拉迪那托(西西里东南部)	2002 年	文化
37	Sacri Monti of Piedmont and Lombardy	皮埃蒙特及伦巴第圣山	2003 年	文化
38	Monte San Giorgio	圣乔治山	2003 年/ 2010 年	自然

续表

序号	英文名称	中文名称	登录时间	性质
39	Etruscan Necropolises of Cerveteri and Tarquinia	塞尔维托里和塔尔奎尼亚的伊特鲁立亚人公墓	2004 年	文化
40	Val d'Orcia	瓦尔·迪奥西亚公园文化景观	2004 年	文化
41	Syracuse and the Rocky Necropolis of Pantalica	锡拉库扎和潘塔立克石墓群	2005 年	文化
42	Genoa: Le Strade Nuove and the system of the Palazzi dei Rolli	热那亚的新街和罗利宫殿体系	2006 年	文化
43	Mantua and Sabbioneta	曼图亚和萨比奥内塔	2008 年	文化
44	Rhaetian Railway in the Albula / Bernina Landscapes	阿尔布拉—伯尔尼纳文化景观中的雷塔恩铁路	2008 年	文化
45	The Dolomites	多洛米蒂山脉	2009 年	自然
46	Longobards in Italy. Places of the Power (568-774 A. D.)	意大利伦巴第人遗址	2011 年	文化
47	Prehistoric Pile dwellings around the Alps	阿尔卑斯地区史前湖岸木桩建筑	2011 年	文化
48	Medici Villas and Gardens in Tuscany	托斯卡纳地区的梅第奇别墅和花园	2013 年	文化
49	Mount Etna	埃特纳火山	2013 年	自然

资料来源：世界遗产中心(http://whc.unesco.org/zh/list/)。

意大利对建筑遗产地旅游环境的保护主要体现在：

(一)景观树种综合效用的选择导向

意大利选择四季常青的松树作为绿化的主要品种，在修剪和养护上投入了很多精力。修剪的树冠生在 10 多米高的树干上，减少了地面空间的占用，同时不影响人和车通行。虽然松树的生长速度慢，成长周期长，但它具有不飘絮、不落叶，不会给城市带来新的污染，也不会增加环卫工人的负担，而且生长期长达百年以上等优点。可见，意大利在景观树种的选择上并非单纯考虑美观的效果，而是综合考虑树种的二次污染、清扫压力以及生长周期等因素。选择景观树种注重的是一次投资的长远效益。

(二)建筑遗产实用性利用的功能导向

意大利众多的建筑遗产形成了"巨型的露天历史博物馆"。建筑遗产的保护根据性质不同主要采取原真性保存和实用性利用结合的方式。部分遗产选择原汁原味的保存和展示方式，一般不进行重建，修复也是在很小的范围内进行。比如罗马大竞技场仅在很小的区域修复了部分的看台及部分舞台地面。还有部分建筑遗产供实际使用，成为政府单位的办公大楼，主要由使用单位负责保护和维修。意大利财政部大楼使用的是 17 世纪的建筑，建筑遗产内的部分装饰和用品仍在使用。可见，意大利极其重视其实用性功能的发挥，这就使其遗产建筑成为最直接、最原真的历史展示空间或现代实用性空间，避免了每年花费大量的投资修建不伦不类的"怪物"，沦为"仿古式"、"纪念式"摆设的局面。

（三）传统建筑技艺与现代生态技术的融合

意大利的阿尔贝罗贝洛的特鲁利聚落古城，以聚落的形传承了史前时代建造技术，并在现代社会得以完好的保留，1996 年被列为世界文化遗产。当地法律规定"沿阿尔贝罗贝洛古城保护区内的历史建筑因受到法律的严格控制，不得改建、加建"①。这一规定使得古城内原始的特鲁利建筑完好保留下来，并发展成为特色小餐馆和工艺品店。而且，该区域遗产建筑始终注意历史和现代、古老技艺与环保科技的融合。建筑在延续原始的建造技艺与材料的同时，还充分利用了太阳能、雨水收集、污水回收再利用等现代生态环保的措施。可见，传统建筑艺术和现代生态技术的科学结合，更好地延续了遗产建筑的传承性。

三、西班牙对宗教建筑遗产旅游环境的保护与建设

西班牙共有 44 项世界遗产，居世界第三位。其中自然遗产 3 项，自然和文化遗产 2 项，文化遗产 39 项。西班牙有 6 处宗教建筑遗产，分别为布尔戈斯大教堂、德里埃斯科里亚尔修道院和遗址、阿维拉古城及城外教堂、波夫莱特修道院、圣米延尤索和素索修道院、博伊谷地的罗马式教堂建筑，在宗教建筑遗产的旅游环境保护与开发利用上形成了自身特色。西班牙的世界遗产状况具体见表 3-5。

表 3-5 　　　　　　　　　　**西班牙世界遗产一览表**

序号	英文名称	中文名称	登录时间	性质
1	Alhambra, Generalife and Albayzín, Granada	格拉纳达的艾勒汉卜拉、赫内拉利费和阿尔巴济	1984 年/1994 年	文化
2	Burgos Cathedral	布尔戈斯大教堂	1984 年	文化
3	Historic Centre of Cordoba	科尔多瓦历史中心	1984 年/1994 年	文化

---

① 杨鑫，张琦. 意大利南部特鲁利建筑文化与建造技艺的发展与更新[J]. 世界建筑，2011，4.

续表

序号	英文名称	中文名称	登录时间	性质
4	Monastery and Site of the Escurial, Madrid	德里埃斯科里亚尔修道院和遗址	1984 年	文化
5	Works of Antoni Gaudí	安东尼·高迪的建筑作品	1984 年/2005 年	文化
6	Cave of Altamira and Paleolithic Cave Art of Northern Spain	西班牙北部洞穴艺术阿尔塔米拉洞窟	1985 年/2008 年	文化
7	Monuments of Oviedo and the Kingdom of the Asturias	奥维耶多古建筑和阿斯图里亚斯王国	1985 年/1998 年	文化
8	Old Town of Ávila with its Extra-Muros Churches	阿维拉古城及城外教堂	1985 年	文化
9	Old Town of Segovia and its Aqueduct	塞哥维亚古城及其输水道	1985 年	文化
10	Santiago de Compostela (Old Town)	圣地亚哥—德孔波斯特拉古城	1985 年	文化
11	Garajonay National Park	加拉霍艾国家公园	1986 年	自然
12	Historic City of Toledo	历史名城托莱多	1986 年	文化
13	Mudejar Architecture of Aragon	阿拉贡的穆德哈尔式建筑	1986 年/2001 年	文化
14	Old Town of Cáceres	卡塞雷斯古城	1986 年	文化
15	Cathedral, Alcázar and Archivo de Indias in Seville	塞维利亚大教堂、城堡和西印度群岛档案馆	1987 年	文化
16	Old City of Salamanca	萨拉曼卡古城	1988 年	文化
17	Poblet Monastery	波夫莱特修道院	1991 年	文化
18	Archaeological Ensemble of Mérida	梅里达考古群	1993 年	文化
19	Route of Santiago de Compostela	冈斯特拉的圣地亚哥之路	1993 年	文化
20	Royal Monastery of Santa María de Guadalupe	瓜达卢佩的圣玛利皇家修道院	1993 年	文化
21	Doñana National Park	多南那国家公园	1994 年/2005 年	自然
22	Historic Walled Town of Cuenca	城墙围绕的历史名城昆卡	1996 年	文化
23	La Lonja de la Seda de Valencia	瓦伦西亚丝绸交易厅	1996 年	
24	Las Médulas	拉斯梅德拉斯	1997 年	文化

续表

序号	英文名称	中文名称	登录时间	性质
25	Palau de la Música Catalana and Hospital de Sant Pau, Barcelona	巴塞罗那的帕劳音乐厅及圣保罗医院	1997 年	文化
26	Pyrénées-Mont Perdu	比利牛斯—珀杜山	1997 年/ 1999 年	自然和文化
27	San Millán Yuso and Suso Monasteries	圣米延尤索和素索修道院	1997 年	文化
28	Prehistoric Rock Art Sites in the Côa Valley and Siega Verde	席尔加·维德石壁画艺术	1998 年	文化
29	Rock Art of the Mediterranean Basin on the Iberian Peninsula	伊比利亚半岛地中海盆地岩石艺术考古区	1998 年	文化
30	University and Historic Precinct of Alcalá de Henares	埃纳雷斯堡大学城及历史区	1998 年/ 2010 年	文化
31	Ibiza, Biodiversity and Culture	伊维萨岛的生物多样性和特有文化	1999 年	自然和文化
32	San Cristóbal de La Laguna	拉古纳的圣克斯托瓦尔	1999 年	文化
33	Archaeological Ensemble of Tárraco	塔拉科考古遗址	2000 年	文化
34	Archaeological Site of Atapuerca	阿塔皮尔卡考古遗址	2000 年	文化
35	Catalan Romanesque Churches of the Vall de Boí	博伊谷地的罗马式教堂建筑	2000 年	文化
36	Palmeral of Elche	埃尔切的帕梅拉尔	2011 年	文化
37	Roman Walls of Lugo	卢戈的罗马城墙	2000 年	文化
38	Aranjuez Cultural Landscape	阿兰胡埃斯文化景观	2001 年	文化
39	Renaissance Monumental Ensembles of Úbeda and Baeza	乌韦达和巴埃萨城文艺复兴时期的建筑群	2003 年	文化
40	Vizcaya Bridge	维斯盖亚桥	2006 年	文化
41	Teide National Park	泰德国家公园	2007 年	自然
42	Tower of Hercules	海格立斯灯塔	2009 年	文化
43	Cultural Landscape of the Serra de Tramuntana	特拉蒙塔那山区文化景观	2011 年	文化
44	Heritage of Mercury. Almadén and Idrija	阿尔马登与伊德里亚汞矿遗产	2012 年	文化

资料来源：世界遗产中心（http：//whc.unesco.org/zh/list/）。

西班牙对宗教建筑遗产旅游环境突出性的保护与建设措施主要有：

(一)门票预售系统与遗产地环境容量控制的结合

西班牙创立了良好的公共门票预售平台，来平衡遗产地旅游开发经济利益和遗产保护要求。门票预售系统由遗产地或景区来运营，政府、银行、互联网共同参与。该门票系统类似于中国铁道部的火车票网上预售系统，游客只有提前买到票才能安排行程。经过控制的游客量就不至于给一些比较脆弱的遗产地景点造成太大压力。对于环境严重敏感区和脆弱区的遗产地，西班牙的游客量控制更为严格。如西班牙北部1985年被列为世界文化遗产的阿尔塔米拉洞窟，每天仅允许接待游客30人次。严格、科学的游客量控制促进了西班牙对遗产地环境容量的调控和把握。

(二)节庆、团体活动与遗产地空间氛围的互动

在西班牙，很多拥有世界遗产的城市主要通过国际节庆日和传统节庆日活动，来提升世界遗产地的知名度和对当地居民、外来旅游者的吸引力。拥有世界遗产的城市积极承办国际音乐节、戏剧节等活动和比赛。同时，也非常注重发挥民族传统节日的作用，如塞维利亚的四月集市、纳瓦拉省的兰斯狂欢节、卡托伊拉的海盗节、瓦伦西亚的火焰节、潘普洛纳的奔牛节、布尼奥尔镇的番茄节①。通过民众非常熟悉、趣味性的民间节庆活动，提升了遗产地文化氛围和参与乐趣。此外，部分遗产地还承办多样化的团体活动。如1997年被列为世界文化遗产的尤索修道院，主要承接社区居民、社团举行宗教仪式、会议、演讲活动等。由此来看，节庆活动、宗教团体活动与遗产地空间氛围的融合互动，催生了遗产地的人气，增加了遗产地的活力，也促进了遗产地的现代化、生活化、多样化利用。

(三)遗产历史文化记忆与企业价值链的融合

自20世纪80年代，西班牙许多废弃的工厂和工业空间成了城市的"闲散资产"。面对废弃的工业空间，西班牙选择了将遗产历史记忆与企业价值链相互融合，将工业遗产转化为唤起民众集体的记忆的"科学、技术与工业趣味的场所"。很多公司将工业遗产、工厂博物馆、遗产历史纳入公司的营销计划，以此反映公司的过去和现在的价值，彰显自身的生产优势和价值特征。同时，还直观地向市民和游客展示技术、工艺及生产诀窍的历史。忠实于生产记忆和历史记忆的世界遗产地成为西班牙拓展企业价值链的重要根基。

四、法国对城市建筑遗产旅游环境的保护与建设

1790年，法国设立了遗产保护机构。1984年，法国创建了首个文化遗产日。法国共有世界遗产38项，位居世界第四。其中，有自然遗产3项，复合遗产1项，文化遗产34项。法国的世界遗产状况见表3-6。

---

① 西班牙的传统节日——让你感受不一样的西班牙[EB/OL].http://www.365zhaosheng.com/html/2012/81/20128193718686199.shtml.

表 3-6　　　　　　　　　　　　　　法国世界遗产一览表

序号	英文名称	中文名称	登录时间	性质
1	Chartres Cathedral	沙特尔大教堂	1979 年	文化
2	Mont-Saint-Michel and its Bay	圣米歇尔山及其海湾	1979 年	文化
3	Palace and Park of Versailles	凡尔赛宫及其园林	1979 年	文化
4	Prehistoric Sites and Decorated Caves of the Vézère Valley	韦泽尔峡谷洞穴群与史前遗迹	1979 年	文化
5	Vézelay, Church and Hill	韦兹莱教堂和山丘	1979 年	文化
6	Amiens Cathedral	亚眠大教堂	1981 年	文化
7	Arles, Roman and Romanesque Monuments	阿尔勒，古罗马建筑	1981 年	文化
8	Cistercian Abbey of Fontenay	丰特奈的西多会修道院	1981 年	文化
9	Palace and Park of Fontainebleau	枫丹白露的宫殿和园林	1981 年	文化
10	Roman Theatre and its Surroundings and the "Triumphal Arch" of Orange	奥朗日古罗马剧场和凯旋门	1981 年	文化
11	From the Great Saltworks of Salins-les-Bains to the Royal Saltworks of Arc-et-Senans, the Production of Open-pan Salt	萨兰—莱班大盐场—阿尔克—塞南皇家盐场	1982 年/ 2009 年	文化
12	Abbey Church of Saint-Savin sur Gartempe	圣塞文—梭尔—加尔坦佩教堂	1983 年	文化
13	Gulf of Porto: Calanche of Piana, Gulf of Girolata, Scandola Reserve	波尔托湾：皮亚纳—卡兰切斯、基罗拉塔湾、斯康多拉保护区	1983 年	自然
14	Place Stanislas, Place de la Carrière and Place d'Alliance in Nancy	南锡的斯坦尼斯拉斯广场、卡里埃勒广场和阿莱昂斯广场	1983 年	文化
15	Pont du Gard (Roman Aqueduct)	加德桥(罗马式水渠)	1985 年	文化
16	Pont du Gard (Roman Aqueduct) Strasbourg-Grandeîle	斯特拉斯堡与大岛	1988 年	文化
17	Cathedral of Notre-Dame, Former Abbey of Saint-Rémi and Palace of Tau, Reims	兰斯圣母大教堂、圣雷米修道院和圣安东尼宫殿	1991 年	文化
18	Paris, Banks of the Seine	巴黎塞纳河畔	1991 年	自然
19	Bourges Cathedral	布尔日大教堂	1992 年	文化

续表

序号	英文名称	中文名称	登录时间	性质
20	Historic Centre of Avignon: Papal Palace, Episcopal Ensemble and Avignon Bridge	阿维尼翁历史中心：教皇宫、主教圣堂和阿维尼翁桥	1995 年	文化
21	Canal du Midi	米迪运河	1996 年	文化
22	Historic Fortified City of Carcassonne	卡尔卡松历史城墙要塞	1997 年	文化
23	Pyrénées-Mont Perdu	比利牛斯—珀杜山	1997 年/1999 年	文化和自然
24	Historic Site of Lyons	里昂历史遗迹	1998 年	文化
25	Routes of Santiago de Compostela in France	法国圣地亚哥—德孔波斯特拉朝圣之路	1998 年	文化
26	Belfries of Belgium and France	比利时和法国钟楼	1999 年/2005 年	文化
27	Jurisdiction of Saint-Emilion	圣艾米伦区	1999 年	文化
28	The Loire Valley between Sully-sur-Loire and Chalonnes	卢瓦尔河畔叙利与沙洛纳间的卢瓦尔河谷	2000 年	文化
29	Provins, Town of Medieval Fairs	普罗万城	2001 年	文化
30	Le Havre, the City Rebuilt by Auguste Perret	勒阿弗尔，奥古斯特·佩雷重建之城	2005 年	文化
31	Bordeaux, Port of the Moon	波尔多月亮港	2007 年	文化
32	Fortifications of Vauban	法兰西贝桑松的沃邦要塞	2008 年	文化
33	Lagoons of New Caledonia: Reef Diversity and Associated Ecosystems	新喀里多尼亚潟湖	2008 年	自然
34	Episcopal City of Albi	阿尔比市的主教旧城	2010 年	文化
35	Pitons, Cirques and Remparts of Reunion Island	留尼汪岛的山峰、冰斗和峭壁	2010 年	自然
36	The Causses and the Cévennes, Mediterranean Agro-pastoral Cultural Landscape	喀斯和塞文—地中海农牧文化景观	2011 年	文化
37	Prehistoric Pile dwellings around the Alps	阿尔卑斯地区史前湖岸木桩建筑	2011 年	文化
38	Nord-Pas de Calais Mining Basin	北部—加来海峡的采矿盆地	2012 年	文化

资料来源：世界遗产中心（http://whc.unesco.org/zh/list/）。

法国认为一个国家的历史不仅写在纸上，而且反映在文物古迹上。法国通过"遗产"这个概念将"过去"社会化和国家化，建立"官方记忆"来强化国家意象。1913 年法国颁布的《历史纪念物法》，将文物建筑放在至高的地位，提出"唯一的、国家的记忆"①。目前，法国形成了由国家来保护具有"国家利益"的精品遗产、地方政府保护具有地方价值的乡土遗产的合作互补体制，遗产保护从精英化逐步走向地方化和普及化。

法国对城市建筑遗产旅游环境保护的特色之处有：

（一）建筑遗产与市民生活、城市特色的融合

法国在城市规划中做到了对普遍价值的遗产和历史遗迹的切实尊重。建筑遗产及历史街区，要保护其外立面、更新室内，改善当地居民的工作和生活环境。马莱区的府邸则经过保护和改造成为图书馆、讲堂和报告厅。对工业废弃地采取"被设计"的方式，通过住房、商场、写字楼等功能转换原有的废弃地。法国不仅把巴黎街区的老教堂保留下来，而且还对建筑遗产周边进行绿化，配置具有象征意义的石头、拱券、门廊等历史艺术品。这些举措实现了城市中遗产建筑的"活化"利用，充满了"市民"生活色彩。城市中的建筑遗产不再是孤立无援的"被搁置"的珍宝，而是转化为与市民日常活动息息相关的空间和场地。建筑遗产成为现代市民生活组成的重要部分和艺术调味剂。城市生活与建筑遗产的有机融合，塑造了城市文化内涵和老城特色，吸引人们前来定居，促进区域的未来发展。更为重要的是，避免了随着城市化的发展，老城中心景观改变，城市建设千篇一律的平庸化趋势。

（二）视角美学和空间距离双重整体环境保护标准

法国认为历史的灵魂不是由杰作构成。对建筑艺术而言，孤立的杰作会有僵化死亡的危险。1911 年，巴黎城市建设法律中提出了"纪念性视廊"的概念，要求建筑遗产保护并非仅是针对那些标志性的孤立的遗产，而是要关注与该建筑遗产息息相关的城市肌理和城市景观。1943 年，《文物建筑周边环境法》确立了对遗产建筑周边地带环境的保护，要求"一旦建筑遗产被确定，其周边形成 500 米半径的保护范围，其建设活动要受到严格的控制"②，并且要保护与遗产建筑有关的自然元素，如原有的林木、树篱，以及街道上的传统特征，如铺地材料、照明设施等。建筑遗产周边环境犹如珍藏首饰的宝盒。视觉美学和空间距离的双重条件，是建筑遗产可视范围内的整体环境保护的重要标准。这为建筑遗产的片区化生存与发展提供了重要的制度和建设保障。

五、德国对工业遗产园林化旅游环境的营造

德国共有世界遗产 38 项，与法国并列全球第四位。其中有自然遗产 3 项，世界

① 邵甬. 法国建筑 城市 景观遗产保护与价值重现［M］. 上海：同济大学出版社，2010：48.
② 邵甬. 法国建筑 城市 景观遗产保护与价值重现［M］. 上海：同济大学出版社，2010：62.

文化遗产 35 项。工业化和逆工业化催生了德国工业遗产的诞生，工业遗产是德国世界遗产的典型代表，如分别于 1994 年、2001 年被列为世界文化遗产的弗尔克林根钢铁厂和埃森的关税同盟煤矿工业区。德国的世界遗产状况见表 3-7。

表 3-7　　　　　　　　　　　　　德国世界遗产一览表

序号	英文名称	中文名称	登录时间	性质
1	Aachen Cathedral	亚琛大教堂	1978 年	文化
2	Würzburg Residence with the Court Gardens and Residence Square	维尔茨堡宫、宫廷花园和广场	1981 年	文化
3	Speyer Cathedral	施佩耶尔大教堂	1981 年	文化
4	Pilgrimage Church of Wies	维斯教堂	1983 年	文化
5	Castles of Augustusburg and Falkenlust at Brühl	布吕尔的奥古斯塔斯堡古堡和法尔肯拉斯特古堡	1984 年	文化
6	St Mary's Cathedral and St Michael's Church at Hildesheim	希尔德斯海姆的圣玛丽大教堂和圣米迦尔教堂	1985 年	文化
7	Roman Monuments, Cathedral of St Peter and Church of Our Lady in Trier	特里尔的古罗马建筑、圣彼得大教堂和圣玛利亚教堂	1986 年	文化
8	Frontiers of the Roman Empire	罗马帝国的边界	1987 年/ 2005 年/ 2008 年	文化
9	Hanseatic City of Lübeck	吕贝克的汉西梯克城	1987 年	文化
10	Palaces and Parks of Potsdam and Berlin	波兹坦与柏林的宫殿与庭园	1990 年/ 1992 年/ 1999 年	文化
11	Abbey and Altenmünster of Lorsch	洛尔施修道院	1991 年	文化
12	Mines of Rammelsberg, Historic Town of Goslar and Upper Harz Water Management System	上哈尔茨山的水资源管理系统	1992 年/ 2010 年	文化
13	Maulbronn Monastery Complex	班贝格城	1993 年	文化
14	Town of Bamberg	莫尔布龙修道院	1993 年	文化
15	Collegiate Church, Castle and Old Town of Quedlinburg	奎德林堡神学院、城堡和古城	1994 年	文化

续表

序号	英文名称	中文名称	登录时间	性质
16	Völklingen Ironworks	弗尔克林根钢铁厂	1994 年	文化
17	Messel Pit Fossil Site	麦塞尔化石遗址	1995 年	自然
18	Völklingen Ironworks	埃斯莱本和维腾贝格的路德纪念馆建筑群	1996 年	文化
19	Cologne Cathedral	科隆大教堂	1996 年	文化
20	Luther Memorials in Eisleben and Wittenberg	魏玛和德绍的包豪斯建筑及其遗址	1996 年	文化
21	Classical Weimar	古典魏玛	1998 年	文化
22	Museumsinsel（Museum Island），Berlin	柏林的博物馆岛	1999 年	文化
23	Wartburg Castle	瓦尔特堡城堡	1999 年	文化
24	Garden Kingdom of Dessau-Wörlitz	德绍-沃尔利茨园林王国	2000 年	文化
25	Monastic Island of Reichenau	赖谢瑙修道院之岛	2000 年	文化
26	Zollverein Coal Mine Industrial Complex in Essen	埃森的关税同盟煤矿工业区	2001 年	文化
27	Historic Centres of Stralsund and Wismar	施特拉尔松德与维斯马历史中心	2002 年	文化
28	Upper Middle Rhine Valley	莱茵河中上游河谷	2002 年	文化
29	Town Hall and Roland on the Marketplace of Bremen	不来梅市市场的市政厅和罗兰城	2004 年	文化
30	Muskauer Park / Park Mużakowski	穆斯考尔公园	2004 年	文化
31	Old town of Regensburg with Stadtamhof	德国多瑙河畔"雷根斯堡旧城"	2006 年	文化
32	Primeval Beech Forests of the Carpathians and the Ancient Beech Forests of Germany	德国古山毛榉林	2007 年/2011 年	自然
33	Berlin Modernism Housing Estates	柏林现代住宅区	2008 年	文化
34	The Wadden Sea	瓦登海	2009 年	自然
35	Fagus Factory in Alfeld	德国法古斯工厂	2011 年	文化
36	Prehistoric Pile dwellings around the Alps	阿尔卑斯地区史前湖岸木桩建筑	2011 年	文化
37	Margravial Opera House Bayreuth	巴伐利亚拜洛伊特歌剧院	2012 年	文化
38	Bergpark Wilhelmshöhe	威海姆苏赫山地公园	2013 年	文化

资料来源：世界遗产中心（http://whc.unesco.org/zh/list/）。

工业遗产区园林化的建设，将工业或工厂这些与休闲活动截然对立的概念联系起来，成为旅游客体和旅游活动的重要场所。"工业企业的厂区环境、独特的工业建筑、生产线与生产场景、生产工具、劳动对象和产品、企业管理、企业文化、企业的发展历史与文物等等成为被开发和利用的旅游吸引物。"①旅游者在园林化的工业厂区环境中，感受工业美学的魅力，了解工业技术，并购买和消费工业产品。其工业遗产厂区旅游环境建设方式如下：

(一)生态博物馆氛围的营造

德国注重依托原有的厂址来建设露天生态博物馆。馆内厂房和办公楼沿用古典建筑风格，并设计儿童和家庭可以参与开展各种活动的游戏环节。德国的大众汽车城设计了青少年学习驾驶技术和交通知识，并领取小司机"驾照"的练习场和体验场地。汽车城内的撞车实验告诉人们撞车时的各种参数及安全带、空气囊的作用。人们在娱乐游戏中学习汽车有关的科技知识，并提高安全驾驶的意识。此外，展厅里几部电脑提供给汽车发烧友设计概念车，当"作品"设计出来，还提供免费打印服务。当设计者兴高采烈地拿着自己设计的概念车彩色图片离开的时候，他们可能没有意识到自己的偏好、智慧和创意已经被留在大众公司的电脑中。德国依托工业厂区实体，建造生态博物馆，并设计多样化的科普及游乐体验活动加以辅助。市民及旅游消费者在厂区遗产空间内实现了科普、学习、购物等多维活动。

(二)公共游憩空间的开拓

德国的世界遗产旅游区非常注重公共游憩空间的开拓，在国家公园内举办大型的艺术、园艺及其他户外活动，如花园展、园艺展览等。此外，一些工业遗产区借助原有的建筑，积极开发了潜水、攀岩、演出剧场以及课外教学体验活动。更有不少仓库、旧厂房、旧车站被改造成博物馆、展览馆、音乐厅和剧场。通过对工业遗产区的功能改造和环境美化，实现了遗产地公共空间的拓展和延伸，提升了遗产地的公共利用效率和公共服务能力。

(三)公民教育功能的发挥

德国在遗产区非常尊重劳动和推崇技术元素，在工业遗产旅游区传递着公民教育的信号。比如弗尔克林根钢铁厂对"工矿"劳动的尊重和价值褒奖，其所建造的工资发放室和矿工劳动体验场景，都在极力诠释作为一个公民，每一种独特的工作都具有一种很高的价值和存在的合理性、必要性。而且，德国的博物馆和工业旅游地及整个教育体系都非常注意保留技术结合体系，培养学生的实践能力和创新能力。他们认为技术本身是值得研究的对象，无论是猿人砸石头的技巧，还是建造核电站的人工智能，这些技术本身都具有文化和智力价值。所以，通过工业遗产旅游区实体教育和学校抽象教育的结合，德国在部分程度上留住了高新技术产业发展的根基和脉络。可见，德国在遗产地旅游环境建设中敏锐地、颇有先见地捕捉到了世界遗产所蕴含的技术和劳动的思想，加以挖掘和凸显，最终将世界遗产的价值和功能提高到了国家公民

---

① 刘会远，李蕾蕾. 德国工业旅游与工业遗产保护[M]. 北京：商务印书馆，2007：3.

教育和技术素质培养的高度。

六、加勒比海区域旅游环境质量保护

加勒比海地区虽然并非世界遗产资源的富集区域，但其优势海域资源和高品质旅游环境，使旅游业发展成为该区域的战略支柱性产业。因而，加勒比海地区非常重视对旅游环境质量的保护与建设，成为目前国际上运用清洁技术，有效规避旅游业所产生的负面环境影响的先锋区域。加勒比海地区运用的清洁技术包括：污水处理后用于灌溉，回收利用金属、玻璃、塑料制品，用固体废物制作堆肥，使用可再生能源以及建造降低照明和制冷能耗的建筑等。通过这些清洁技术的使用，实现了旅游业可持续发展所追求的目标，如气体、固体、液体废弃物与污染最小化，原材料、水资源及能源使用最小化，以及减轻对人体健康和生态系统的危害等（Jose Antonio Puppim de Oliveira，2003）。加勒比海区域的旅游环境质量保护与建设具有诸多可圈可点之处，并具有良好的示范和启示作用。

（一）节约能源支出的核心利益诉求

能源节约的巨大利益诉求，促使了加勒比海地区酒店主动使用清洁技术，并进行有效的创新与尝试。调查显示，加勒比海地区部分酒店认为使用清洁技术可以使酒店的能源消耗量降低 41% ~ 60%，特别是对水资源的再利用，可使酒店的水费节约50%。在节能设施改造方面，酒店等企业实施了一系列有效的投资和实践。该地区酒店照明设施一律使用节能灯泡、荧光灯或低钠灯照明。花园和走廊的灯具使用的是光电池。在空调使用和选择上，少数酒店放弃使用空调，仅使用电扇降温。大部分酒店空调安装自动温度感应开关空调系统，或采用 Harp 22 系统制冷系统。牙买加的桑道斯名胜国际酒店（Sandals Resorts International）甚至提出希望通过风力发电等来实现酒店能源的自给自足。总体上，加勒比海地区酒店的节能设备改造主要源自于减少酒店能源费用支出的动机。降低生产与运营成本的直接利益诉求推动了该区域旅游企业大幅度的清洁技术投资。

（二）废弃物自消化的处理模式

加勒比海地区酒店积极推行废弃物的再利用和循环利用，这一方面节约了企业的原材料的投入，同时，减轻了废弃物处理的压力和污染。多数酒店建立了良好的自循环系统。圣卢西亚酒店将废水处理后灌溉草坪和高尔夫球场，把厨房和花园中的有机废物制作堆肥，把酒店的废旧床单回收后制作洗衣袋或为厨房员工制作领带和围裙，还统一收集酒店的剩饭菜，运送到当地的大型养猪场，并将仍可食用的饭菜送给当地的慈善部门。牙买加的酒店实施选用无毒、无腐蚀性、不易燃、可生物降解的化学制品，酒店塑料杯实行多次使用。巴巴布达岛酒店对玻璃和塑料进行分类回收利用，减少对聚苯乙烯泡沫塑料容器和塑料盘的使用，而且收集屋顶雨水或将污水处理后用于灌溉。布达岛的一家公司回收聚对苯二甲酸乙二醇酯塑料制作屋顶纸板，并建立了塑料容器的回收利用和交易市场。可见，加勒比海地区的旅游企业非常重视对废弃物的循环利用，有着明确的"变废为宝"的运营倾向。在很大程度上，酒店为废弃物的末端处理和系统内消化创造了新的价值空间。

(三)政府硬性强制与奖励性引导双管齐下

加勒比海地区政府强制性管制及政策性奖励双管齐下，对清洁技术在该区域的推广和运用起到了良好的助推作用。巴巴多斯岛当地法律规定，酒店或其他建筑必须配备收集雨水的水箱，雨水经过恰当处理后用于冲厕、洗衣甚至饮用。岛上使用政府贷款开办的酒店必须进行太阳能能源使用审计。同时，《巴巴多斯岛旅游开发法案》(*Barbados Tourism Development Act*)规定，"对于使用环境友好技术或进行相关投资尝试的酒店，提供税率奖励"①。特别是对太阳能热水项目提供强力支持和推广，对生产太阳能热水器原材料的厂商免征所得税和消费税，而对非太阳能热水器材征收高达60%的税。由此看来，加勒比海区域政府的双重规制，帮助旅游企业克服了岛上清洁技术使用的阻力和障碍，并为清洁技术的深度推广传递出了主流声音和重要信号。

---

① Jose Antonio Puppim de Oliveira.Governmental responses to tourism development：Three Brazilian case studies[J]. Tourism Management，2003,24（1）:97-110.

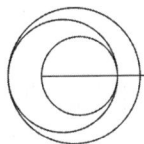

第四章　山岳型世界文化遗产地旅游环境质量内涵及评价指标体系

山岳型世界文化遗产地融地理风貌、历史遗迹、民间习俗、传统活动、风土人情于一体，是自然环境优美和文化意境氛围突出的空间综合体，其旅游环境质量与特殊的山岳自然环境空间、典型的遗产文化环境、旅游特性明显的设施环境和社会环境等综合性环境因素息息相关。本章立足中国山岳型世界文化遗产地旅游环境特征，结合相关理论，构建了山岳型世界文化遗产地旅游环境质量评价指标体系。

第一节　中国世界遗产地"旅游热"现象

截至 2013 年第 37 届世界遗产大会，中国共获批世界遗产 45 项。其中，文化遗产 28 项，自然遗产 10 项，文化与自然双重遗产 4 项，文化景观 3 项。仅次于意大利，遗产总量居世界第二位，并创造了多项世界之最。在符合全部 6 条标准的 3 项世界文化遗产中，中国拥有 2 项，分别是莫高窟和泰山；符合全部 4 条标准的世界自然遗产为三江并流；泰山是全球唯一满足 7 条标准的 2 项世界遗产项目之一①。总体上，随着中国逐年攀升的世界遗产项目和世界遗产大国地位的形成，可以预计"申遗热"依旧会成为今后各景区争取的强劲势头。

世界遗产是人类文明的产物，是各个历史时期经济、政治、文化和社会发展的晴雨表，本身具有时代性、区域性和民族性。世界遗产更因其具有历史唯一性、不可替代性、不可恢复性等特点，成为极具垄断特征的旅游资源，具有成为旅游资源和热点旅游目的地的先天优势。遗产地在"申遗"成功后，形成了典型的"旅游热"②现象，即游客接待量创造高峰，旅游经济短期内获得飞速发展。比如在"世界文化遗产日"、

---

① 张晨光. 中国世界遗产资源的保护与发展 [EB/OL]. http://blog. sina. com. cn/s/blog_702043430100xu3t.html.

② 张薇，张晓燕. 世界文化遗产地旅游可持续发展制度研究——基于对殷墟申遗成功后免费开放形成旅游热的思考 [C]. 旅游学研究 (第二辑)——文化遗产保护与旅游发展国际研讨会论文集，2006：246-249.

"世界文化遗产月"，中国多处世界文化遗产地实行免费开放政策，短时间内游客大量汇集，遗产地知名度大幅度提高，产生了较强的聚焦效应。2005年11月26日和27日，河南实行"文化遗产日"，出现了客流高度集中的现象。2006年7月13日，安阳殷墟为庆祝申办世界文化遗产成功，免费向游客开放1个月。据统计，仅2006年7月26日和27日两天就接待游客18万人，形成了申遗成功后超常客流集中的"井喷"现象。与此同时，遗产地游客接待量的高峰同时也创造了较高的旅游经济收益，如洛阳龙门石窟申遗后次年门票收入就净增1700万元，平遥古城1997年被列入名录，次年门票收入从18万元跃升为500万元①。而故宫、秦始皇陵、峨眉山—乐山大佛等世界遗产地每年的门票总收入都在10亿元以上。

世界遗产地成为中国热点景区的现象非常明显。根据中国旅游网调查公布的结果，中国排名前20位的热点景区，依次为九寨沟（世界自然遗产）、黄山（世界自然与文化遗产）、长城（世界文化遗产）、故宫（世界文化遗产）、布达拉宫（世界文化遗产）、西湖（世界文化景观）、张家界、云台山、鼓浪屿、桂林山水、峨眉山（世界自然与文化遗产）、少林寺、庐山（世界文化景观）、武夷山（世界自然与文化遗产）、西双版纳、亚龙湾、黄果树、三峡、天池、喀纳斯②。可以看出，在前20位热点景区中，有9个景区是世界遗产地，几乎占总量的一半。

不难看出，中国在遗产开发方面颇为重视，遗产旅游发展已经取得了良好的社会经济效益，遗产"旅游热"现象突出。但在遗产旅游热现象背后，其存在诸多不容忽视的隐忧。国家文物局局长单霁翔在第五届"中国文化遗产保护无锡论坛"就直指不合理的规划建设破坏了城市文化景观长期自然演变的机理，而保护理念方面的差距或扭曲使得国内各个城市在文化景观遗产保护千城一面，丧失了个性。开发建设、社会变迁对世界遗地旅游环境带来严重挑战与威胁。

第二节　山岳型世界遗产地旅游环境的典型特征与功能分析

中国是世界上最早把山岳作为审美对象的国家之一。自原始社会以来，人类就对山岳充满敬畏、崇拜、祈求与亲和的情感，形成了延续至今的山水情结。山岳成为中国独特的文化现象、人文意象和精神基石，包含儒家对道德伦理的阐释、道家对宇宙之道的体悟、佛教对生命的感悟（郝润华，2010），代表着特殊的人地精神关系。中国的45处世界遗产中，山岳型世界文化遗产地共有8处。中国的世界遗产状况具体见表4-1。

---

① 陈述彭. 文化遗产保护与开发的思考[J]. 地理研究，2005(4)：489-498.

② 中国旅游网[EB/OL].http://www.51yala.com/list/list_141_1.Html.

表 4-1   中国世界遗产一览表

序号	英文名称	中文名称	登录时间	性质
1	Imperial Palaces of the Ming and Qing Dynasties in Beijing and Shenyang	周口店北京人遗址	1987 年	文化
2	Mausoleum of the First Qin Emperor	明清故宫（北京故宫、沈阳故宫）	1987 年/2004 年	文化
3	Mogao Caves	莫高窟	1987 年	文化
4	Mount Taishan	泰山	1987 年	自然与文化
5	Peking Man Site at Zhoukoudian	秦始皇陵及兵马俑	1987 年	文化
6	The Great Wall	长城	1987 年	文化
7	Mount Huangshan	黄山	1990 年	自然与文化
8	Huanglong Scenic and Historic Interest Area	黄龙风景名胜区	1992 年	自然
9	Jiuzhaigou Valley Scenic and Historic Interest Area	九寨沟风景名胜区	1992 年	自然
10	Wulingyuan Scenic and Historic Interest Area	武陵源风景名胜区	1992 年	自然
11	Ancient Building Complex in the Wudang Mountains	武当山古建筑群	1994 年	文化
12	Historic Ensemble of the Potala Palace, Lhasa	拉萨布达拉宫历史建筑群	1994 年/2000 年/2001 年	文化
13	Mountain Resort and its Outlying Temples, Chengde	承德避暑山庄及其周围寺庙	1994 年	文化
14	Temple and Cemetery of Confucius and the Kong Family Mansion in Qufu	曲阜孔庙、孔林和孔府	1994 年	文化
15	Lushan National Park	庐山国家公园	1996 年	文化景观
16	Mount Emei Scenic Area, including Leshan Giant Buddha Scenic Area	峨眉山—乐山大佛	1996 年	自然与文化
17	Ancient City of Ping Yao	平遥古城	1997 年	文化
18	Classical Gardens of Suzhou	苏州古典园林	1997 年/2000 年	文化
19	Old Town of Lijiang	丽江古城	1997 年	文化

续表

序号	英文名称	中文名称	登录时间	性质
20	Summer Palace: an Imperial Garden in Beijing	北京皇家园林——颐和园	1998 年	文化
21	Temple of Heaven: an Imperial Sacrificial Altar in Beijing	北京皇家祭坛——天坛	1998 年	文化
22	Dazu Rock Carvings	大足石刻	1999 年	文化
23	Mount Wuyi	武夷山	1999 年	自然与文化
24	Ancient Villages in Southern Anhui—Xidi and Hongcun	皖南古村落——西递、宏村	2000 年	文化
25	Imperial Tombs of the Ming and Qing Dynasties	明清皇家陵寝	1997 年/ 2000 年/ 2003 年/ 2004 年	文化
26	Longmen Grottoes	龙门石窟	2000 年	文化
27	Mount Qingcheng and the Dujiangyan Irrigation System	青城山—都江堰	2000 年	文化
28	Yungang Grottoes	云冈石窟	2001 年	文化
29	Three Parallel Rivers of Yunnan Protected Areas	云南三江并流保护区	2003 年	自然
30	Capital Cities and Tombs of the Ancient Koguryo Kingdom	高句丽王城、王陵及贵族墓葬	2004 年	文化
31	Historic Centre of Macao	澳门历史城区	2005 年	文化
32	Sichuan Giant Panda Sanctuaries - Wolong, Mt Siguniang and Jiajin Mountains	四川大熊猫栖息地	2006 年	自然
33	Yin Xu	殷墟	2006 年	文化
34	Kaiping Diaolou and Villages	开平碉楼与村落	2007 年	文化
35	South China Karst	中国南方喀斯特	2007 年	自然
36	Fujian Tulou	福建土楼	2008 年	文化
37	Mount Sanqingshan National Park	三清山国家公园	2008 年	自然
38	Mount Wutai	五台山	2009 年	文化景观
39	China Danxia	中国丹霞	2009 年	自然

序号	英文名称	中文名称	登录时间	性质
40	Historic Monuments of Dengfeng in "The Centre of Heaven and Earth"	登封"天地之中"历史古迹	2010 年	文化
41	West Lake Cultural Landscape of Hangzhou	杭州西湖文化景观	2011 年	文化景观
42	Chengjiang Fossil Site	澄江化石遗址	2012 年	自然
43	Site of Xanadu	元上都遗址	2012 年	文化
44	Cultural Landscape of Honghe Hani Rice Terraces	云南哈尼梯田文化景观	2013 年	文化
45	Xinjiang Tianshan	新疆天山	2013 年	自然

按照遗产登录顺序，中国的八处山岳型世界文化遗产地分别是泰山（1987 年）、黄山（1990 年）、武当山（1994 年）、庐山（1996 年）、峨眉山（1996 年）、武夷山（1999 年）、青城山（2000 年）、五台山（2009 年）。从中国旅游景区等级评定情况来看，这八处山岳型世界文化遗产地全部是国家高品质的 5A 级景区。具体批复情况为：2007 年，泰山景区、青城山—都江堰景区、乐山—峨眉山景区、黄山风景区、庐山风景区、武夷山风景区、五台山风景区这七山被首批列入国家 5A 级景区；2011 年，武当山风景区也被列入第六批国家 5A 级景区。

一、山岳型世界文化遗产地基本状况

八处山岳型世界文化遗产地均以地表各种自然地理要素相互作用最集中、最强烈、最明显的高山为地域载体，承载着具有特殊价值的人类生活、生产以及价值观念等，荟萃寺庙、宫观、书院、民居等建筑群和塑像、楹联、匾额、碑刻等文化元素以及武术、医药、文学、绘画、音乐等传统文化精华。八山体现"天人合一的宇宙观、人地相因的环境观、生生不息的生命观"①，具有体现"地球家园人文和谐共存、儒释道主脉文化和谐共荣、人与自然生态和谐共生的典范价值"②。八处山岳型世界文化遗产地完整的生态系统、多样性的生物和独特的山水文化景观相互融合，构成真实性和完整性突出的人地关系地域系统及人与自然山林精神交流的绝佳场所，遗产旅游环境典型性突出。世界遗产委员会给予极高的赞誉和评价，见表 4-2。

---

① 夏咸淳. 明代山水审美[M]. 北京：人民出版社，2009：1.
② 张薇，黄黎敏. 论世界文化遗产地武当山的核心价值[J]. 中国紫禁城学会会刊，2010 （5）：20-24.

表 4-2 　　　　　　　　　　　　　中国八处山岳型世界文化遗产地简况一览表

名称	类型	世界遗产委员会评价	批准时间
山东泰山	文化和自然遗产	庄严神圣的泰山，两千年来一直是帝王朝拜的对象，其人文杰作与自然景观完美和谐地融合在一起。泰山一直是中国艺术家和学者的精神源泉，是古代中国文明和信仰的象征	1987 年 12 月
安徽黄山	文化和自然遗产	黄山，在中国历史上文学艺术的鼎盛时期（公元 16 世纪中叶），以"震旦国中第一奇山"而闻名。今天，黄山以其壮丽的景色——生长在花岗岩石上的奇松和浮现在云海中的怪石而著称，具有永恒的魅力	1990 年 12 月
湖北武当山	文化遗产	武当山古建筑群坐落在沟壑纵横、风景如画的武当山麓，在明代逐渐形成规模，这些建筑代表了近千年中国艺术和建筑的最高水平	1994 年 12 月
江西庐山	文化景观	庐山是中华文明的发祥地之一。佛教、道教庙观和代表理学的白鹿洞书院，以其独特的方式融会在自然美之中，形成了具有极高美学价值并与中华民族精神和文化生活紧密联系的文化景观	1996 年 12 月
四川峨眉山	文化和自然遗产	峨眉山以其物种繁多、种类丰富的植物而闻名天下。公元 1 世纪，在景色秀丽的峨眉山之巅，中国第一座佛教寺院落成，逐渐发展成为佛教的主要圣地之一	1996 年 12 月
福建武夷山	文化和自然遗产	武夷山脉是中国东南部最负盛名的生物保护区，也是许多古代孑遗植物的避难所。九曲溪两岸峡谷秀美，寺院庙宇众多。武夷山为理学的发展和传播提供了良好的环境，使理教对中国东部地区的文化产生了相当深刻的影响	1999 年 12 月
四川青城山	文化遗产	文化遗产青城山是中国道教的发源地之一，为道教名山。自唐代以来，规模宏伟，雕刻精细，并有不少珍贵文物和古树	2000 年 11 月
山西五台山	文化遗产	五台山保存有东亚乃至世界现存最庞大的佛教古建筑群，享有"佛国"盛誉。五台山由五座台顶组成，珠联璧合地将自然地貌和佛教文化融为一体，将对佛的崇信凝结在对自然山体的崇拜之中，完美地体现了"天人合一"的哲学思想，成为佛教中文殊菩萨的信仰中心——一种独特而富有生命力的组合型文化景观	2009 年 6 月

资料来源：世界遗产委员会。

这八处遗产地以其优美的自然景观和独特的山水气候，形成适宜人类生存与活动的场所。僧道、文人、帝王、百姓等各阶层人士先后介入，开展祭祀封禅，宗教朝圣、游览审美、隐读求学等活动。延续至今，成为国内热点旅游目的地。这八山是中国旅游产业发展的重要支柱。2010年八山的年游客接待量官方统计数字均在150万人次以上，旅游收入都超过了10亿元。具体见表4-3。

表4-3　　中国八处山岳型世界文化遗产地旅游发展状况一览表（2010年）

名称	游客量（万人次）	旅游总收入（亿元）	票价（元）
黄山	251.83	16.52	200
泰山	396.17	—	125
庐山	—	41.74	180
武当山	230	11.8	110
峨眉山	205	18.5	120
青城山—都江堰	1150	50.5	90
五台山	321.4	21.8	—
武夷山	150	—	110

注：—表示由于研究条件的限制，暂时没有搜集到具体的数据。

根据国家旅游局《2011年中国旅游景区发展报告》，2011年全国A级旅游景区旅游总收入达到2658.60亿元，而5A级景区的旅游总收入为1744.84亿元，占景区总收入的65.6%。排名前十位的旅游景区中，有4家为山岳型世界文化遗产地，具体是庐山、五台山、武当山、黄山景区，旅游总收入分别为56.27亿元（A级景区首位）、28.28亿元（第五位）、18.6亿元（第九位）、18.18亿元（第十位）。① 很明显，八山为我国旅游景区经济的发展做出了重要的贡献。

二、山岳型世界文化遗产地旅游环境特征分析

中国名山是农耕文明的产物。在农耕时代，人地高度密切的物质索取与生活满足关系，处处体现出人类对自然的敬畏、祈求与亲和的情感。这使得那些挺拔俊秀、巍峨高大的山岳脱颖而出，在其后中国数千年农耕文明的历史进程中，演化成为人类精神文化的活动胜地，如帝王封禅、宗教祭拜、登高望峰、隐读游历等，积淀了深厚的名山文化。中国八处山岳型世界文化遗产地山岳地貌特征明显而复杂，融合着特殊的人类生活、生产的关系，是中国名山的典型代表。名山与文化共生共存，相得益彰。

---

① 2011年中国旅游景区发展报告［EB/OL］.http://www.traveldaily.cn/article/61765.html.

在人地交往中，人类从名山那里获得的不仅是物质形态的东西，更多的是精神的满足和身心的愉悦。总体上，人类与名山形成了和谐演进的人地关系。山岳型世界文化遗产地典型旅游环境特征为：

（一）典型多样的地域环境

山岳型世界文化遗产地是地表各种自然地理要素相互作用最集中、最强烈、最明显的场所。复杂的地理环境、明显的垂直气候分带也为完整的生态系统的形成和优美景观的产生奠定了基础。山岳型世界文化遗产地的地形地貌与周围的平原、丘陵形成明显的反差，多数为世界地质公园，如黄山等。

泰山是中国五岳之首，古名岱山，主峰玉皇顶海拔 1532.7 米。泰山区域地层古老，主要由混合岩、混合花岗岩及各种片麻岩等构成。泰山地貌分为冲洪积台地、剥蚀堆积丘陵、构造剥蚀低山和侵蚀构造中低山四大类型，在空间形象上，由低而高，形成层峦叠峰、凌空高耸的巍峨之势，是天然的艺术与历史博物馆。

黄山经历了漫长的造山运动和地壳抬升，以及冰川和自然风化作用，形成其特有的峰林结构。明朝旅行家、地理学家徐霞客两次登临黄山，赞叹："薄海内外，无如徽之黄山。登黄山，天下无山，观止矣！"世界遗产委员会对黄山"生长在花岗岩石上的奇松和浮现在云海中的怪石"的地理风貌予以极高评价。黄山前山花岗岩球状风化，后山岩体垂直状风化，形成了"前山雄伟，后山秀丽"的典型地貌特征。

峨眉山沿途地形因地层之分，一山呈现多种地貌，如处于石灰岩层的岩洞地貌，花岗岩及变质岩区形成深峡之姿，山顶上坚实的玄武岩又是一番熔岩平台的景象，最终形成了海拔 2000 米以上独特的"峡谷奇峰地形"。

武当山海拔 1612 米，山体四周低下，中央呈块状突起，岩层节理发育，沿旧断层线不断上升，形成许多断层崖地貌，有 72 峰、36 岩、24 涧、11 洞、10 石 9 台等。四周群峰向主峰倾斜，形成"万山来朝"的奇观。

青城山主峰海拔 1260 米，空翠四合，峰峦、溪谷、宫观皆掩映于繁茂苍翠的林木之中，四季常青，曲径通幽，自古就有"青城天下幽"的美誉。

五台山由古老结晶岩构成，北部切割深峻，五峰耸立，峰顶平坦如台，故称"五台"。北台顶海拔 3061.1 米，有"华北屋脊"之称。

武夷山最高海拔 2158 米，属典型的丹霞山水地貌，单面山、块状山，柱状山临水而立，千姿百态。

庐山主峰海拔 1474 米，属于典型的地垒式块段山，外险内秀，有河流、湖泊、坡地、山峰等多种地貌。水流在河谷发育裂点，形成许多急流与瀑布。

奇特瑰丽的山水景观及多样典型的地貌风格是中国山岳型世界文化遗产地的重要自然环境特征，这也使其具有极高的科学价值和旅游观赏价值。

（二）悠久繁荣的人文山水

山岳型世界文化遗产地典型多样的自然地理环境是历史上长时期或某一特定适宜人类生存与活动的地域，自古以来深受众多文学、艺术家的青睐，并成为隐逸之士、高僧名道的依托，政客名流的活动舞台，成为历史上某（几）种文化的繁盛地。

　　泰山两千年来一直是帝王朝拜的对象，也是中国艺术家和学者的精神源泉。历代皇帝到泰山封禅 27 次，泰山与儒家孔子活动有关的遗址有多处。泰山诗文刻石集中国书法之大成，真草隶篆各体俱全，颜柳欧赵各派毕至，是中国历代书法及石刻艺术的博览馆。人文杰作与自然景观完美融合，使泰山成为古代中国文明和信仰的象征。

　　黄山的自然之美，诞生了丰富的山水艺术文化作品，如游记、散文、诗画及笔墨丹青。

　　峨眉山是中国四大佛教名山之一，近两千年的佛教发展历程，使峨眉山逐步成为中国乃至世界影响深远的佛教圣地。目前，峨眉山佛事文化活动依旧非常频繁。

　　武当山是中国著名的道教圣地之一，而且在明朝成为罕见的、规模最大的皇家道场，其与道家文化相生相长的武当武术成为中华武术的一大流派。

　　青城山为中国道教发源地和中国四大道教名山之一。

　　五台山位居中国四大佛教名山之一，也是中国唯一一个青庙（汉传佛教）黄庙（藏传佛教）交相辉映的佛教道场。

　　武夷山是三教名山，既是羽流禅家栖息之地，留下了不少宫观、道院和庵堂故址；也是中国古代朱子理学的摇篮，成为儒家学者倡道讲学之地。

　　庐山孕育了丰厚的山水诗画文化。自东晋以来，歌咏庐山的诗词歌赋有 4000 余首。庐山道释同尊，一山藏六教，创天下之奇。

　　总体上，八处山岳型世界文化遗产地是中国山水文化的重要发源地，同时也是儒、道、释、理四大主脉文化的繁盛地。

(三)经典独特的建筑奇观

　　山岳型世界文化遗产地因帝王将相、人文墨客、名道高僧的活动留下了经典的建筑奇观。

　　泰山宗教活动久远，保留至今的有王母池(群王庵)、老君堂、斗母宫、碧霞祠、后石坞庙、元始天尊庙等。

　　黄山历代先后修建寺院近百座，如祥符寺、慈光寺、翠微寺和掷钵禅院等。

　　峨眉山留下了丰富的佛教文化遗产，现存有寺庙约 26 座，重要的有八大寺庙，如万年寺、报国寺、伏虎寺、洪椿坪、清音阁、洗象池、仙峰寺、华藏寺。

　　武当山因明代永乐皇帝"北建故宫，南修武当"，创造了中国独一无二的皇家宫观园林建筑群，成为典型的"皇室家庙"，现存较完好的古建筑有 129 处，庙房1182 间。

　　青城山全山的道教宫观以天师洞为核心，包括建福宫、上清宫、祖师殿、圆明宫、老君阁、玉清宫、朝阳洞等，至今完好地保存有数十座道教宫观。

　　五台山是中国佛教寺庙建筑最早地方之一，历代修造的寺庙鳞次栉比，佛塔摩天，现存寺院共 47 处。

　　武夷山留存了跨越 12 个多世纪的景观，包括建于公元前 1 世纪的汉城遗址、寺庙和与公元 11 世纪的多处书院遗址。庐山仍有佛教、道教、伊斯兰教、基督教、天主教等宗教及教派的寺庙、道观、教堂多座。

庐山的历史别墅建筑别具一格。山上保留有 20 世纪初英、俄、美、法等 18 个国家风格的别墅，30 年代国民政府的"夏都"以及庐山会议旧址。

可见，山岳型世界文化遗产地留存了经典的传统建筑遗址，具有重要的观赏、研究和历史价值。

三、山岳型世界文化遗产地旅游环境功能分析

山岳型世界文化遗产地依托人与人、人与文化、人与自然的和谐相处所形成的非常特殊的环境系统，具有生态经济功能、居住空间功能、身心疗养和旅游吸引等多种生态服务功能。

（一）生态经济功能

美国未来资源研究所的 John Krutilla（1967）最早从环境经济学视角研究环境舒适性的价值。他在论文《自然保护的再认识》和专著《自然资源保护的再思考》中首次提出环境舒适性价值理论。之后，John Krutilla 和 Anthony C. Fisher 合著的《自然环境经济学：商品性和舒适性资源价值研究》中，将环境资源划分为商品性（commodity）资源和舒适性（amenity）资源，商品性环境资源是指环境资源的实体的、有形的、物质性的"商品价值"，即基本经济价值；而舒适性环境资源是指是环境资源的无形的、感受性的"服务价值"，即生态价值和社会价值。① 他们首次揭示了环境舒适性所蕴藏的价值创造意义。

生态经济学从经济学意义上证明了自然资源和环境的价值，在生产函数中嵌入了自然资源要素，其公式表述为：$Q=F(L, K, N, r)$，其中，r 表示自然资源流量，N 表示自然资源的资本②，充分考虑了自然环境要素对产量的贡献。在消费函数中，嵌入了人与环境之间的相互适应性内涵，其公式表达为 $U=F(N, x, y, z)$，充分考虑商品与环境资源之间存在互补性和替代性以及环境资源对增进消费者效用的贡献。

从环境资源类型上来看，森林、绿地、湖泊、河流、乡村、城市等环境空间或景观的舒适性研究一直以来是国外研究的热点。城市绿地的舒适性（amenity value）被定义为"城市绿地所提供的生态、经济、社会、文化等功能对城市居民的满足程度"③。可见，环境的舒适性价值主要依赖于生存或居住主体对环境的主观感受。华东理工大学曹波提出河流景观舒适性是"在不过度影响河流功能的前提下，考虑人对河流景观的需求，包括河流景观的观赏性、可亲近性以及娱乐休闲功能等"④。对于城市空间

---

① John Krutilla, Anthony C. Fisher. 自然环境经济学：商品性和舒适性资源价值研究 [M]. 北京：中国展望出版社，1989.

② Herman E. Daly, Joshua Farley. 生态经济学——原理与运用 [M]. 郑州：黄河水利出版社，2007：110-113.

③ Tang, Y. Planning of urban open space and its design [J]. Planners, 2002 (10)：21-27.

④ 曹波. 生态性与宜人性的统一：我国北方城市河流景观设计探讨 [D]. 华东理工大学硕士论文，2009.

而言，"休闲性是衡量城市开敞空间舒适性的重要维度"①。环境经济学和生态经济学利用严谨的经济学理论阐述了环境资源舒适性的价值，指出环境的生态经济功能是对人的审美、休闲、娱乐、亲近等高层次需求满足程度。

（二）人居空间功能

吴良镛院士非常重视"宜居"环境建设问题，在《人居环境科学导论》中先后四次专门论及，具体如下：

吴良镛院士提出宜居环境的营造需要运用环境科学的方法，"人居环境科学关心的是如何把环境科学与环境工程的理论和方法引入人类聚居形态，面对五大系统的各个层次的人工与自然环境的相关内容均应引入到规划中去，用以提高居住环境的质量"②。

吴良镛院士指出宜居环境的营造必须重视生态和自然的元素，以生态健康为核心，如"现代西方园林学试图利用公园的形式，将自然气氛引入城市，多着眼于艺术的景观、对自然美的欣赏。后来，逐渐融入生态学的观点，从大尺度、高层次上探寻'健康的城市'，创造舒适的建筑环境。人们甚至认识到远离城市的大地景观，如荒野地、湿地、国家公园、风景名胜区的重要性，并努力进行保护，寻求城市与自然的融合"③。

吴良镛院士指出宜居环境的建设需要处理好人、建筑、城市、自然的关系，如"建筑—地景—城市规划"的融合，其目的主要在提醒人们正确处理"人—建筑—城市—自然"的关系，以便将对良好的人居环境的追求落实到物质的建设上，以创造舒适的居住环境④；"一个良好的城市并不是建筑物、构筑物的堆积，它需要舒适、宜人的环境"⑤。

可见，吴良镛院士在关于"宜居"问题零星而又高屋建瓴的论述中，揭示出宜居环境所包含的健康性、舒适性、自然性特征，将宜居性作为人居环境建设最高目标。

张薇教授提出《园冶》在追求和营造居住环境质量方面，强调的是"宜居"价值⑥。宜居环境涵盖构建的自然生态环境、创造和谐的社会生态环境、陶冶健康的精神生态环境，三者所形成的辩证统一的宜居生态系统链。其中，自然生态环境是重要的基本要素。一方面，园林的营建要建立人与居住自然环境的和谐关系，形成与自然生态系统和谐的人居生态系统。另一方面，人工营造的宜居环境应该是一个完整的生态系统，物质和能量能在这个系统中相互依存而达到生态平衡。另外，对于生态系统中珍贵的自然资源，要进行保护和利用，以形成自然生态系统的良性循环。其次，社会环

---

① 尹海伟. 上海开敞空间格局变化与宜人度分析［D］. 南京大学博士论文，2006.

② 吴良镛. 人居环境科学导论［M］. 北京：中国建筑工业出版社，2001：69.

③ 吴良镛. 人居环境科学导论［M］. 北京：中国建筑工业出版社，2001：76.

④ 吴良镛. 人居环境科学导论［M］. 北京：中国建筑工业出版社，2001：79.

⑤ 吴良镛. 人居环境科学导论［M］. 北京：中国建筑工业出版社，2001：60.

⑥ 张薇. 园冶文化论［M］. 北京：人民出版社，2006：263.

境是宜居环境的重要组成部分。一个稳定祥和的社会背景为宜居社会的生态环境提供前提，和谐的人际关系和邻里环境构成宜居社会生态环境的内涵，健康繁荣的社会文化氛围和连贯的民俗文脉共同构建宜居社会生态环境的精神空间。再次，人的主观精神环境和物质的客观外部环境一样，均包含在人类的宜居环境中，要求人与其赖以生存的生态环境之间的正确关系和发展方向。

(三)身心理疗功能

环境心理学把环境、情绪、行为之间的相互关系当做一个整体研究，认为自然和人类是相互联系的生命网，自然因素对人具有本能的吸引力。接触自然环境能够使人从疲劳中恢复，减轻压力，而文化环境也具有重要的景观偏好影响作用。特别是，人们在休闲环境空间可获得审美乐趣和情感体验，甚至形成精神或宗教层面的依恋[①]。噪声、灾难、有毒物质、污染、高密度和拥挤等环境因素对人的行为具有直接影响。管理者未来的任务就是在将资源损害降到最低的同时将娱乐的积极价值最大化。环境心理学指出环境所蕴含的多重价值，揭示了环境、行为之间的关系。由此可见，山岳型世界文化遗产地旅游环境质量势必会对旅游者体验、旅游者行为产生重要影响。本书对其研究符合环境心理学的发展趋势和要求。

(四)旅游吸引功能

高品质的旅游环境是旅游发展的重要趋势(Neelam C. Poudyal，2008)。旅游学研究虽没有直接提出旅游环境质量的含义，但发现温度、日照时间、森林覆盖率、水体面积和质量、公园、垂钓、娱乐、运动场所、遗产文化、交通便捷性是影响旅游环境质量的重要因素(Neelam C. Poudyal et al.，2008)。Mark A. Bonn(2007)提出自然物质环境、人文氛围环境、社会服务环境是评价遗产地旅游环境质量的三个重要维度。这对本书山岳型世界文化遗产地旅游环境质量内涵阐释和指标体系确定具有重要理论指导意义。

第三节 旅游环境质量的概念与内涵

一、概念界定

在西方国家，"environment"(环境)一词指的是各种社会和生态背景[②]。

山岳型世界文化遗产地旅游环境构成要素不同于一般性的旅游目的地或城市环境。相比于其他旅游目的地，山岳型世界文化遗产地具有独特的山岳自然景观系统、

---

① 保罗贝尔等著，朱建军等译. 环境心理学[M]. 北京：中国人民大学出版社，2009：51.

② 托马斯·海贝勒著，李惠斌编. 中国与德国的环境治理：比较的视角[M]. 北京：中央编译出版社，2012：2.

浓郁的遗产地文化氛围、历史悠久的遗产建筑、较高水准的旅游服务设施等。相比城市环境，山岳型世界文化遗产地旅游环境以旅游者为服务主体，以山岳景观自然环境为载体，以文化遗产人工建筑为特色，以专项旅游服务设施为主要支撑，但其社会环境不拘泥于邻里关系，扩展到当地居民、旅游服务人员、管理人员等复杂的利益相关主体。

可见，山岳型世界文化遗产地旅游环境系统的特殊性决定了无法直接借用交叉学科提出的概念。本书必须重新对其旅游环境质量的概念进行界定。

结合山岳型世界文化遗产地旅游环境的典型性和遗产旅游者体验的需求和期望，本书提出山岳型世界文化遗产地旅游环境质量的内涵：山水气候舒适、山岳景观优质、生物资源多样、遗产建筑经典、宗教氛围原真、文化记忆传承较好、社区环境安全、公共服务高质、当地居民好客、交通工具低碳、度假设施绿色、餐饮原料有机，能为旅游带来身心修养、益智休闲、和谐融洽、低碳环保体验，促使旅游者产生依恋情结和忠诚愿望的旅游环境。

二、内涵阐释

根据山岳型世界文化遗产地旅游环境质量的概念，本书围绕山岳型世界文化遗产地旅游环境特征，结合遗产旅游者体验期望，对其内涵进行阐释如下：

(一) 自然环境健康养生性

"游栖于山水之间，可使耳目、心志、神气，俱得所养。山水之于养生，功益甚大。"①自然环境是山岳型世界文化遗产地的重要载体和吸引物，其健康养生性是构成高质量旅游环境的基本条件。

1. 山水气候舒适

中国人与山水有着亲密深厚的情缘。遗产地山地气候特征明显，呈现垂直变化规律，兼有多样的局地小气候。四季和不同海拔气候富于变化。水资源丰富，飞瀑跌泉，溪涧纵横，形成了独特的山水气候环境。舒适环境质量指数要求为：空气环境质量达到《环境空气质量标准》(GB3095-1996)的一级标准②，水环境质量达到《地表水环境质量标准》(GB3838-2002)的Ⅱ类水环境标准以上③，声环境质量达到《声环境质

---

① 夏咸淳. 明代山水审美[M]. 北京：人民出版社，2009：1.

② 根据《环境空气质量标准》(GB3095-1996)，自然保护区、风景名胜区和其他需要特殊保护的地区，为空气质量一类功能区，执行一级标准。

③ 根据《地表水环境质量标准》(GB3838-2002)的地表水水域环境功能和保护目标，Ⅰ类标准主要适用于源头水、国家自然保护区执行，Ⅱ类标准主要适用于集中式生活饮用水地表水源地一级保护区、珍稀水生生物栖息地、鱼虾类产卵场、仔稚幼鱼的索饵汤等。

量标准》（GB3096-2008）的 1 类标准以上①，负氧离子达到每立方厘米 1000 个以上②。置身优良指数的山水气候环境之中，可使旅游者获取清净恬适、康体保健的效果。

2. 山岳景观优质

山岳型世界遗产地均以名山为依托，"天设其巧，地构其秀"。山峦、峰嵴、峰林、峭壁、悬崖、岩洞、怪石等错落组合，云海、日出、晚霞光影照射，雄、奇、险、幽景观韵味独特，是天地造化的奇构杰作，成为地方标志性的景观，如黄山堪称"震旦国中第一奇山"，武夷山以"丹霞地貌"著称，武当山以"七十二峰"而闻名。立于优质的山岳景观之中，愉悦、美感、意趣顿生，心胸开阔。优质的山岳地貌景观是人与名山对话的绝佳场所。

3. 生物资源多样

遗产地复杂的山水气候环境和山岳地貌条件，孕育了生生不息的万物，成为宝贵的物种基因库、珍稀物种荟萃之地以及重要的自然保护区。动物栖息、繁衍，野趣横生；长松巨柏、枯藤茂林、奇花异草，纯朴天然。生物群落完整性和多样性突出，极富"清淑之气"③和生命活力，是理想的生态园林（张薇、黄黎敏，2010）。旅游者穿行其中，人与大自然相融之感油然而生。

（二）文化环境休闲益智性

文化遗产是各遗产地重要的标志，是构成山岳型世界文化遗产地旅游环境的核心要素，是旅游者"徜徉于山水之间，游于文史书画之林"的重要依托。

1. 遗产建筑经典

遗产建筑极富艺术性、智慧性、科学性，通常是文化遗产地最具代表性的符号（宋振春，2010）。遗产地的宫观、寺院、书院以及民居建筑群的布局多选址于山环水抱、绿树掩映、面向开敞的绝佳环境地带。山水的幽深，营造建筑的神秘，而遗产建筑又使自然山水更富有魅力。武当山古建筑群集中体现了中国元、明、清三代世俗和宗教建筑的建筑学和艺术学成就；五台山各类佛教建筑是唐代建筑和艺术文明的独特见证。这些人工建造原真、精致、风格迥异、美妙绝伦，显示出高超的天人合一境界（张薇，2010）。遗产建筑是旅游者观赏、追忆、学习的真实载体，激起旅游者的民族自豪感和文化认同感。

2. 宗教氛围原真

---

① 根据《声环境质量标准》（GB3096-2008），按区域的使用功能特点和环境质量要求，0 类声环境功能区为康复疗养区等特别需要安静的区域，1 类声环境功能区为居民住宅、医疗卫生、文化教育、科研设计、行政办公为主要功能，需要保持安静的区域。

② 按照世界卫生组织的规定，空气中负氧离子每立方厘米 1000 个以上即为"空气清新"。负氧离子是大气分子受紫外线、宇宙射线、雷电、风暴等因素影响发生电离，森林的树冠、枝叶的尖端放电以及绿色植物的光合作用形成的光电效应促使空气电解而产生的，处于不断产生又不断消失的动态平衡状态，保持的时间与环境有关。负氧离子具有除臭、抑菌、除菌、对于人体健康具有重要作用。

③ 清淑之气是优良生态环境的表征。

佛家道家持修之地，首选名山胜水之区。山岳型世界文化遗产地因而成为宗教活动的主要场所，汇集儒家文化、佛教文化和道教文化。宗教文化氛围浓郁深厚，如峨眉山和五台山是著名的佛教道场，武当山和青城山是道教圣地，而泰山以封禅文化为主。遗产地原真的文化氛围是其文化脉络延续和文化生命力的基点所在，也是旅游者参悟玄机、慰藉心灵、寻求内心平静的朝拜圣地(蒂莫西，2002)。

3. 文化记忆传承

数千年来，帝王、僧道、文人以及百姓在遗产地的朝觐、栖居、游赏、生活，使遗产地成为丰富、多样、高品质的非物质文化遗产荟萃之地，如传说、武术、医药、音乐、诗词、绘画、文学、传统手工技艺、民俗节日等。这些非物质文化遗产是人类经过价值体系筛选出的文化精粹(蒂莫西，2002)。借助丰富多彩的文化活动，旅游者可以获得多样化的参与、娱乐、体验的机会，传承文化记忆。

(三)社会环境和谐融洽性

旅游社会环境对旅游者的游览心情和情绪具有重要影响，直接关系到旅游者的游览、度假活动能否顺利进行，是高品质旅游环境的保障条件。

1. 社区环境安全

遗产地社区环境是各项旅游活动得以开展的前提。遗产地社区环境安全体现在安全保护机构、安全设备设施、安全警告标志、医疗服务以及救护以及对自然灾害、犯罪活动、骚乱、暴动、火灾、拥挤等突发事件的预警、控制、处理。安全的社区环境可以有效确保旅游者人身安全和利益，营造安心、放松的旅游氛围。

2. 公共服务高效

遗产地的公共服务质量是影响遗产地旅游者体验的重要因素。遗产地公共服务质量体现在游客接待中心效率化的售票、验票、咨询、投诉受理以及交通、讲解、标志引导等多个环节。高效的公共服务可及时为旅游者排忧解难，最终提高旅游者的游览质量，为旅游者带来愉快的心情。

3. 当地居民好客

遗产地居民是重要的利益相关者之一，也是旅游者在遗产地重要的人际交往对象。当地居民好客、淳朴、热情会给旅游者带来良好的人际印象，促使其产生人际交往的愿望；同时，有助于加深旅游者对遗产地居民生活状况和方式的了解，实现人际互动，增进遗产旅游体验。

(四)设施环境低碳环保性

低碳、环保的旅游设施环境，不仅可以满足旅游者对健康、自然的需求，还有利于维护遗产地生态环境的良性循环，促进遗产地人与自然的和谐，是遗产地旅游环境质量的支撑条件。

1. 交通工具低碳

遗产地内部交通工具是旅游者游览的重要辅助性设施。交通工具的低碳化体现在二氧化碳低排或零排、噪声控制以及安全性能方面。低碳化的交通工具有助于促进旅游者融入遗产地旅游活动之中，产生新的娱乐享受和难以忘怀的体验(蒂莫西，2002）。

2. 度假设施绿色

度假设施是旅游者在遗产地栖居的重要场所。度假设施的绿色化体现在配置标准化硬件设施，采用能耗节约的设备以及选用生态化的材料等。度假设施的绿色化是旅游者舒适栖居的前提，对旅游者停留时间和内心愉悦感具有重要影响。

3. 餐饮原料有机

食物是构成旅游者完整体验的重要支持性要素（吴必虎，2010）。遗产地高山原生态林果、野菜、茶叶、酒酿以及其他农副资源禀赋高。遗产地餐饮原料有机体现种养、加工和用餐服务等过程。餐饮原料的有机化可提升遗产地旅游魅力（蒂莫西，2002），强化旅游者的餐饮愉悦体验，加深旅游者对遗产地的感受。

从山岳型世界文化遗产地旅游环境质量的内涵来看，自然环境的健康养生性和文化环境的休闲益智性是核心基础要素，而社会环境的和谐融洽性是保障要素，设施环境的低碳环保性是辅助支撑要素，共同保障旅游者获得山水真趣，怡情养性。同时，旅游者个体年龄、教育程度、社会阶层、经历和情绪等个性因素的不同，对山岳型世界文化遗产地旅游环境质量的体验也会有所不同，正如徐霞客所说"以人遇之而景成，以情传之而景别"。

三、内在逻辑

在服务质量研究领域，SERVQUAL 经典模型指出服务质量、感知价值和满意度之间的内在逻辑关系（Petrick & Backman，2002）。旅游环境质量体验不仅受环境质量本身的影响，而且受到旅游者的个人感受因素的影响。

遗产旅游是一种重要的体验消费形式。遗产旅游者的感知价值和旅游消费过程中的参与体验密切相关。旅游体验又对旅游者满意度具有重要影响（Otto & Ritchie，2000）。Ching-Fu Chen 和 Fu-Shian Chen（2010）提出的遗产旅游体验质量概念模型如图 4-1 所示。

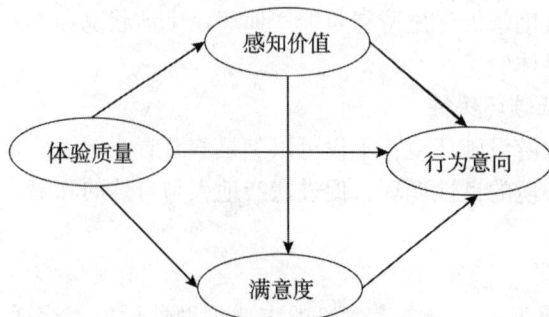

图 4-1　遗产旅游体验质量概念模型

图 4-1 中，遗产旅游体验质量是产生旅游体验效果的基点。旅游体验质量直接影响行为意向，或通过遗产旅游者的感知价值和满意度间接影响行为意向。感知价值、满意度、行为意向的具体内涵如下：

（1）感知价值，指旅游者对产品和服务整体效用的评价，是预测旅游者满意度和行为意向的重要先决因素（Cronin，2000）。

（2）满意度，指旅游者前向期望和感知绩效之间差异的比较。服务质量和感知价值影响满意度，而满意度影响旅游者后期行为意向（Chen，2008）。

（3）行为意向是旅游者忠诚度的反映，体现在重游意愿、推荐意愿（Chen & Tsai，2007）、积极评论或推介（Reisinger & Turner，2003）。积极的行为倾向可以降低旅游目的地的营销成本，维持旅游目的地可持续生命力。

台湾台南地区的 4 个遗产地的结构方程模型实证分析表明，遗产地旅游体验质量对感知价值的影响系数为 0.70，对满意度的影响系数为 0.57，对行为意向的影响系数仅为 0.06；感知价值对满意度的影响系数为 0.30，对行为意向的影响系数为 0.25；满意度对行为意向的影响系数为 0.57（Ching-Fu Chen，Fu-Shian Chen，2010），证实遗产旅游体验质量与感知价值、满意度、行为意向之间的影响关系。

遗产地旅游环境是影响遗产地旅游者吸引力和体验质量的关键要素。Mark A. Bonn、Sacha M. Joseph 等提出遗产地设计环境、社会环境和氛围环境因子与游客态度、重游意愿和口碑宣传之间的假设路径关系，如图 4-2 所示。①

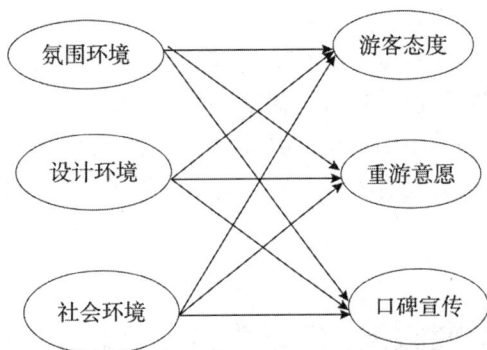

图 4-2　文化遗产地旅游环境体验模型

图 4-2 中，多元回归分析结果表明，遗产旅游环境体验对于旅游者的整体满意度、重游意愿和口碑宣传具有重要的影响。遗产旅游环境空间的营造能够产生积极的体验效果，提升遗产地的核心竞争力，并最终带来大量回报的机会。研究认为为实现

---

① Mark A. Bonn，Sacha M. Joseph，Mathews，MoDai，Steve Hayes，Jenny Cave. Heritage cultural attraction atmospherics：Creating the right environment for the heritage/cultural visitor[J]. Journal of Travel Research，2007(2).

高质量的遗产旅游体验空间，进行奢华升级改造的必要性不大，相反拓宽参观廊道、控制游客流量、将旅游标志系统升级为多语种、增加大规模的空间和互动展示、提升照明质量等氛围环境和展示环境的改造潜力较高。此外，改善遗产地社会服务环境的成本较低，可通过提高员工与游客的接触几率和互动性，提供高质量服务或增加游览过程中传递的总体知识信息量，创造多元化的体验价值，并对旅游者的心情、游览节奏、新鲜感迅速产生影响，从而提高旅游者整体满意度（Mark A. Bonn，2007）。

对于山岳型世界文化遗产地来说，其旅游环境质量体验是旅游者在个性特征的影响下，对其所处的遗产地旅游环境系统之间交互体验的结果。根据前人已有的研究成果，本书初步推断出山岳型世界文化遗产地旅游环境质量对旅游者的体验价值、满意度和行为意向具有直接影响，具体逻辑关系见图4-3。

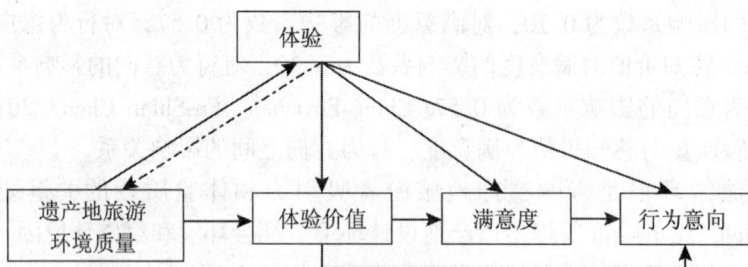

图 4-3　旅游环境质量与旅游者体验效果之间的逻辑关系图

图4-3中，旅游者环境质量受到旅游环境系统各个要素的影响。旅游者置身于旅游环境系统之中，体验价值的提升会促使旅游者整体满意度的提高，进而产生旅游目的地忠诚意愿。该图揭示出山岳型世界文化遗产地旅游环境质量对旅游者的心理和行为甚至旅游目的地竞争力具有重要影响，为山岳型世界文化遗产地旅游环境质量理论模型的构建奠定基础。

第四节　研究假设、理论模型与评价指标体系构建

一、研究假设提出

为了更加清楚地表述预期变量关系，本书结合所要研究的问题和已有的文献，逐层提出如下假设。

问题 1：山岳型世界文化遗产地旅游者的个性特征是什么？

遗产地旅游者的人口统计特征包括性别、年龄、职业、教育程度、年收入状况等（蒂莫西，2002），而遗产旅游者所选择的交通方式、游览方式、消费水平和停留时

间、客源地等要素反映遗产旅游者的偏好特征。为此，需要通过对调查样本进行描述性统计分析，明确山岳型世界文化遗产地旅游者的个性特征。

问题 2：山岳型世界文化遗产地旅游环境质量的主要影响因子有哪些？

Mark A. Bonn(2003)将遗产地旅游环境质量影响因素确定为氛围环境、设计布局环境、社会服务环境三个方面。本书结合山岳型世界文化遗产地旅游环境实际，对Mark A. Bonn 确定的遗产旅游环境质量影响因素进行扩展和延续，在多次征求专家意见的基础上，初步将影响山岳型世界文化遗产地旅游环境质量的因素归为遗产地"自然环境"、"文化环境"、"社会环境"和"设施环境"。据此，本书提出以下假设：

假设 1：山岳型世界文化遗产旅游环境质量包括遗产地"自然环境"、遗产地"文化环境"、遗产地"社会环境"和遗产地"设施环境"四个主要影响因子。

问题 3：旅游者对遗产地旅游环境质量体验是否存在显著差异？

Cohen(1979)认为，对于每一个旅游者来说，他们所感兴趣的各种新异文化景观、社会生活以及自然环境都具有不同的意义。据此，本书提出以下假设：

假设 2：不同性别的旅游者对旅游环境质量体验存在显著差异。

假设 3：不同年龄段的旅游者对旅游环境质量体验存在显著差异。

假设 4：不同年收入水平旅游者对旅游环境质量体验存在显著差异。

假设 5：不同职业类型的旅游者对旅游环境质量体验存在显著差异。

假设 6：不同受教育程度的旅游者对旅游环境质量体验存在显著差异。

问题 4：山岳型世界文化遗产地旅游环境质量对旅游体验效果的影响有哪些？

多元回归分析表明，遗产地氛围环境、设计布局环境、社会服务环境因子与游客态度、口碑宣传、重游意向之间的影响关系显著(Mark A. Bonn，2003)。台湾台南地区 4 个遗产地的结构方程模型验证表明，遗产旅游者的体验质量对感知价值、满意度、行为意向均具有正向影响关系(Ching-Fu Chen，Fu-Shian Chen，2010)。根据本书理论模型中所展示的山岳型世界文化遗产地旅游环境质量与体验价值、满意度、忠诚意愿之间的影响关系，提出以下假设：

假设 7：遗产地旅游环境质量对旅游者体验价值具有显著影响。

假设 8：遗产地旅游环境质量对旅游者满意度具有显著影响。

假设 9：遗产地旅游环境质量对旅游者忠诚意愿具有显著影响。

问题 5：山岳型世界文化遗产地旅游环境质量提升的着力点是什么？

已有研究认为，交通便捷性、路线设计、开敞空间、总体布局、灯光控制、色彩配置、标志系统、音响系统等设施环境因子对遗产旅游环境体验的重要性突出(Mark A. Bonn，2003)。鉴于山岳型世界文化遗产地旅游环境的典型性和特殊性，本书需要结合实证分析结果，绘制指标的重要性和表现性折线图，明确各指标变量的重要性和表现性分布，据此确定武当山遗产旅游环境建设的着力点。

以上 5 个待研究的核心问题和 9 个待证明的研究假设是本书量化实证研究展开的主线。

二、理论模型构建

根据山岳型世界文化遗产地旅游环境质量内涵及旅游环境质量与旅游者体验效果的逻辑关系图，本书构建山岳型世界文化遗产地旅游环境质量理论模型，如图 4-4 所示。

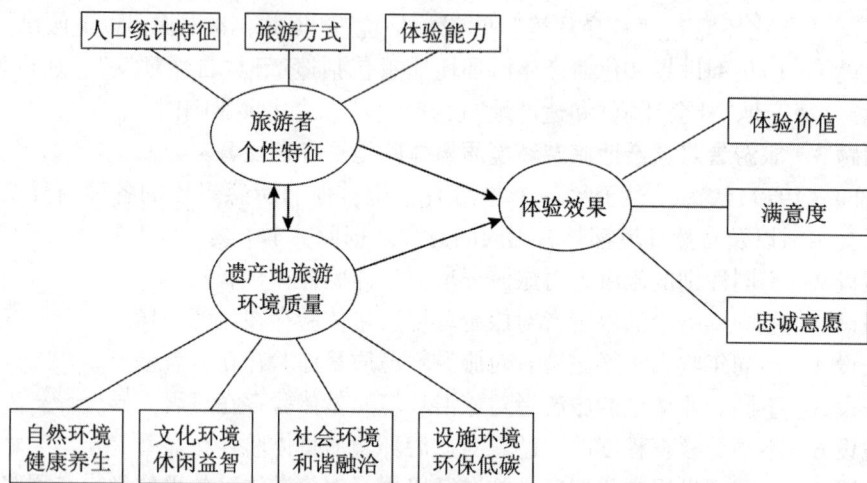

图 4-4　山岳型世界文化遗产地旅游环境质量理论模型

该模型进一步剥离出山岳型世界文化遗产地旅游环境质量各变量之间的路径关系，具有以下重要意义：

第一，表明山岳型世界文化遗产地旅游环境质量体验是旅游者主体变量与山岳型世界文化遗产地旅游环境系统变量交互作用的过程。

第二，揭示山岳型世界文化遗产地旅游环境质量的双重影响因素，即旅游者个性特征因素和遗产地旅游环境系统因素。旅游者个性特征变量包括旅游者的人口统计特征、体验能力和旅游方式三个维度；山岳型世界文化遗产地旅游环境系统变量包括自然环境健康养生、文化环境休闲益智、社会环境和谐融洽、设施环境环保低碳四个维度。

第三，山岳型世界文化遗产地旅游环境质量体验会对旅游者的心理和行为产生重要影响，主要体现在体验价值、满意度和忠诚意愿三个方面。该模型暗含山岳型世界文化遗产地营造高品质旅游环境的潜在价值。

三、指标体系确定

根据山岳型世界文化遗产地旅游环境质量理论模型，本书构建相应的测量指标体系，并进行诠释。

(一) 旅游者个性特征测量指标体系诠释

蒂莫西(2002)根据一般性、具体性、客观性和推断性,将旅游者的特征划分为四个不同的象限区域,具体见表4-4。

表4-4　　　　　　　　　遗产旅游者个性特征要素细分一览表

	一般特征	特殊或具体特征
客观衡量要素	**人口统计、地理分布和社会经济等因素** 职业、教育、收入、家庭地点、家庭规模和年龄	**旅行特点因素** 地点、交通类型、旅游者人数、逗留期限、消费特征、所参观的遗产景点、住宿类型、活动特征
推断性衡量要素	**典型的旅游者生活因素** 动机 期望 喜欢的遗产景点体验 对于遗产与旅游的看法 感到满意的个人益处 对于不同类型遗产旅游体验的反映	**旅游者偏好和态度因素** 将来去某一旅游目的地旅游的可能性 对于目的地、景点或产品的态度 活动偏好 地点偏好 形象偏好

资料来源:蒂莫西.遗产旅游[M].北京:旅游教育出版社,2002.

表4-4中,遗产旅游者的个性特征细分为人口统计、地理分布和社会经济因素,旅行特点因素,典型的旅游者生活因素,旅游者偏好和态度因素。遗产旅游无论是观赏自然景观、历史古迹、遗产建筑和参与文化活动,本质上是一种获取身心健康和精神享受的体验性活动(谢彦君,2004)。遗产旅游体验具有重要的心理和精神属性,旅游者的个性特征对遗产地旅游体验具有重要影响。因此,本书首先确定山岳型世界文化遗产地旅游者的个性特征测量指标体系。

为了研究的方便和操作化设计,本书借鉴蒂莫西(2002)总结的遗产旅游者个性特征要素成果,参照目前普遍使用的旅游者个性特征划分方式,将旅游者个性特征要素简化为人口统计特征、体验方式和体验能力三个维度。这三个维度具体包括10个二级指标,见表4-5。

表4-5　　　　　　　　　旅游者个性特征测量指标一览表

维度	指标
人口统计学特征	性别、年龄、职业、受教育程度、收入、客源地
体验方式	交通方式
	游览方式
体验能力	消费水平
	停留时间

表4-5中，性别、年龄、职业、受教育程度、收入、客源地6个要素反映了旅游者的人口统计学特征，而交通方式和游览方式是对山岳型世界文化遗产地旅游者体验方式的衡量，消费水平和停留时间是对遗产旅游者体验能力的测量。这十个指标为把握山岳型世界文化遗产旅游者的基本特征和个性行为规律提供测量工具。

（二）旅游环境质量测量指标体系诠释

山岳型世界文化遗产地旅游环境质量体验不仅受到旅游者个性因素的影响，还取决于旅游者所处的遗产旅游环境系统变量。如前文所述，学术界已从不同的研究视角提出了城市和园林空间环境质量的评价维度。虽然研究视角不同，但自然环境、文化环境、社会环境作为环境质量的测量维度得到普遍认可。

针对国家公园旅游目的地，其服务质量测量采用的是有形性、可靠性、保证性、责任性、人性化5个维度（John S. Akama，2003）。旅游目的地形象测量采用的是旅游环境、自然吸引物、娱乐和节庆活动、历史文化吸引物、服务设施、可达性、休闲性、户外活动、性价比9个维度（Christina Geng-Qing Chia，Hailin Qub，2008）。节庆活动中旅游者体验质量测量采用的是信息服务、活动项目、旅游纪念品、餐饮设施和服务设施5个维度（Yoo-Shik Yoon，et al.，2010）。遗产地环境质量从氛围环境、设计布局环境、社会环境三个维度来测量（Mark A. Bonn，2007）。总体上，尽管维度划分不同，但基本上可以归为旅游目的地社会环境、设施环境、自然环境和文化环境4个维度，相比城市或园林环境性的评价，更凸显旅游设施环境的必要性。国外针对不同类型的旅游目的地，已构建相应的旅游体验质量测量指标体系，如表4-6所示。

表4-6　　　　　　　　　　　　国际旅游环境质量评价指标一览表

研究对象	维度	指标	个数
国家公园服务质量[1]	有形性	富有魅力的自然景观、健康养生性好、不拥挤和不污染的自然公园、信息发表及时、设施齐全、交通便捷、可进入性好、服务人员着装整洁规范	9
	可靠性	提供及时服务、提供准确的信息	2
	责任性	乐于帮助旅游者、为旅游者排忧解难、及时告知旅游者所需信息	3
	保证性	安全性好、礼仪规范	2
	人性化	开放时间合理、对旅游者人性化关怀、理解员工的特殊需求、设施设备布局合理、设施美观舒适、水资源供给充足	6

---

[1]　John S. Akama Damiannah Mukethe Kieti. Measuring tourist satisfaction with Kenya's wildlife safari：A case study of Tsavo West National Park[J]. Tourism Management，2003（24）：73-81.

续表

研究对象	维度	指标	个数
旅游目的地供给质量		可进入性良好、环境干净整洁、历史文化多样性、高质量的住宿设施、当地居民的友好性、休憩点充足、安全性好、自然生态未被破坏、餐饮富有地方特色	9
节庆活动中旅游者体验质量①	信息服务	导游服务、旅游手册	2
	活动项目	趣味性、多样化、精彩化、益智性、设计和组织得当	5
	旅游纪念品	多样化、高质量、价格合理	3
	餐饮设施	多样化、口味独特、价格合理	3
	服务设施	停车方便、休憩设施分布合理、厕所干净卫生	3
旅游目的地体验	旅游目的地形象	自然之美、美丽的山川湖泊、有趣的历史吸引物、丰富的夜生活和娱乐活动、健康养生的度假地、良好的娱乐活动机会、人员的友好性、舒适的气候、良好的购物设施、休闲放松的氛围、令人震撼的氛围、干净无污染的环境	12
	旅游目的地体验	交通便捷、旅游服务性价比高、高质量的住宿设施、高质量的基础设施、安全性好、有吸引力的食物、物有所值	7
旅游目的地形象②	旅游环境	安全性好、干净卫生、当地居民的友好性、环境幽静、气候舒适	5
	自然吸引物	山谷景观独特、自然风景优美、园林和泉水壮观、河流景观独特、野生动植物保护良好、奇特的洞穴和地质构造	6
	娱乐和节庆活动	大型系列展览、宗教节庆活动、优美的乡村音乐、丰富的夜生活、娱乐活动多样化	5
	历史文化吸引物	典型历史文化遗产、经典遗产建筑	2
	设施环境	特色菜肴、购物品种丰富多样、住宿设施种类齐全、便于选择	3
	可达性	旅游信息发布及时、可进入性好	2
	休闲性	疗养、体力恢复、精神放松	3
	户外活动	徒步、野营、帐篷	3
	性价比	食宿价格合理、物有所值、旅游活动收费合理	3

① Yoo-Shik Yoon, Jin-Soo Lee, Choong-Ki Lee. Measuring festival quality and value affecting visitors' satisfaction and loyalty using a structural approach [J]. International Journal of Hospitality Management, 2010 (29): 335-342.

② Christina Geng-Qing Chia, Hailin Qub. Examining the structural relationships of destination image, tourist satisfaction and destination loyalty: An integrated approach [J]. Tourism Management, 2008 (29): 624-636.

续表

研究对象	维度	指标	个数
遗产地 环境质量①	氛围环境	良好的色彩设计、良好的照明、很好的标志和实用信息	4
	设计布局环境	很好的功能性布局、宽敞的空间、良好的旅游交通、道路识别便利	4
	社会环境	导游具有很高的知识水平、优质的服务水平、工作人员十分礼貌、很好的员工队伍	4

本书充分考虑遗产地自身环境系统的典型性和遗产旅游功能的差异性,从表4-3中筛选、提取与山岳型世界文化遗产地具有共性、信度较高的指标,结合山岳型世界文化遗产地旅游环境质量内涵,构建山岳型世界文化遗产地旅游环境质量测量维度和指标体系,见表4-7。

表4-7　　　　　　　山岳型世界文化遗产地旅游环境质量评价指标体系

维度	指标	维度	指标
遗产地自然环境	N1 气候舒适	遗产地文化环境	C1 遗产建筑经典
	N2 空气环境质量优良		C2 宗教氛围原真
	N3 水环境质量优良		C3 文化元素传承
	N4 声环境质量优良	遗产地设施环境	E1 交通工具低碳
	N5 植被覆盖率高		E2 度假设施绿色
	N6 动植物野趣		E3 餐饮原料有机
遗产地社会环境	S1 社区安全		E4 旅游纪念品环保
	S2 环卫质量优良		E5 索道便利
	S3 环境容量适度		E6 厕所生态
	S4 公共服务优质		E7 垃圾箱分布合理
	S5 当地居民好客		E8 标志系统醒目
	S6 收费价格合理		E9 休息亭、椅布局合理

表4-7中,遗产地自然环境维度包括6个测量指标,用以测量遗产地自然环境的健康养生性;遗产地文化环境维度包括3个指标,用以测量遗产地文化环境的休闲益

① Mark A. Bonn, Sacha M. Joseph, Mathews, Mo Dai, Steve Hayes, Jenny Cave. Heritage cultural attraction atmospherics: Creating the right environment for the heritage/cultural visitor [J]. Journal of Travel Research, 2007(2): 33-41.

智性；遗产地社会环境维度包括6个指标，用以测量遗产地社会环境的和谐融洽性；遗产地设施环境维度包括9个测量指标，用以测量遗产地设施环境的低碳环保性，共计24个测量指标。山岳型世界文化遗产地旅游环境质量测量指标体系的确定是后续操作化变量设计和实证研究的重要前提。

(三)旅游者质量体验效果测量指标体系诠释

国外学者普遍采用旅游满意度、口碑效应、旅游者忠诚度来测量旅游体验效果（Baker & Crompton，2000；Oppermann，2000）。Mark A. Bonn等构建的遗产旅游环境体验效果测量指标体系见表4-8①。

表4-8　　　　　　　　　　旅游者体验效果测量指标一览表

因子	指　标	信度
总体态度	积极的态度	0.88
	喜欢	
	感觉很好	
重游意愿	将来会再次游览	0.80
	如果有机会，会再次游览	
	忠实旅游者	
口碑宣传	会向朋友推荐	0.98
	给予积极评价	
	鼓励亲友游览	
小计	9	

表4-8说明从总体态度、重游意愿和口碑宣传3个维度测量遗产旅游环境质量体验效果的可信性。山岳型世界文化遗产地旅游环境质量体验同样会对旅游者的心理和行为产生影响。本书结合山岳型世界文化遗产地旅游环境特征，参照遗产旅游体验质量概念模型（Ching-Fu Chen，Fu-Shian Chen，2010），对遗产旅游者环境体验效果测量维度和指标（Mark A. Bonn，2007）进行适当的调整和修改。具体为：增加了体验价值维度，包括知识收获、宗教朝拜、身心放松、人际交往4个指标；将旅游者总体态度维度改为满意度，二级指标归并为"环境很好"和"值得旅游"2个；将重游意愿和口碑宣传归并为忠诚意愿维度，包括下次再来、积极推荐、延长停留时间3个二级指标。本书所构建的山岳型世界文化遗产地旅游环境质量体验效果测量指标体系见表4-9。

———————————

① Mark A. Bonn, o Sacha M. Joseph, Mathews, MoDai, Steve Hayes, Jenny Cave. Heritage cultural atcraction atmospheries：Creating the right encironment for the heritage/cultural visitor[J]. Journal of Travel Research，2007(2).

表 4-9　　　　　　　　　　旅游环境质量体验效果测量指标一览表

维度	指标
体验价值	知识收获
	宗教朝拜
	身心放松
	人际交往
满意度	环境很好
	值得旅游
忠诚意愿	下次再来
	积极推荐
	延长停留时间
小计	9

从表 4-9 可以看出，虽然旅游者各自的遗产旅游动机不同，但置身于山岳型世界文化遗产地旅游环境中，可以实现知识收获、宗教朝拜、身心放松和人际交往等旅游体验目的，体验到旅行的价值。随着感知价值的提升，促进旅游者满意度的提高，引致忠诚意愿的产生(史春云、刘泽华，2009)。

四、测量量表开发

本书针对山岳型世界文化遗产地旅游环境实际，进行操作性变量设计，旨在将测量指标体系转化为可观、可测的变量。

(一)操作性变量设计

本书将山岳型世界文化遗产地旅游环境质量测量划分为旅游者个性特征变量、遗产地旅游环境质量变量以及旅游者体验效果变量三个层次。

旅游者个性特征通过性别、年龄、职业、年收入、受教育程度、交通方式、游览方式、停留时间、旅游消费水平和客源地 10 个指标变量测量。

山岳型世界文化遗产地旅游环境质量，通过自然环境健康养生性、文化环境休闲益智性、社会环境和谐融洽性和设施环境低碳环保性四个维度测量。其中，自然环境健康养生性维度采用"气候舒适"、"空气环境质量优"、"水环境质量优良"、"声环境质量优良"、"植被覆盖率高"、"动植物野趣"6 个指标变量来测量；遗产地文化环境健康益智性维度采用"遗产地建筑经典"、"宗教氛围原真"、"文化元素传承"3 个指标变量来测量；遗产地社会环境和谐融洽性维度采用"社区安全"、"环卫质量优良"、"环境容量适度"、"当地居民好客"、"公共服务优质"、"收费价格合理"6 个指标变量来测量；遗产地设施环境低碳环保维度采用"交通工具低碳"、"度假设施绿色"、"餐饮原料有机"、"旅游纪念品环保"、"索道便利"、"厕所生态"、"垃圾箱分布合理"、"标志系统醒目"、"休息亭、椅布局合理"9 个指标变量进行测量，共计 24 个指标变量。

山岳型世界文化遗产地旅游者体验效果变量从体验价值、满意度、忠诚意愿三个维度测量。体验价值维度包括"知识收获"、"宗教朝拜"、"身心放松"、"人际交往" 4 个指标变量，满意度维度包括"环境优质"、"满意此行"2 个指标变量；而忠诚意愿包括"重游意愿"、"推介意愿"、"停留意愿"3 个指标变量，共计 9 个指标变量。本书所采用的山岳型世界文化遗产地旅游环境质量测量指标见表 4-10。

表 4-10　　山岳型世界文化遗产地旅游环境质量测量维度及指标变量一览表

维度	指标变量	个数
人口统计特征	P1、P2、P3、P4、P5	5
基本旅游特征	E1、E2、E3、E4、E5	5
小计		**10**
自然环境	N1、N2、N3、N4、N5、N6	6
社会环境	S1、S2、S3、S4、S5、S6	6
文化环境	C1、C2、C3、C4	4
设施环境	F1、F2、F3、F4、F5、F6、F7、F8	8
小计		**24**
体验价值	U1、U2、U3、U4	4
满意度	H1、H2	2
行为倾向	B1、B2、B3	3
小计		**9**
总计		**43**

（二）测量属性和尺度选取

旅游者个性特征变量采用定类、定序尺度测量。

性别变量由男性和女性 2 个属性组成。

年龄变量包括 14 岁及以下、15~24 岁、25~34 岁、35~44 岁、45 岁及以上 5 个定序尺度。

职业变量包括政府机关或事业单位工作人员、企业或公司工作人员、学生、自由职业者和其他职业 5 个定类尺度。

年收入属性分为 2 万元及以下、2 万~3.99 万元、4 万~7.99 万元、8 万~11.99 万元、12 万元及以上 5 个定序尺度。

受教育程度变量分为初中及以下、高中或中专、大专或大学本科、研究生及以上

4 个定类属性。

交通方式变量由飞机、火车、长途汽车、自驾车和其他方式共 5 个类属组成。

游览方式变量由参加旅行团、单位组织、会议考察和自助旅游 4 个类属组成。

停留时间变量由 1 天及以下、1~2 天、2~3 天、3 天及以上 4 个类属组成。

遗产地旅游消费水平由 300 元以下、300~499 元、500~999 元、1000 元以上 4 个类属组成。

同时，考虑到预设类属不足以反映旅游者的多元客源地分布情况，在客源地一栏，不规定具体答案，而是采取填空的形式。旅游者填写后，再根据所属地区进行统计。

山岳型世界文化遗产地旅游环境系统质量和旅游者体验效果的测量，涉及旅游者的主观态度。本书采用目前使用频率最高的李科特（Liket Scale）五级量表尺度进行测量。

五、调查问卷设计

通过问卷构建，将 43 个操作化变量转化为通俗易懂、便于回答的题项，以获得旅游者对山岳型世界文化遗产地旅游环境质量体验评价的真实信息。问卷包括封面信和指导语、题项和答案、填答时间、致谢和编码 7 个方面内容。

封面信主要向被调查者言简意赅地解释此次问卷调查的目的和用途，以消除被调查者的心理顾虑，获取被调查者的真诚配合；指导语主要向被调查者说明正确填写问卷的方法，以增加每一份问卷有效填答的几率；问卷预编码，以方便回收后的问卷筛选和数据录入有序；致谢是对填答者表示诚挚的谢意。

问题和答案是问卷的主体部分，分为两个部分。第一部分是对山岳型世界文化遗产地旅游者个性特征信息的测量，涉及性别、年龄、职业、受教育程度、年收入、交通方式、游览方式、遗产地旅游消费水平、停留时间、客源地 10 个问题。这些问题均采用封闭式答案，即提出问题的同时，给出明确的答案，让被调查者根据自身实际旅游情况作答即可。第二部分是对山岳型世界文化遗产地旅游环境质量和旅游者体验效果的测量，共有 33 个题项。答案以 1 = "非常反对或非常不满意"、2 = "比较反对或比较不满意"、3 = "中立或一般"、4 = "比较赞同或比较满意"、5 = "非常赞同或非常满意"五级数字形式给出。被调查者只需根据自己的实际态度在相应指标分值下画"√"即可，便于填写、统计。

填答时间用于评判问卷调查题目个数的合理性。填答时间如果过长，会增加和占用被调查者的时间成本；反之，填答时间如果过短，则被调查者所填写问卷的真实性和有效性受到质疑。整个问卷预计填写时间为 2~3 分钟。

在问卷设计初步完成之后，为提高问卷的有效性和科学性，笔者又针对整个问卷的结构、题项设置、语言措词等，多次和导师、武汉大学旅游规划设计研究院团队成员进行讨论。同时，利用参加"故宫·武当山（明代）紫禁城文化研讨会"（2010 年 4

月）和"中国文化创新高峰论坛（武当山论坛）"（2010 年 10 月）的机会，向文化学、旅游学、历史学、管理学领域的专家征求修改意见。在武当山发放 30 份问卷进行小范围试调查。试调查发现，问卷总体结构合理，题项完备性和互斥性良好，可以涵盖所要研究的核心问题和待证明的假设意图。但个别题项语言表达方面稍有欠缺，被调查者理解起来存在一定的困难和疑惑，需要再次修改。经过反复多次的讨论和调整后，才形成正式的《山岳型世界文化遗产地旅游环境质量问卷调查表》，见附录。

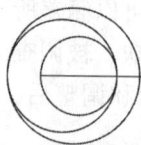

第五章 武当山旅游环境特征及发展趋势

武当山处于中部六省之一的湖北省十堰市境内，东有古城襄阳，南依原始森林神农架，西接十堰市城区，北临南水北调水源地丹江口水库，属鄂西生态文化旅游圈"一江两山"核心板块。武当山在湖北省具有重要的旅游区位意义。而且，武当山拥有世界文化遗产(1994年)、中国5A级旅游区、国家重点风景名胜区、中国著名的道教名山、国家地质公园、全国十大避暑胜地等多项高质品牌。从山岳型世界文化遗产资源禀赋来看，武当山古建筑群及遗产整体环境具有体现天下太平人文和谐共存、中国儒释道主脉文化和谐共荣、人与自然生态和谐共生的核心价值。1994年，武当山在申报世界文化遗产时，联合国教科文组织发现武当山山体与皇家宫观建筑群酷似"天造玄武"景观。就中国八处山岳型世界文化遗产地而言，武当山整体旅游环境具有重要的典范意义和研究价值。

第一节 武当山旅游环境特征

一、天人合一，世界奇观

武当山位于地球北纬30度。这一纬度演绎着自然奥妙与人文神韵结合的奇观绝景，神秘现象比比皆是。武当山主次峰高差巨大，山形走向富于变化，峡谷溪泉交汇其中。从空中俯瞰天柱峰紫金城整体建筑群宛若"龟蛇合体"，呈天造玄武奇观，南岩石殿嵌于绝壁恰似天工，紫霄宫山环水抱风水绝佳，太子坡一柱十二梁木构奇绝，金顶雷火炼殿神秘莫测，五龙宫古韵沧桑犹存……自然景观与皇家宫观建筑群天衣无缝巧妙结合，与山姿水态合拍呼应，充分体现了"天人合一"的哲学崇高境界。

二、仙山圣水，养生天堂

武当山处于北亚热带季风气候区，终年湿润多雨，云雾缭绕，自古被尊奉为"亘古无双胜境，天下第一仙山"。主峰天柱峰海拔1612米，周围有72峰拱立，24涧环流，形成刚柔相济的山水自然环境。山地垂直地带性气候明显，兼有复杂的局部小气候。谭元春曾游武当山，在仁威观一带，领略四时之景变幻之异："过观十余里，桃李花与映山红盛开，如春；接叶浓荫，行人渴而憩，如夏；虫切切作促织吟，红叶委地，如秋；老槐古木，铁干虬蜷，叶不能即发，如冬。"①武当山独特的气候环境孕育了丰富、多样的植物资源，负氧离子含量高。全山现有植物 758 种，百年以上的珍稀古树有 24 科 33 属 46 种 453 株②。《本草纲目》记载的 1800 多种中草药中，武当山有400 多种③。仙山圣水养生自然生态环境和底蕴深厚的太极养生文化传统，使武当山成为养生佳地。

三、文化荟萃，思想家园

武当文化多元，附着于皇家宫观建筑、武术、道乐、医药、文学、绘画、塑像、庙会等领域。武当山古建筑群明永乐十年(1412 年)开始大规模营建，历时 13 年，形成 9 宫、8 观、36 庵堂、72 岩庙，是中国现存最完整、规模最大的皇家宫观，集中体现中国元、明、清三代世俗和宗教建筑的建筑学和艺术成就，代表了近千年中国艺术和建筑的最高水平，更是 600 年前明代"北修故宫，南建武当"的历史见证。古建筑群选址融合"阴阳典术"的道家思想、中国古代"风水术"以及真武大帝修仙的神话，注重山形水脉走向，依山就势，整体布局、规制和风格与特殊山水气候环境巧妙结合，堪称皇家宫观园林之冠④。现存古建筑 53 处，庙房 1182 间，建筑面积 2.7 万平方米，建筑遗址 9 处，占地面积 20 多万平方米，拥有"治世玄岳"牌坊、金殿、南岩、玉虚宫、紫霄宫 6 处国家级重点文物。

第二节 武当山旅游发展状况与趋势分析

目前武当山由武当山景区管委会和道教协会共同经营管理，已经建成金顶、南岩、紫霄宫、太子坡、逍遥谷等景区，游客服务中心、旅游公路、旅游车队、金顶索道等旅游设施，旅游基础设施建设与景点开发基本完成。2010 年武当山承办了第四届世界传统武术节。随着《问道武当》、《太极武当》等文化专题片的推广，特别是"问道武当山、养生太极湖"、"天下太极出武当"等央视品牌传播，知名度大幅度提升。实力雄厚的太极湖集团进驻投资，为武当山旅游业的发展注入新的活力。武当山的旅游发展状况(2004—2010 年)见表 5-1。

---

① 谭元春集(卷二〇：游玄岳记)[O].

② 武当山志(卷 1：植物)[M]. 北京：新华出版社，1994.

③ 张薇，黄黎敏. 论世界文化遗产地武当山的核心价值[J]. 中国紫禁城学会会刊，2010，7：20-25.

④ 张薇，黄黎敏. 论世界文化遗产地武当山的核心价值[J]. 中国紫禁城学会会刊，2010，7：20-25.

表 5-1   武当山旅游发展状况统计一览表

年份	国内游客量 （万人次）	入境游客量 （万人次）	总游客量 （万人次）	旅游总收入 （亿元）
2004	64.6	1.4	66	1.45
2005	71.4	1.6	73	1.8
2006	80.1	3.9	84	2.27
2007	96.8	5.2	102	2.98
2008	115.4	6.6	122	5.6
2009	150.1	7.9	158	8.3
2010	220.5	9.5	230	11.8

资料来源：武当山旅游局。

表 5-1 显示 2004 年以来，武当山国内游客接待量、入境游客量、总游客量、旅游总收入逐步上升，遗产旅游发展势头良好。

武当山游客量增长趋势如图 5-1 所示。

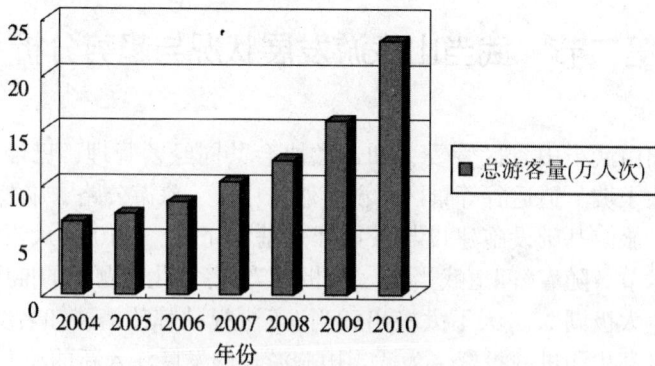

图 5-1   武当山游客接待量增长趋势

图 5-1 中，2010 年武当山游客接待量超过 2004 年的 3 倍，游客接待量呈强劲增长的趋势。武当山旅游环境质量问题的研究和提升无疑有助于促进其旅游吸引力的提升和游客接待量的持续增长。武当山旅游总收入发展趋势如图 5-2 所示。

图 5-2 中，武当山旅游总收入自 2007 年开始，呈快速增长的趋势。这说明旅游发展对武当山具有显著的乘数效应和带动作用。

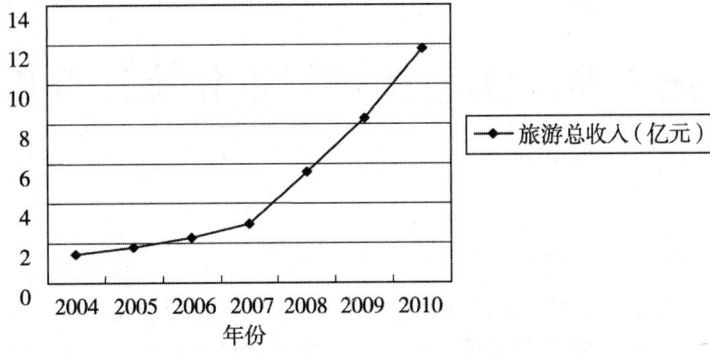

图 5-2　武当山旅游总收入发展趋势图

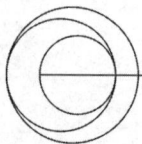

第六章 实地调查与量化统计分析

问卷调查可以有效反映样本的态度、意见和特征等规范化定量信息，是社会学研究中最常用的收集结构化资料的工具①。本书通过问卷创建，将结构化的资料转换为简易的数字形式，便于调查对象填答、数据整理和后续统计分析。本书以湖北省唯一的山岳型世界文化遗产地武当山的现场旅游者为调查对象，旨在获得旅游者对山岳型世界文化遗产地旅游环境质量评价的真实信息。

第一节 数据获取与整理

一、调查抽样

调查抽样对问卷有效性起着关键作用。本书以湖北省唯一的山岳型世界文化遗产地武当山的现场旅游者及三年间（2008—2010 年）游览过武当山的网络旅游者为调查对象，旨在获得旅游者对山岳型世界文化遗产地旅游环境质量评价的真实信息。

问卷调查正式开始的时间是 2010 年 10 月 27 日至 2010 年 12 月 27 日，以实地发放为主。实地发放问卷的地点选在案例地武当山的游客集散点——乌鸦岭、紫霄宫和逍遥谷。在实地问卷调查中，正值笔者导师参加"中国文化创新论坛（武当山论坛）"。导师积极帮助笔者，联络武当山风景区管委会管理人员和随行讲解员，为问卷的发放和回收提供了大力支持。同时，借助"问卷星"发放网络问卷，以扩大样本覆盖面。

通过多种渠道，笔者克服个人调查力量单薄、调查实施难度大的问题，共发放问卷 300 份，回收 272 份，问卷回收率为 90.7%，确保问卷调查任务的顺利完成。

二、问卷处理

对所回收调查问卷的筛选和处理直接关系到研究结论的客观性与合理性。为此，笔者在问卷的末尾设置了作答时间一栏，并通过实地发放问卷过程的观察来判别问卷的有效性。如果问卷的作答时间不超过 30 秒，初步说明被调查者配合的兴趣低或应

---

① 游正林. 社会统计学[M]. 北京：社会科学文献出版社，2010：1.

付行事，其对武当山旅游环境质量的评价缺乏真实性，视为无效样本。同时，笔者对回收问卷进行逐一筛选，发现有些问卷题项填写不完整、部分信息缺失，无法完全进行统计，视为无效问卷；有些问卷填写分值完全一样，对统计分析不起作用，作无效问卷处理；还有些问卷填写的笔迹完全相同，很有可能属于1人填写多份的情况，因而只保留1份作为有效问卷。最终剔除答案填写不全、答案分值完全雷同、填写笔迹相同以及作答时间不超过30秒的问卷27份，共获得有效问卷245份，有效问卷回收率为82%。

第二节 数据统计与分析

将所回收的245份有效问卷按照编码录入Excel表格后，完成问卷数据的采集工作。利用SPSS16.0进行描述性统计，分析调查样本的个性特征；利用SPSS16.0进行因子分析，探索山岳型世界文化遗产地旅游环境质量的主要影响因子及其包含的二级指标；利用SPSS16.0进行方差分析，检验旅游环境性体验的差异；利用AMOS17.0软件构建测量模型，进行验证性因子分析；利用SPSS16.0多元回归分析，验证山岳型世界文化遗产地旅游环境质量影响因子对旅游者体验效果变量的影响；利用指标的重要性和表现性的折线图分析，确定指标变量的重要性和表现性分布。

一、描述性统计分析

本书通过SPSS16.0频次分析，描述调查样本的个性旅游特征，透视其旅游行为基本规律。

(一)调查对象的人口统计特征分析

对245个调查样本的性别、年龄、职业、教育程度、年收入状况分布进行描述性统计分析如下：

按男女性别划分：调查对象中男性有140人，占总样本数57.1%；女性有105人，占总样本数42.9%，如图6-1所示。

性别比构成

42.9%

57.1%

■男性
□女性

图6-1 调查对象的性别分布图

图 6-1 显示，武当山男性旅游者相对占据较大比重，但女性旅游者人数也比较多，这表明遗产地武当山对男性和女性的旅游吸引力没有较大的区别。

按年龄划分：被调查者 14 岁及以下的有 3 人，15~24 岁的有 85 人，25~34 岁的有 88 人，35~44 岁的有 38 人，45 岁及以上的有 31 人。调查对象的年龄分布结构如图 6-2 所示。

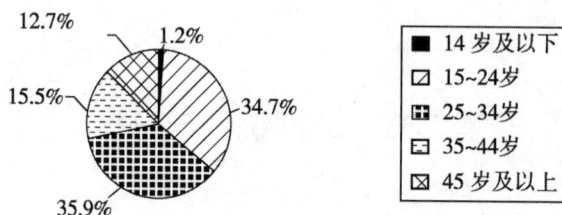

图 6-2　调查对象的年龄分布图

图 6-2 显示，调查样本青中年旅游者占绝对比重，而中老年旅游者所占比重很小。这符合国外遗产旅游者年龄相对较轻的结论（蒂莫西，2002）。遗产旅游者在年龄结构上的差异比较大。

按从事的职业划分：被调查者属于政府机关或事业单位工作人员的有 48 人，占样本总数的 19.6%；企业或公司工作人员的有 89 人，占总样本数 36.4%；学生有 67 人，占总样本数 27.3%；自由职业者有 30 人，占总样本数 12.2%；其他职业的有 11 人，占总样本数 4.5%。具体见图 6-3。

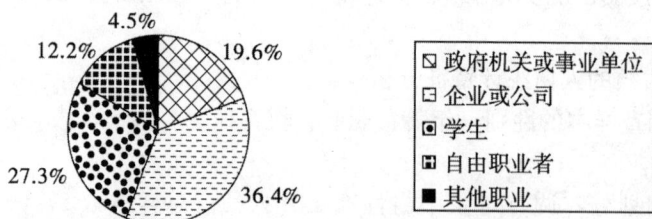

图 6-3　调查对象的职业分布图

从调查样本的职业分布来看，职业分布差异比较大。其中，企业或公司人员占据的比重最大，其次为学生群体和政府机关或事业单位工作人员，自由职业者也占据一定比重，还有少量的其他职业者。学生群体占据较大比重的情况与国外遗产地旅游接待趋势吻合。在国外，中小学生遗产地实习是正规教育体系的重要组成部分，大学的课程也要求参观一些与历史学、人类学、地理学、考古学以及文化研究等学科相关的遗产景点，因而学生群体是绝大多数遗产地的重要客源。但是，学生群体占据较大的比重，有可能制约遗产地整体消费水平。

按受教育程度划分：初中及以下的有28人，占11.4%；高中或中专学历的有80人，占32.7%；大专或者本科学历的有104人，占42.4%；研究生及以上的有33人，占13.5%。具体见图6-4。

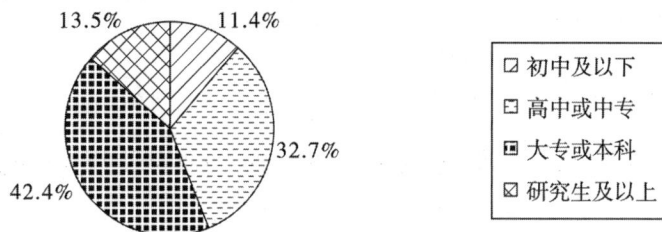

图6-4　调查对象的受教育程度分布图

图6-4显示，国内遗产旅游者受教育程度较高。而在欧洲，遗产旅游者整体受教育水平更高，拥有大专院校学历的旅游者达到80%以上，具有研究生学历的旅游者将近25%（蒂莫西，2002）。良好的教育背景，是欣赏和理解遗产文化的资本，有助于提高遗产旅游的兴趣。

按收入情况划分：2万元及以下的样本最多，有81人，占33.1%；2万~3.99万元的有55人，占22.5%；4万~7.99万元的有67人，占27.3%；8万~11.99万元的有25人，占10.2%；12万元及以上的有17人，占总样本数6.9%，如图6-5所示。

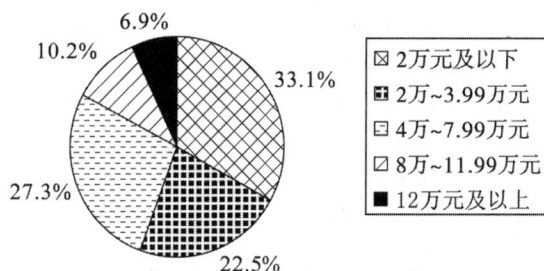

图6-5　调查对象的年收入结构分布图

从收入结构分布来看，中低收入水平的调查对象所占比例最大，而国外遗产地旅游者则以中高收入阶层为主（蒂莫西，2002）。调查样本的收入结构无疑会对旅游者的停留时间和旅游消费水平造成一定制约。

根据上述统计结果，调查对象人口统计特征的性别、年龄、职业、受教育程度、年收入5个变量的描述性统计汇总结果见表6-1。

（二）调查对象的基本旅游特征统计分析

调查对象的交通工具、旅游方式、停留时间、旅游消费以及客源地等特征进行描述性统计分析，可以探索旅游者的空间地理行为特征和规律。

表 6-1   调查对象的人口统计特征统计表

人口统计特征		人数	%
性别	男	140	57.1
	女	105	42.9
年龄	14 岁及以下	3	1.2
	15~24 岁	85	34.7
	25~34 岁	88	35.9
	35~44 岁	38	15.5
	45 岁及以上	31	12.7
职业	政府机关或事业单位	48	19.6
	企业或公司	89	36.4
	学生	67	27.3
	自由职业	30	12.2
	其他	11	4.5
受教育程度	初中及以下	28	11.4
	高中或中专	80	32.7
	大专或本科	104	42.4
	研究生及以上	33	13.5
年收入	2 万元及以下	81	33.1
	2 万~3.99 万元	55	22.5
	4 万~7.99 万元	67	27.3
	8 万~11.99 万元	25	10.2
	12 万元及以上	17	6.9
发放问卷		300	100%
回收问卷		272	90.7%
有效问卷		245	82%

从所选择的交通工具来看：选择飞机的有 43 人，选择乘坐火车的有 115 人，选择长途汽车的有 50 人，选择自驾车的有 16 人，选择其他交通工具的有 21 人，具体分布见图 6-6。

可见，火车仍然是调查样本采取的主要交通工具，其次为飞机、长途汽车、其他交通工具，自驾车也逐渐成为旅游者选择的重要交通方式之一。

按照调查对象的旅游方式划分：参加旅行团的有 80 人，占 32.7%；单位组织的有 29 人，占 11.8%；会议考察的有 37 人，占 15.1%；自助旅游的有 99 人，占

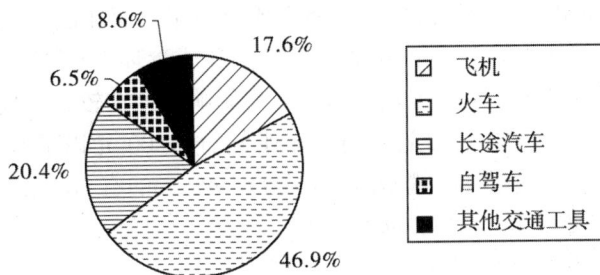

图 6-6 调查对象所选择的交通工具情况分布图

40.4%，具体见图 6-7。

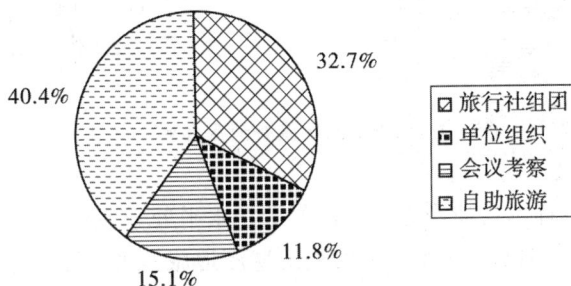

图 6-7 调查对象所选择的旅游方式分布图

由图 6-7 可知，自助旅游者的比例明显超过旅行团旅游的比例，自助旅游成为遗产旅游者的主要旅游方式之一。

按照调查对象的停留时间划分：1 天及以下的有 11 人，占 4.5%；1~2 天的有 140 人，占 57.1%；2~3 天的有 74 人，占 30.2%；3 天及以上的有 20 人，占 8.2%，见图 6-8。

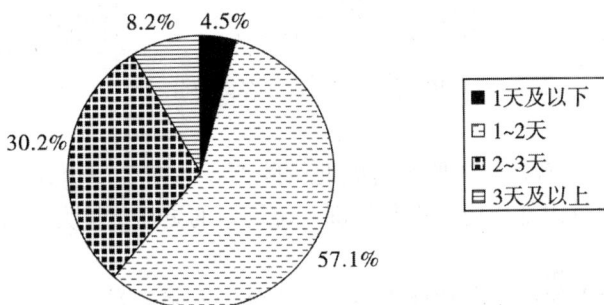

图 6-8 调查对象停留时间分布图

从图 6-8 可以看出，调查样本中停留时间为 1~2 天所占的比重最大，2~3 天的次之，3 天及以上的和 1 天及以下的两端所占比重最小。而在国外，遗产旅游者却愿意花费较多的时间和精力体验、了解遗产地习俗和旅游环境（蒂莫西，2002）。调查对象的停留时间对旅游者在遗产地消费造成一定影响，存在较大的提升空间和潜力。

按照调查对象在遗产地武当上的消费水平划分：300 元以下有 85 人，占 35%；300~499 元有 110 人，占 45%；消费水平在 500~999 元的有 38 人，占 15%；1000 元以上的仅有 12 人，占 5%，具体分布见图 6-9。

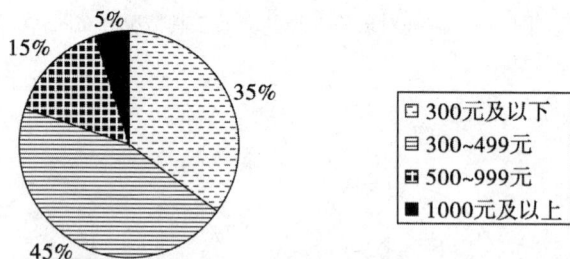

图 6-9　调查对象的旅游消费水平分布图

图 6-9 中，调查样本在遗产地武当山的消费水平处于 500 元以下的占样本总数的 80%，而超过 500 元的仅占 20%。这反映出遗产地旅游者的整体消费水平普遍偏低，有必要通过优化旅游环境进一步提升。

调查样本的客源地分布见图 6-10。

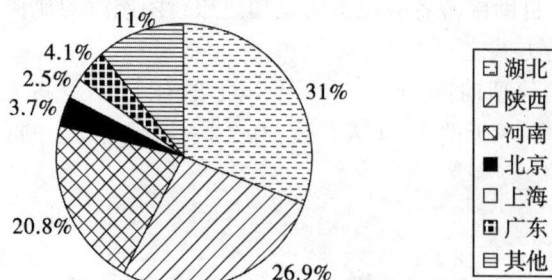

图 6-10　调查对象所在客源地分布图

图 6-10 显示，调查样本主要来自湖北及陕西、河南等周边邻近省份。这说明遗产地武当山亟待通过内部环境建设和外部营销策略的更新，扩大其对客源地的旅游吸引力和辐射范围。

整体上，调查对象的旅游特征描述性统计分析见表 6-2。

表 6-2 　　　　　　　　　　　　　　　**调查对象的旅游特征统计表**

旅游特征		人　数	%
交通工具	飞机	43	17.6
	火车	115	46.9
	长途汽车	50	20.4
	自驾车	16	6.5
	其他	21	8.6
旅游方式	参加旅行团	80	32.7
	单位组织	29	11.8
	会议考察	37	15.1
	自助旅游	99	40.4
客源地	湖北	76	31.0
	陕西	66	26.9
	河南	51	20.8
	北京	9	3.7
	上海	6	2.5
	广东	10	4.1
	其他	27	11.0
停留时间	1 天及以下	11	4.5
	1~2 天	140	57.1
	2~3 天	74	30.2
	3 天及以上	20	8.2
旅游消费	300 元及以下	85	35.0
	300~499 元	110	45.0
	500~999 元	38	15.0
	1000 元及以上	12	5.0
发放问卷		300	100%
回收问卷		272	90.7%
有效问卷		245	82%

二、信度检验分析

问卷调查受到时间、地点的限制较大。本书通过信度分析，来检验同一调查对象在不同时间测量结果的稳定性、同一测试项目对不同对象的差异性以及问卷中不同观测项目之间的内部一致性。Cronbach's α 系数是测量样本数据信度的常用指标。一般而言，α 系数大于 0.7 以上，则表明信度较高、误差较低（李怀祖，2004）。本书对调查问卷的 33 个题项数据的信度检验结果，见表 6-3。

表 6-3 　　　　　　　　　　信度分析结果表

维度	指标个数	α 系数
自然环境	6	0.83
社会环境	3	0.67
文化环境	4	0.79
设施环境	9	0.81
体验价值	4	0.70
满意度	2	0.75
忠诚意愿	3	0.86
总计	33	0.87

表 6-3 显示，量表中 33 个题项数据的 α 系数介于 0.67~0.86，总 α 系数为 0.87。这说明量表数据信度较高，可以展开后续统计分析。

三、探索性因子分析（EFA）

因子分析是多元统计分析中处理降维的一种方法①。本书采用 SPSS16.0 因子分析方法，探究山岳型世界文化遗产地旅游环境性原始变量之间的内部依赖关系，挖掘最能反映其他变量信息的因子，提取主成分因子，达到原始变量降维处理的目的。

（一）KMO 和 Bartlett 球形检验分析

本书针对山岳型世界文化遗产地旅游环境系统质量测量的 24 个原始变量进行 KMO 和 Bartlett 球形检验，结果见表 6-4。

表 6-4 　　　　　　第一次因子分析的 KMO 和 Bartlett 球形检验表

KMO 取样适当性检验		0.57
Bartlett 球形检验	近似卡方分布	591.47
	自由度	276
	显著性概率	0.000

---

① 高祥宝. 数据分析与 SPSS 运用[M]. 北京：清华大学出版社，2007：343.

表6-4 中，KMO 值为 0.57，大于 0.5，说明变量间的偏相关系数较大；而Bartlett 球形检验的近似卡方值为 591.47，自由度为 276，显著性概率为 0.000（小于0.001），说明变量之间存在相关性。因此，样本数据适合进行因子分析。

（二）第一次探索性因子分析

对山岳型世界文化遗产地旅游环境系统性的 24 个原始变量，按照特征根从大到小的次序排列，可提取 8 个因子，对原有变量总方差的 78.63%，公因子对量表的有效解释程度较高。

同时，24 个变量的共同度值均大于 0.5，说明变量对提取出的公共因子依赖程度较高。

因子负荷矩阵反映原变量与某个公因子的相关程度。为了更直观地显示因子载荷情况，本书采用 SPSS16.0 软件进行正交旋转。第一次正交旋转后的因子载荷矩阵见表 6-5。

表 6-5　　　　　　　　　　　第一次正交旋转后因子载荷表

编号	评价项目	因子载荷							
		1	2	3	4	5	6	7	8
1	遗产建筑经典	**0.75**	0.03	0.18	-0.05	-0.11	0.34	0.11	0.26
2	宗教氛围原真	**0.64**	0.27	-0.08	0.29	-0.08	0.21	0.41	0.01
3	文化元素传承	**0.63**	0.31	0.26	0.09	0.21	0.29	0.11	0.07
4	标志系统醒目	**0.50**	-0.02	0.17	0.12	-0.08	-0.11	0.06	0.09
5	空气环境质量优	0.16	**0.83**	0.12	0.09	0.20	-0.07	0.23	0.00
6	水环境质量优良	-0.06	**0.79**	0.07	0.37	0.11	0.12	-0.09	0.06
7	声环境质量优良	0.05	**0.79**	0.11	0.15	-0.16	0.05	0.09	0.37
8	植被覆盖率高	0.36	**0.56**	0.08	0.36	0.16	-0.06	-0.11	-0.25
9	动植物野趣	*0.36*	*0.48*	*0.18*	*0.37*	*-0.23*	*0.30*	*0.11*	*-0.31*
10	交通工具低碳	0.27	0.11	**0.80**	0.04	0.16	0.01	0.10	0.06
11	度假设施绿色	-0.06	0.06	**0.66**	-0.13	0.34	0.45	0.03	0.15
12	气候舒适	0.08	0.26	**0.65**	0.01	0.13	-0.19	0.44	-0.12
13	餐饮原料有机	0.25	-0.02	**0.64**	0.16	-0.11	0.31	0.15	0.18
14	公共服务优质	*-0.11*	*0.13*	*0.48*	*-0.07*	*0.07*	*0.43*	*0.48*	*0.34*

续表

编号	评价项目	因子载荷							
		1	2	3	4	5	6	7	8
15	收费价格合理	0.01	0.31	-0.06	**0.79**	-0.14	-0.06	0.16	0.10
16	环卫质量优良	0.10	0.18	0.37	**0.76**	0.10	0.21	-0.08	0.02
17	环境容量适度	0.18	0.38	-0.24	**0.68**	0.15	0.15	0.14	0.11
18	索道便利	-0.12	-0.01	0.26	0.05	**0.69**	0.07	0.04	0.16
19	厕所生态	0.17	0.04	0.32	0.40	**0.57**	0.30	-0.21	-0.02
20	垃圾箱分布合理	*0.48*	*0.14*	*0.13*	*0.27*	*0.39*	*0.23*	*0.44*	*-0.21*
21	休息亭、椅布局合理	0.37	0.36	-0.16	-0.15	**0.56**	0.19	-0.06	-0.12
22	当地居民好客	0.08	0.19	0.09	0.07	0.20	**0.77**	0.39	0.02
23	旅游纪念品环保	0.28	-0.08	0.09	0.09	0.02	0.01	**0.72**	-0.01
24	社区安全	0.26	0.19	0.22	0.18	0.09	0.01	-0.06	**0.78**

表6-5中，指标变量9"动植物野趣"、变量14"公共服务优质"和变量20"垃圾箱分布合理"的因子负荷量均未达到0.5以上。从实地调研来看，遗产地武当山没有如黄山松、峨眉山猕猴等特质性的动植物景观，旅游者对动植物野趣也就没有产生深刻的印象；在访谈中发现旅游者对公共服务质量基本可以接受，而对垃圾箱分布合理也没有特别深刻的印象。因此，初步确定这三个指标不是影响遗产地武当山旅游环境质量的核心要素，予以删除。

同时，因子6、因子7、因子8各自只包含有1个变量，分别为指标变量22"当地居民好客"和变量23"旅游纪念品环保"和指标24"社区安全"。从武当山的旅游环境实际来看，旅游区实施搬迁移民后，仅剩300多户原著居民，而且基本已转化为旅游区的商品销售、餐饮住宿服务以及环卫服务人员。旅游者对当地居民接触的机会很少，所以对"当地居民好客"没有太直接的印象。遗产地旅游纪念品种类众多，但存在与其他景区雷同的现象，吸引力不大，旅游者的印象也一般。武当山的旅游开发比较成熟，安全保障程度高，旅游者对遗产地的安全性比较放心。所以删除这三个指标变量也是合理的。

经过第一次因子探索性分析之后，剔除3个载荷值比较低的变量和3个无法提取公因子的变量，剩余18个指标变量。

(三)第二次因子探索性分析

对剩余18个指标标量进行KMO和Bartlett球形检验，结果见表6-6。

表 6-6　　　　　　　　　**第二次因子分析的 KMO 和 Bartlett 球形检验表**

KMO 取样适当性检验		0.64
Bartlett 球形检验	近似卡方分布	355.79
	自由度	153
	显著性概率	0.000

表 6-6 中，KMO 样本测度值为 0.64，不仅大于 0.5，而且大于第一次探索性因子分析的 KMO 值。Bartlett 球形检验的近似卡方值为 355.79，自由度为 153，显著性概率为 0.000，高度显著。这说明剔除 6 个变量后，更适合进行第二次探索性因子分析。

第二次正交旋转后，因子简化为 5 个，对量表的累积有效解释程度达 69.51%。5 个公因子所包含的 18 项指标的共同度值均大于 0.5，公因子解释原变量的有效程度较高。

第二次正交旋转后的因子负荷矩阵如表 6-7 所示。

表 6-7　　　　　　　　　**第二次正交旋转后因子载荷表**

编号	评价项目	因子载荷				
		1	2	3	4	5
1	空气环境质量优	**0.89**	0.15	0.12	0.05	0.20
2	声环境质量优良	**0.79**	0.13	0.14	0.19	-0.07
3	水环境质量优良	**0.74**	-0.12	0.11	0.42	-0.04
4	植被覆盖率高	*0.46*	*0.26*	*0.05*	*0.33*	*0.03*
5	标志系统醒目	*-0.02*	*0.38*	*0.13*	*0.12*	*-0.08*
6	遗产建筑经典	0.03	**0.83**	0.25	-0.04	-0.02
7	宗教氛围原真	0.31	**0.74**	-0.03	0.29	-0.04
8	文化元素传承	0.30	**0.68**	0.31	0.09	0.19
9	交通工具低碳	0.15	0.24	**0.81**	0.03	0.12
10	度假设施绿色	0.01	-0.02	**0.76**	-0.08	0.32
11	餐饮原料有机	0.02	0.28	**0.75**	0.18	-0.12
12	气候舒适	*0.35*	*0.11*	*0.48*	*-0.07*	*0.26*
13	环卫质量优良	0.12	0.10	0.37	**0.79**	0.07
14	收费价格合理	0.38	0.06	-0.08	**0.76**	-0.07
15	环境容量适度	0.40	0.21	-0.19	**0.68**	0.14

续表

编号	评价项目	因子载荷				
		1	2	3	4	5
16	索道便利	0.01	-0.07	0.25	0.06	**0.78**
17	休息亭、椅布局合理	0.27	0.27	-0.10	-0.10	**0.75**
18	厕所生态	*-0.06*	*0.06*	*0.37*	*0.46*	*0.45*

表 6-7 中，指标变量 4"植被覆盖率高"、指标变量 5"标志系统醒目"、指标变量 12"气候舒适"和指标变量 18"厕所生态"的负荷值比较低，均小于 0.5。遗产地武当山的植被和气候情况富于季节变化，旅游者的感知无法用统一的标准来判别，因而删除指标变量 4 和指标变量 12。在与旅游者的交谈中发现，绝大多数旅游者选择换乘遗产地的环保巴士游览，对沿路旅游标志的困惑不大，因而删除指标变量 5。此外，旅游者虽然对厕所卫生程度非常敏感，但从实际情况来看，厕所卫生比较理想，对旅游者的环境质量影响不明显，故删除指标变量 18。

因子 5 只包含有 2 个评价指标，即指标 16"索道便利"和指标 17"休息亭、椅布局合理"。实地调研中发现：旅游者其实对索道的建设、使用持有复杂的情感。一方面，旅游者承认索道建设对旅游区视觉环境和生态环境的破坏；另一方面，登山的劳累，迫使旅游者选择乘坐索道以缓解劳累或节约时间。因此，"索道便利"指标无法度量旅游者的复杂情感，予以删除。此外，在访谈中，仅有少部分旅游者提出应该在沿途增设更多休息椅，以免坐餐饮点、商铺的座椅增加额外消费。可见，无论是从因子聚合情况还是从旅游者的实际态度来看，删除指标变量 16、变量 17 都是比较合理的。

因此，根据第二次正交旋转结果，删除 6 个指标，同时减少 1 个公因子。

(四) 第三次因子探索性分析

对剩余 12 个指标变量继续进行探索性因子分析。KMO 和 Bartlett 球形检验结果见表 6-8。

表 6-8　　　　　　　第三次因子分析的 KMO 和 Bartlett 球形检验表

KMO 取样适当性检验		0.71
Bartlett 球形检验	近似卡方分布	173.65
	自由度	66
	显著性概率	0.000

表 6-8 中，KMO 值为 0.71，明显大于前两次探索性因子分析的检验值。Bartlett 球形检验的近似卡方值为 173.65，显著性概率为 0.000。这说明剔除掉 12 个指标变

量后，更适合进行因子分析。第三次因子分析的总方差解释程度见表 6-9。

表 6-9 <center>**总方差解释**</center>

因子	初始解			提取因子解			旋转因子解		
	总计	方差贡献率	累计方差贡献率	总计	方差贡献率	累计方差贡献率	总计	方差贡献率	累计方差贡献率
1	4.29	35.73	35.73	4.29	35.73	35.73	2.53	21.06	21.06
2	1.66	13.82	49.55	1.66	13.82	49.55	2.18	18.17	39.23
3	1.27	10.59	60.14	1.27	10.59	60.14	1.91	15.94	55.17
4	1.17	9.77	69.91	1.17	9.77	69.91	1.77	14.74	69.91
5	0.83	6.92	76.83						
6	0.74	6.19	83.02						
7	0.56	4.64	87.66						
8	0.46	3.82	91.48						
9	0.34	2.86	94.34						
10	0.29	2.40	96.74						
11	0.22	1.83	98.57						
12	0.17	1.43	100.00						

表 6-9 中，只需提取 4 个因子，总方差解释达 69.91%，因子对指标变量的总体解释效果较佳。

第三次正交旋转后各个变量的共同度如表 6-10 所示。

表 6-10 <center>**变量共同度表**</center>

编号	评价项目	初始解	共同度
1	遗产建筑经典	1.000	0.64
2	宗教氛围原真	1.000	0.69
3	文化元素传承	1.000	0.68
4	空气环境质量优	1.000	0.75
5	声环境质量优良	1.000	0.74
6	水环境质量优良	1.000	0.78
7	交通工具低碳	1.000	0.71

续表

编号	评价项目	初始解	共同度
8	度假设施绿色	1.000	0.81
9	餐饮原料有机	1.000	0.54
10	收费价格合理	1.000	0.65
11	环卫质量优良	1.000	0.65
12	环境容量适度	1.000	0.75

表6-10中，12个指标变量的共同度介于0.54~0.81。这说明提取的4个因子已经包含了各个原始变量的50%以上的信息。这12个指标变量可以作为山岳型世界文化遗产地武当山旅游环境性的主要影响指标。

第三次正交旋转后的因子载荷矩阵如表6-11所示。

表6-11   **第三次正交旋转后因子载荷表**

编号	评价项目	因子载荷			
		1	2	3	4
1	水环境质量优良	**0.86**	0.14	0.05	0.16
2	声环境质量优良	**0.84**	0.04	0.10	0.16
3	空气环境质量优	**0.80**	0.31	0.15	0.03
4	宗教氛围原真	0.21	**0.72**	-0.06	0.36
5	遗产建筑经典	0.23	**0.70**	0.05	-0.30
6	文化元素传承	0.23	**0.62**	0.44	0.23
7	度假设施绿色	0.06	0.10	**0.89**	-0.08
8	交通工具低碳	0.10	0.14	**0.81**	0.15
9	餐饮原料有机	0.01	0.22	**0.69**	0.11
10	收费价格合理	0.04	0.03	0.03	**0.80**
11	环卫质量优良	0.31	0.07	0.39	**0.63**
12	环境容量适度	0.44	0.40	-0.18	**0.60**

表6-11中，第一公共因子上高载荷的指标变量有"水环境质量优良"、"声环境质量优良"、"空气环境质量优"，因子载荷值分别为0.86、0.84、0.80。

第二公共因子上高载荷的指标变量有"宗教氛围原真"、"遗产建筑经典"、"文化元素传承"，因子载荷值分别为0.72、0.70、0.62。

第三公共因子上高载荷的指标变量有"度假设施绿色"、"交通工具低碳"、"餐饮原料有机"，因子载荷值分别为0.89、0.81、0.69。

第四公共因子上高载荷的指标变量有"收费价格合理"、"环卫质量优良"、"环境容量适度"，因子载荷值分别为0.80、0.63、0.60。

4个公共因子得分系数矩阵如表6-12所示。

·表6-12　　　　　　　　　　　　因子得分系数矩阵

编号	评价项目	因子			
		1	2	3	4
X_1	水环境质量优良	0.368	0.004	0.003	−0.161
X_2	声环境质量优良	0.426	−0.165	0.006	−0.068
X_3	空气环境质量优	0.416	−0.123	−0.037	−0.049
X_4	宗教氛围原真	0.022	−0.133	0.176	0.374
X_5	遗产建筑经典	0.057	0.125	−0.209	0.315
X_6	文化元素传承	−0.143	−0.055	−0.021	0.547
X_7	度假设施绿色	−0.096	0.393	−0.158	0.118
X_8	交通工具低碳	−0.065	0.269	0.153	0.028
X_9	餐饮原料有机	0.034	0.397	−0.058	−0.308
X_{10}	收费价格合理	−0.171	0.387	0.026	0.008
X_{11}	环卫质量优良	−0.025	−0.067	0.516	−0.088
X_{12}	环境容量适度	−0.035	−0.049	0.447	0.031

按照特征根大小，绘制出相应的山岳型世界文化遗产地旅游环境性公因子散点图，如图6-11所示。

图6-11非常直观地显示出，特征值大于1的因子有4个，再次说明选取4个山岳型世界文化遗产地旅游环境性影响因子的合理性。

（五）因子命名

根据各个因子所包含的指标变量属性和内涵，对4个公因子命名，并进行最终信度检验，具体结果如表6-13所示。

表6-13显示，4个因子的α系数介于0.57~0.73，总α系数为0.71，说明测量结果具有较高的稳定性和可靠性。4个公因子命名如下。

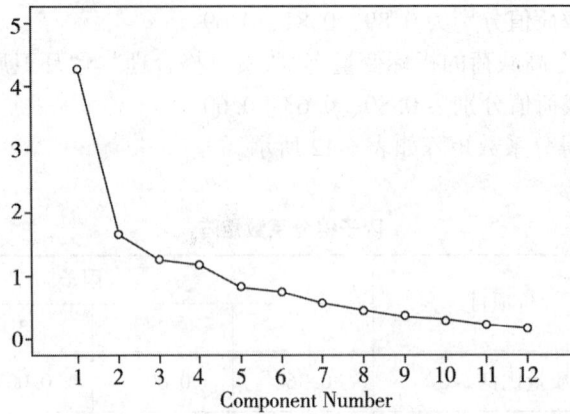

图 6-11　公因子特征值分布碎石图

表 6-13　　　　　　　　　　**最终因子分析及信度检验表**

因子	命名	指标变量	个数	α 系数	贡献率(%)
F_1	遗产地自然环境	水环境质量优良 声环境质量优良 空气环境质量优	3	0.73	21.06
F_2	遗产地文化环境	宗教氛围原真 遗产建筑经典 文化元素传承	3	0.62	18.17
F_3	遗产地设施环境	度假设施绿色 交通工具低碳 餐饮原料有机	3	0.57	15.94
F_4	遗产地社会环境	收费价格合理 环卫质量优良 环境容量适度	3	0.64	14.74
总计			12	0.71	69.91

第一个因子 F_1 包含 3 个指标，即"水环境质量优良"、"声环境质量优良"、"空气环境质量优"，是对遗产地自然环境健康养生性的测量，故将其命名为"遗产地自然环境"因子，其方差贡献率为 21.06%。这说明遗产地自然生态环境健康养生性是影响旅游环境质量的关键因子。

第二个因子 F_2 包含 3 个指标，即"宗教氛围原真"、"遗产建筑经典"、"文化元素传承"，是对遗产地文化环境休闲益智性的测量，将其命名为"遗产地文化环境"因子，该因子的方差贡献率为18.17%。对山岳型世界文化遗产地来说，遗产地文化环境健康益智性也是影响旅游环境质量的重要因子。

第三个因子 F_3 包括"度假设施绿色"、"交通工具低碳"、"餐饮绿色性"3个指标变量，方差贡献率为15.94%。本书将其命名为"遗产地设施环境"因子。中国的8处山岳型世界文化遗产地中的武当山、庐山、峨眉山已经完成了公共环保交通巴士的循环运行和定点换乘项目。随着全球低碳旅游热潮的掀起，低碳环保的旅游设施越来越成为遗产旅游者环境质量的重要影响因子，也是遗产地参与未来旅游市场竞争的重要战略（Mark A. Bonn，2007）。

第四个因子 F_4 包括"收费价格合理"、"环卫质量优良"、"环境容量适度"三个指标，方差贡献率为14.74%。这三个指标是对遗产地社会环境和谐融洽性的测量，将其命名为"遗产地社会环境"因子。和谐融洽的社会环境是旅游者获得旅游环境质量体验的前提和保障。

总体上，山岳型世界文化遗产地旅游环境质量的影响因子包括自然环境、文化环境、设施环境和社会环境四个主要因子，初步验证假设1的合理性。

四、显著性检验分析

（一）性别显著性差异检验

本书对不同性别的旅游者对遗产地武当山旅游环境质量的评价均值是否存在显著差异进行 F 检验，结果见表6-14。

表6-14　　　　　　　　　　　　　**性别显著性差异 F 检验表**

因子	1男性	2女性	Levene's 统计值	Sig.	df_1	F 统计值	Sig.（2-tailed）
自然环境	4.60	4.43	8.68	0.01	1	0.696	0.540
社会环境	3.56	3.40	0.04	0.84	1	0.354	0.555
设施环境	3.92	3.77	0.45	0.79	1	0.408	0.527
文化环境	4.18	3.87	0.07	0.51	1	1.818	0.186

表6-14中，从 Levene's 统计值来看，不同性别的游客仅对自然环境因子的方差不具备齐性。读取方差不具备齐性的检验结果，F 统计值为0.696、双尾检验值为0.54，大于0.05，说明不同性别的旅游者对遗产地自然环境质量体验没有显著差异。同理，根据 F 统计值和双尾检验值，可以检验出性别对山岳型世界文化遗产地社会环境、设施环境、文化环境质量体验没有显著差异。所以，假设2不成立。

（二）年龄显著性差异检验

同理，本书对不同年龄段的旅游者的山岳型世界文化遗产地旅游环境质量的评价

均值进行 F 检验，结果见表 6-15。

表 6-15 年龄显著性差异 F 检验表

因子	均值比较									
	1	2	3	4	5	Levene's	Sig.	df_1	F 统计值	Sig.
自然环境	4.56	4.42	4.64	4.46	4.67	0.831	0.486	4	0.430	0.733
社会环境	3.50	3.31	3.84	3.30	3.67	0.378	0.769	4	1.465	0.240
文化环境	4.10	4.03	4.20	4.07	4.09	1.681	0.188	4	0.136	0.938
设施环境	3.80	3.64	4.06	3.85	4.05	0.918	0.442	4	7.965	0.020*

注：*代表概率值 < 0.05，1 代表 14 岁及以下，2 代表 15~24 岁，3 代表 25~34 岁，4 代表 35~44 岁，5 代表 45 岁及以上。

根据表 6-15 显示的 Levene's 统计值和相应的显著性概率（Sig.），检验出不同年龄段的游客对自然环境、社会环境、文化环境、设施环境因子评价均值的方差均具有齐性。读取方差具有齐性的 F 统计值，发现设施环境 F 统计值的 Sig. 值为 0.02，小于 0.05 的设定水平。这说明不同年龄段的旅游者对遗产地设施环境体验具有显著差异，验证假设 3 成立。

采用多重比较法检验不同年龄段之间的具体差异，如表 6-16 所示。

表 6-16 不同年龄段多重比较表

因变量	数据	(I) 年龄	(J) 年龄	均值差异 (I-J)	标准	Sig.
设施环境	LSD	2	4	−0.21306	0.29194	0.010*
	LSD	2	5	−0.40798	0.31487	0.020*
	LSD	3	5	0.00869	0.31487	0.000*
	LSD	4	5	−0.19492	0.33365	0.007*

注：*代表概率值 < 0.05，1 代表 14 岁及以下，2 代表 15~24 岁，3 代表 25~34 岁，4 代表 35~44 岁，5 代表 45 岁及以上。

表 6-16 显示出对设施环境评价存在显著差异的年龄组：15~24 岁与 35~44 岁、15~24 岁与 45 岁及以上、45 岁及以上与 25~34 岁、45 岁及以上与 35~44 岁四个年龄组。现实中，青年旅游者多倾向于背包旅游，对遗产地住宿、餐饮、交通设施要求不是很高，他们多会选择青年旅舍、家庭旅馆，甚至露营，以节约旅行成本，获得新奇旅游体验。而对于中老年群体来说，人生阅历、经济收入、身体状况决定了他们对旅游设施环境舒适、环保的追求。总体上，青年与中青年、青年与中老年、中老年与中年、中老年与青中年旅游者对遗产地武当山旅游设施环境质量评价存在显著差异。

(三) 年收入显著性差异检验

为判定不同年收入水平的旅游者是否对山岳型世界文化遗产地旅游环境性体验存在显著差异，本书采用 F 检验，结果见表 6-17。

表 6-17 　　　　　　　　　　　年收入显著性差异检验表

因子	均值比较									
	1	2	3	4	5	Levene's	Sig.	df_1	F 统计值	Sig.
自然环境	4.41	4.25	5.00	4.83	4.67	5.182	0.002*	4	2.376	0.071
社会环境	3.36	3.00	4.13	3.42	3.87	1.240	0.312	4	3.531	0.016*
文化环境	4.05	3.96	4.07	4.00	4.33	1.900	0.139	4	0.454	0.769
设施环境	3.54	3.96	4.40	4.25	3.87	0.457	0.766	4	2.234	0.005*

注：*代表概率值 < 0.05，1 代表 2 万元及以下，2 代表 2 万~3.99 万元，3 代表 4 万~7.99 万元，4 代表 8 万~11.99 万元，5 代表 12 万元及以上。

根据表 6-17 显示的 Levene's 统计值和显著性概率 (Sig.)，只有对自然环境评价均值的方差不相等，其余均具有方差齐性。根据方差是否相等，读取相应的 F 统计值和显著性概率。社会环境和设施环境的显著性概率小于 0.05，说明不同的收入水平的旅游者对遗产地武当山的社会环境和设施环境质量评价均值具有显著差异，证明假设 4 成立。

运用事后多重比较工具 (post hoc multiple comparisons)，对社会环境和设施环境两个因变量下的具体差异进行分析，见表 6-18。

表 6-18 　　　　　　　　　　不同收入水平多重比较统计表

因变量	数据读取	(I) 收入	(J) 收入	均值差异 (I-J)	标准误差	显著性检验 (Sig.)
社会环境	LSD	1	3	−0.77354*	0.33175	0.026*
	LSD	2	3	−0.13200*	0.35940	0.003*
	LSD	2	5	−0.86600*	0.29904	0.006*
	LSD	1	5	0.50754	0.26517	0.000*
设施环境	LSD	1	5	−0.86154*	0.32781	0.000*
	LSD	1	3	−0.71154	0.35618	0.034*
	LSD	3	5	0.22083	0.22618	0.005*
	LSD	2	4	−0.24821	0.26349	0.002*

注：*代表概率值 < 0.05，1 代表 2 万元及以下，2 代表 2 万~3.99 万元，3 代表 4 万~7.99 万元，4 代表 8 万~11.99 万元，5 代表 12 万元及以上。

表 6-18 中，针对社会环境体验，收入水平 1 和 3、2 和 3、2 和 5、1 和 5 四个组的显著性概率均小于 0.05，说明低收入旅游者(2 万元及以下)和中等收入旅游者(4 万~7.99 万元)、中低收入旅游者(2 万~3.99 万元)与中等收入旅游者(4 万~7.99 万元)、低收入旅游者(2 万元及以下)与高收入旅游者(12 万元及以上)、中低收入旅游者(2 万~3.99 万元)与高收入旅游者(12 万元及以上)4 个组对遗产地社会环境评价存在显著差异。这与不同收入水平下的旅游者对遗产地"收费价格合理"、"旅游环境容量适度"、"环卫质量优良"具有不同的期望值和容忍度有关，如中高、高收入旅游者可能对"收费价格合理"因素不是很敏感，而对遗产地的环境容量和环卫质量具有较高的要求，低收入者和中低收入者则可能正好相反。

针对遗产地设施环境体验，收入水平 1 和 5、1 和 3、3 和 5、2 和 4 这四个组的显著性概率均小于 0.05，由此认为低收入旅游者(2 万元及以下)与高收入旅游者(12 万元及以上)、低收入旅游者(2 万元及以下)与中等收入旅游者(4 万~7.99 万元)、中等收入旅游者(4 万~7.99 万元)与高收入旅游者(12 万元及以上)、中低收入旅游者(2 万~3.99 万元)与中高收入水平旅游者(8 万~11.99 万元)4 个组对遗产地设施环境评价存在显著差异。现实中，收入水平决定了旅游者对"度假设施绿色"、"餐饮原料有机"、"交通工具低碳"的消费追求不同，因而存在显著性体验差异。

(四)职业显著性差异检验

不同职业的旅游者对遗产地武当山自然环境、社会环境、文化环境、设施环境质量评价均值的显著性检验见表 6-19。

表 6-19　　　　　　　　　　　　职业显著性差异 *F* 检验表

因子	均值比较									
	1	2	3	4	5	Levene's	Sig.	df_1	*F* 统计值	Sig.
自然环境	4.46	4.56	4.67	4.55	4.58	0.516	0.602	2	0.428	0.787
社会环境	3.51	3.48	3.84	3.52	3.37	1.223	0.307	2	0.233	0.918
文化环境	4.05	4.12	4.00	4.09	4.03	3.906	0.029*	2	0.623	0.650
设施环境	3.74	4.00	4.40	3.67	3.88	0.289	0.751	2	3.402	0.019*

注：*代表概率值 < 0.05，1 代表政府机关或事业单位工作人员，2 代表企业或公司工作人员，3 代表学生，4 代表自由职业者，5 代表其他职业。

根据表 6-19 中的 Levene's 统计值和显著性概率，可判断出不同职业的旅游者仅对遗产地文化环境评价均值不具有方差齐次性。相应读取的 *F* 统计值和双尾检验值。不同职业类型的旅游者对遗产地设施环境评价存在显著差异，因而判定职业类型不同，旅游者对武当山旅游环境质量的评价具有显著差异，验证假设 5 成立。

采用多重比较的方法，继续检验不同职业类型之间的具体差异，见表 6-20。

表6-20　　　　　　　　　　　　　不同职业类型多重比较统计表

因变量	数据	(I)职业	(J)职业	均值差异(I-J)	标准	显著性
设施环境	LSD	1	3	−0.12653	0.18136	0.010*
	LSD	2	3	−0.05909	0.40767	0.006*
	LSD	3	4	−0.12653	0.18476	0.024*

注：*代表概率值 < 0.05，1代表政府机关或事业单位工作人员，2代表企业或公司工作人员，3代表学生，4代表自由职业者，5代表其他职业。

表6-20针对遗产地旅游设施环境评价中，职业1(政府机关或事业单位工作人员)与职业3(学生)、职业2(企业或公司工作人员)与职业3(学生)、职业3(学生)与职业4(自由职业者)这三个组间具有显著性差异。这可能与学生群体的社会经济状况密切相关。学生群体基本上没有独立的收入，其对遗产地旅游设施环境的要求相对较低，与其他三种职业类型对遗产地旅游设施环境体验存在明显差异是可以理解的。

(五)教育背景显著性差异检验

本书基于教育背景是否会对遗产地旅游环境质量评价产生显著性差异进行检验，见表6-21。

表6-21　　　　　　　　　　　　教育背景显著性差异 *F* 检验表

因子	均值比较								
	1	2	3	4	Levene's	Sig.	df$_1$	*F* 统计值	Sig.
自然环境	4.56	4.67	4.48	4.61	0.184	0.833	3	0.283	0.755
社会环境	3.53	3.50	3.52	3.51	0.060	0.942	3	0.001	0.999
文化环境	4.55	4.43	4.10	4.02	5.336	0.009*	3	8.141	0.001*
设施环境	3.89	3.00	3.83	4.00	0.876	0.425	3	0.176	0.869

注：*代表概率值 < 0.05，1代表初中以下，2代表高中或中专，3代表大专或大学本科，4代表研究生及以上。

根据表6-21中的Levene's值和显著性概率(Sig.)，在0.05的检验水平上，仅文化环境评价均值不具方差齐性。*F*统计值较大，双尾检验值仅为0.001，小于0.05。因此，可以认定在0.05的显著水平下，旅游者的不同教育背景会对遗产地文化环境评价产生显著差异，因而接受本书所提出的假设6。

不同教育背景下的旅游者对文化环境评价均值的方差不相等，故选用事后比较法(Tamhane)，读取多重比较统计结果，具体见表6-22。

表 6-22 　　　　　　　　　　　**不同教育背景多重比较统计表**

因变量	数据	(I)教育背景	(J)教育背景	均值差异(I-J)	标准	显著性
文化环境	Tamhane	1	3	0.22562	0.20128	0.027*
	Tamhane	1	4	0.25455	0.11374	0.005*
	Tamhane	2	3	0.02892	0.23120	0.019*
	Tamhane	2	4	0.18562	0.36537	0.007*

注：*代表概率值 < 0.05，1 代表初中以下，2 代表高中或中专，3 代表大专或大学本科，4 代表研究生及以上。

从表 6-22 可以看出，教育背景 1 和 3、教育背景 1 和 4、教育背景 2 和 3、教育背景 2 和 4，这四个组的显著性检验值分别为 0.027、0.005、0.019、0.007，均小于 0.05，因而在 0.05 的显著水平拒绝原假设，认为"初中及以下"和"大专或本科"、"初中及以下"和"研究生及以上"、"高中或中专"和"大专或大学本科"以及"高中或中专"和"研究生及以上"4 个教育背景组的旅游者对武当山旅游文化环境的评价存在显著差异。实际上，受教育程度较高的旅游者相对来说也具有比较高的社会经济地位，出游机会也较大，视野相对开阔，往往对旅游目的地的"遗产建筑经典"、"宗教氛围原真"和"文化元素传承"要素具有较高的判断和鉴赏能力，更注重获取真实、科学的文化信息，追求深度文化休闲，而受教育程度较低者则注重文化环境表层的趣味性和新奇性，对其内涵的关注和要求不是很高。F 检验证实，旅游者受教育程度不同，对武当山旅游环境质量体验存在显著差异。

五、验证性因子分析(CFA)

AMOS17.0 最大特点在于把观测变量和潜在变量有机地结合在一组线性结构方程中，处理无法直接观测的变量以及变量之间的多重共线性问题(李怀祖，2004)。

运用 AMOS17.0 软件，进一步检验 12 个观测变量与 4 个潜在变量之间的路径系数。本书中，指标变量的具体名称及含义见表 6-23。

表 6-23 　　　　　　　　　　　**测量模型中变量的名称及含义一览表**

变量名称	具体内容	变量名称	具体内容
X_1	空气环境质量优	X_9	遗产建筑经典
X_2	声环境质量优良	X_{10}	餐饮原料有机
X_3	水环境质量优良	X_{11}	度假设施绿色
X_4	环卫质量优良	X_{12}	交通工具低碳
X_5	环境容量适度	F_1	自然环境
X_6	收费价格合理	F_2	社会环境
X_7	宗教氛围原真	F_3	文化环境
X_8	文化元素传承	F_4	设施环境

采用"极大似然值"法，对模型参数进行估计。

(一)标准化回归系数分析

经检验，未标准化回归系数的 P 值均达到 *** 的显著性，说明 12 个观测变量的回归系数均达到显著水平，回归系数均不为 0。而标准化路径系数表示共同因子对测量变量的影响，12 个观测变量的标准化回归系数见表 6-24。

表 6-24　　　　　　　　　　　观测变量的标准化回归系数表

指标	因果关系	因子	标准化回归系数
X_3	←	F_1	0.798
X_2	←	F_1	0.764
X_1	←	F_1	0.807
X_6	←	F_2	0.446
X_5	←	F_2	0.940
X_4	←	F_2	0.534
X_9	←	F3	0.434
X_8	←	F_3	0.875
X_7	←	F_3	0.631
X_{12}	←	F_4	0.743
X_{11}	←	F_4	0.690
X_{10}	←	F_4	0.386

从表 6-24 标准化回归系数看，对于潜变量 F_1 "自然环境"，X_1 "空气环境质量优良"变量的影响最大；对于 F_2 遗产地"社会环境"，X_5 "环境容量适度"变量的影响最大；对于 F_3 遗产地"文化环境"，X_8 "文化元素传承"变量的影响最大；而对于 F_4 遗产地"设施环境"，X_{12} "低碳交通工具"变量的影响最大。

(二)潜变量相关系数分析

4 个潜在变量之间的协方差检验的 P 值均为" *** "，说明潜在变量之间存在明显的共变关系，相关系数估计值见表 6-25。

表 6-25　　　　　　　　　　　相关系数估计值表

潜在外生变量	共变关系	潜在外生变量	Estimate
F_1 自然环境	↔	F_2 社会环境	0.613
F_2 社会环境	↔	F_3 文化环境	0.508
F_4 设施环境	↔	F_3 文化环境	0.646
F_1 自然环境	↔	F_3 文化环境	0.546
F_4 设施环境	↔	F_1 自然环境	0.334
F_4 设施环境	↔	F_2 社会环境	0.097

表6-25给出的相关系数估计值介于0.097~0.646,相关系数反映出这四个因子之间可能存在另一高阶共同因子,命名为山岳型世界文化遗产地"旅游环境质量"因子。

(三)违反估计检验

本书对4个潜在外生因素与12个测量指标的测量误差进行违反估计检验,见表6-26。

表6-26　　　　　　　　　　　　违反估计检验表

影响因素	估计系数	误差方差	临界比率值	P
F_1	0.341	0.049	6.950	***
F_2	0.150	0.044	3.383	***
F_3	0.084	0.026	3.257	0.001
F_4	0.518	0.096	5.386	***
e_3	0.194	0.026	7.440	***
e_2	0.165	0.020	8.199	***
e_1	0.077	0.011	7.218	***
e_6	0.601	0.057	10.528	***
e_5	0.129	0.095	1.350	***
e_4	0.417	0.042	10.030	***
e_9	0.361	0.034	10.519	***
e_8	0.184	0.051	3.584	***
e_7	0.421	0.045	9.329	***
e_{12}	0.421	0.070	5.998	***
e_{11}	0.396	0.055	7.212	***
e_{10}	0.454	0.044	10.378	***

从表6-26中可看出,标准误差估计值均为正数,介于0.020~0.096,均达到模型界定的0.05显著水平。从标准化系数来看,估计值介于0.077~0.601,皆未超过0.95的范围。这说明预设模型并未发生严重的违反估计之现象。

(四)指标权重检验

AMOS17.0软件输出山岳型世界文化遗产地旅游环境质量12个观测变量的权重值,见表6-27。

表 6-27 观测变量权重值表

	X_{10}	X_{11}	$\mathbf{X_{12}}$	$X7$	$\mathbf{X_8}$	X_9	X_4	$\mathbf{X_5}$	X_6	$\mathbf{X_1}$	X_2	X_3
F_1	0.005	0.011	0.012	0.009	0.030	0.006	0.008	0.062	0.005	**0.426**	**0.252**	**0.260**
F_2	−0.003	−0.007	−0.008	0.006	0.021	0.004	**0.038**	**0.301**	**0.025**	0.027	0.016	0.016
F_3	0.010	0.024	0.027	**0.058**	**0.196**	**0.037**	0.004	0.028	0.002	0.017	0.010	0.011
F_4	**0.113**	**0.277**	**0.312**	0.049	0.167	0.032	−0.009	−0.069	−0.006	0.044	0.026	0.027

由表 6-27 可知，变量的权重值与标准化回归系数估计结果相同。

（五）因子直接效果检验

因素直接效果检验主要反映四个不同的主要因子在 12 个指标变量上的各自直接效果情况，其值代表了标准化的回归系数，因子直接效果检验见表 6-28。

表 6-28 因子标准化直接效果检验表

	F_1	F_2	F_3	F_4
X_1	**0.807**	0.000	0.000	0.000
X_2	**0.764**	0.000	0.000	0.000
X_3	**0.798**	0.000	0.000	—
X_4	0.000	**0.534**	0.000	0.000
X_5	0.000	**0.940**	0.000	0.000
X_6	0.000	**0.446**	0.000	0.000
X_7	0.000	0.000	**0.631**	0.000
X_8	0.000	0.000	**0.875**	0.000
X_9	0.000	0.000	**0.434**	0.000
X_{10}	0.000	0.000	0.000	**0.386**
X_{11}	0.000	0.000	0.000	**0.690**
X_{12}	0.000	0.000	0.000	**0.743**

从表 6-28 中可以看出，F_1 直接对 X_1、X_2、X_3 起作用，F_2 直接对 X_3、X_4、X_5 起作用，F_3 直接对 X_7、X_8、X_9 起作用，F_4 直接对 X_{10}、X_{11}、X_{12} 起作用，其作用效果值与标准化回归系数相同，验证 SPSS16.0 因子提取的正确性。

（六）模型拟合度检验

本书对构建的测量方程模型，进行卡方检验，结果见表 6-29。

表 6-29　　　　　　　　　　　　模型的卡方值检验表

模型	参数估计	卡方值	自由度	显著性	比值
预设模型	42	66.834	48	0.540	1.392
饱和模型	90	0.000	0		
独立模型	12	221.865	78	0.000	2.844

表 6-29 中预设模型的参数为 42，卡方值（CMIN）为 66.834，模型的自由度为 48，显著性概率为 0.54。卡方自由度比值为 1.392，小于 3.00，说明模型适配度良好。

AMOS17.0 软件输出的各种基准线比较估计量，见表 6-30。

表 6-30　　　　　　　　　　　　基准线比较估计值表

模型	NFI	RFI	IFI	TLI	CFI
预设模型	0.910	0.912	0.928	0.947	0.921
饱和模型	1.000		1.000		1.000
独立模型	**0.000**	0.000	0.000	0.000	0.000

表 6-30 中，NFI（基准化适合度）、RFI（相对适度）、IFI（增量适度）、TLI（Tucker-Lewis）、CFI（比较适合度）五个指标值均大于 0.900，这说明预设模型与数据的拟合度较好。

简约调整后的测量值见表 6-31。

表 6-31　　　　　　　　　　　　简约调整后的测量值表

模型	PRATIO	PNFI	PCFI
预设模型	0.615	0.631	0.644
饱和模型	0.000	0.000	0.000
独立模型	1.000	0.000	0.000

表 6-31 显示，简约调整后的 PRATIO、PNFI、PCFI 值，均大于临界值 0.500，预设模型基本达到适配标准。

综上所述，预设模型拟合度比较高，参数估计有效。

（七）测量模型分析

根据 AMOS17.0 软件输出的标准化路径系数绘制测量方程模型图，如图 6-12 所示。

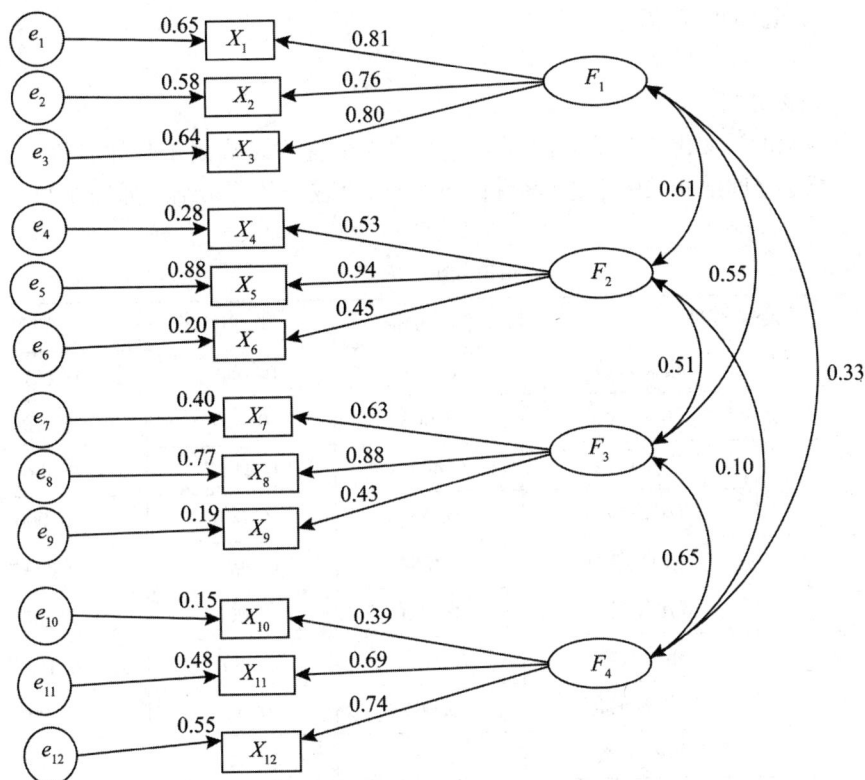

图 6-12　影响因子和指标变量之间的路径关系图

图 6-12 显示，武当山旅游环境质量包括 4 个主要影响因子，每个因子包括 3 个关键二级指标。

F_1 遗产地"自然环境因子"包含 X_1"空气环境质量优"、X_2"声环境质量优良"、X_3"水环境质量优良"3 个关键测量指标，其中，X_1"空气质量优"所占比重最大。

F_2 遗产地"社会环境"因子包括 X_4"环卫质量优良"、X_5"环境容量适度"、X_6"收费价格合理"3 个关键测量指标，其中，X_5"环境容量适度"所占比重最大。

F_3 遗产地"文化环境"因子包括 X_7"宗教氛围原真"、X_8"文化元素传承"、X_9"遗产建筑经典"3 个关键测量指标，其中，X_8"文化元素传承"所占比重最大。

F_4 遗产地"设施环境"因子包括 X_{10}"餐饮原料有机"、X_{11}"度假设施绿色"、X_{12}"低碳交通工具"3 个关键测量指标，其中，X_{12}"低碳交通工具"所占比重最大。

总体上，12 个关键测量指标中，按照重要影响性排序依次是：X_5"环境容量适度"、X_8"文化元素传承"、X_1"空气环境质量优"、X_3"水环境质量优良"、X_2"声环境质量优良"、X_{12} "低碳交通工具"、X_{11} "度假设施绿色",其路径系数依次为 0.94、0.88、0.80、0.76、0.74、0.69,对山岳型世界文化遗产地武当山旅游环境质量影响权重值较大。

六、多元回归分析

(一)相关分析

对山岳型世界文化遗产地旅游环境质量的 4 个主要影响因子与体验价值、满意度、忠诚意愿之间的相关关系进行分析,SPSS16.0 输出的分析结果如表 6-32 所示。

表 6-32   相关分析一览表

变量		体验价值	满意度	忠诚意愿
自然环境	相关系数	0.008	0.284**	0.151*
	双尾检验值	0.003	0.000	0.018
文化环境	相关系数	0.402**	0.414**	0.460**
	双尾检验值	0.000	0.000	0.000
社会环境	相关系数	0.408**	0.296**	0.273**
	双尾检验值	0.000	0.000	0.000
设施环境	相关系数	0.212**	0.280**	0.180**
	双尾检验值	0.001	0.000	0.005
	样本个数	245	245	245

注:*代表概率值<0.05,**代表概率值<0.01。

表 6-32 中,旅游环境性影响因子与体验效果变量之间的双尾检验值均在 0.05 的水平下显著相关。其中,自然环境因子对体验价值、满意度、忠诚意愿之间的 Spearman 相关系数分别为 0.008、0.284、0.151,文化环境因子对体验价值、满意度、忠诚意愿之间的 Spearman 相关系数分别为 0.402、0.414、0.460,社会环境因子对体验价值、满意度、忠诚意愿之间的 Spearman 相关系数分别为 0.408、0.296、0.273,设施环境因子对体验价值、满意度、忠诚意愿的相关系数分别为 0.212、0.280、0.180。这说明山岳型世界文化遗产地旅游环境质量与旅游者的体验价值、满意度和忠诚意愿具有一定的相关性,可以进行下一步的多元回归分析。

(二)拟合优度检验

本书采用 Block 逐步回归法对 4 个因子以及因子间的交互作用与体验价值、满意度、忠诚意愿 3 个因变量进行多元回归分析。模型拟合优度检验见表 6-33。

表 6-33　　　　　　　　　　　　　　模型拟合优度检验表

模型		复相关系数	拟合优度	调整后的拟合优度	回归标准误差	F	Sig.
体验价值	1	0.489[a]	0.239	0.236	0.60405	76.374	0.000
	2	0.574[b]	0.329	0.323	0.56847	59.303	0.000
	3	0.584[c]	0.341	0.333	0.56457	41.531	0.000
	4	0.588[d]	0.345	0.334	0.56379	41.526	0.000
	5	0.624[e]	0.389	0.363	0.55155	14.906	0.000[e]
满意度	1	0.411[a]	0.169	0.165	0.91384	49.334	0.000
	2	0.549[b]	0.301	0.295	0.83975	52.097	0.000
	3	0.656[c]	0.431	0.424	0.75945	60.756	0.000
	4	0.710[d]	0.504	0.496	0.71041	60.933	0.000
	5	0.759[e]	0.577	0.559	0.66463	31.866	0.000[e]
忠诚意愿	1	0.427[a]	0.182	0.179	0.90620	41.526	0.000
	2	0.570[b]	0.325	0.319	0.82526	31.652	0.000
	3	0.625[c]	0.390	0.383	0.78570	60.933	0.000
	4	0.640[d]	0.409	0.399	0.77522	41.526	0.000
	5	0.759[e]	0.576	0.558	0.66520	31.754	0.000[e]

注：因变量：体验价值，进入的预测变量依次为：1. 常数项、社会环境，2. 常数项、社会环境、文化环境，3. 常数项、社会环境、文化环境、自然环境，4. 常数项、社会环境、文化环境、自然环境、设施环境，5. 常数项、常数项、社会环境、文化环境、自然环境、设施环境、交互作用。

因变量：满意度，进入的预测变量依次为：1. 常数项、自然环境，2. 常数项、自然环境、文化环境，3. 常数项、自然环境、文化环境、社会环境，4. 常数项、自然环境、文化环境、社会环境、设施环境；5. 常数项、自然环境、文化环境、社会环境、设施环境、交互作用。

因变量：忠诚意愿，进入的预测变量依次为：1. 常数项、社会环境，2. 常数项、社会环境、文化环境，3. 常数项、社会环境、文化环境、自然环境，4. 常数项、社会环境、文化环境、自然环境、设施环境，5. 常数项、社会环境、文化环境、自然环境、设施环境、交互作用。

表 6-33 显示，体验价值、满意度、忠诚意愿的回归模型组中，模型 5 考虑 4 个因子和交互作用影响，其复相关系数、拟合优度、调整后的拟合优度均得到改善，回归标准误差则相对降低，Sig. 值均小于 0.01。这说明模型 5 最优。需要注意的是，

除主效应外，因子交互作用对旅游者的体验效果也具有一定影响，需要进行因子交互作用检验。

（三）交互作用检验

本书运用 SPSS16.0 的 Univariate 输出不同因变量水平下的因子交互作用检验结果，如表 6-34 所示。

表 6-34   因子交互作用检验表

因变量	交互作用	t	Sig.
体验价值	$F_1 \times F_2$	3.582	0.000
满意度	$F_2 \times F_3$	3.080	0.002
	$F_1 \times F_4$	−4.306	0.000
忠诚意愿	$F_1 \times F_2$	3.562	0.000
	$F_1 \times F_3$	−2.593	−0.010
	$F_1 \times F_4$	−1.985	0.048
	$F_3 \times F_4$	6.575	0.000

表 6-34 中，在体验价值水平下，$F_1 \times F_2$（"自然环境"×"文化环境"）的 Sig. 值为 0.021，小于 0.05。因此，在 0.05 的显著水平下拒绝原假设，认为自然环境和文化环境的交互作用对体验价值有显著影响。

在满意度水平下，$F_2 \times F_3$（"文化环境"×"社会环境"）、$F_1 \times F_4$（"自然环境"×"设施环境"）的 Sig. 值均小于 0.05，说明文化环境与社会环境、自然环境与设施环境的交互作用对满意度也具有显著影响。

在忠诚意愿水平下，$F_3 \times F_4$（"设施环境"×"社会环境"）、$F_1 \times F_3$（"自然环境"×"社会环境"）、$F_1 \times F_2$（"自然环境"×"文化环境"）、$F_1 \times F_4$（"自然环境"×"设施环境"）的 Sig. 值也均小于 0.05，这说明环境因子的交互作用对满意度具有显著影响。

因此，在多元回归分析中，必须考虑因子之间的交互效用。

（四）回归分析

本书运用 SPSS16.0 进行 Block 多元回归分析。在 95% 的置信区间下，输出在旅游者体验价值、满意度、忠诚意愿三个水平下的回归分析结果见表 6-35。

表 6-35 显示，环境质量影响因子与体验价值、满意度、忠诚意愿之间的回归系数 Sig. 值均小于 0.05，高度显著。根据第一列未标准化回归系数，写出体验价值、满意度、忠诚意愿因变量下的三个方程。

表 6-35　　　　　　　　　　　多元回归分析结果一览表

模型		未标准化系数		标准化系数	t	Sig.	多重共线性	
		B	标准误差	Beta			容许度	VIF
体验价值	常数	-0.003	0.037		-0.072	0.942		
	自然环境	0.079	0.040	0.115	1.961	0.041	0.765	1.307
	文化环境	0.246	0.038	0.357	6.417	0.000	0.846	1.182
	社会环境	0.343	0.038	0.496	9.118	0.000	0.882	1.134
	设施环境	0.056	0.039	0.081	1.449	0.049	0.831	1.203
	$F_1 \times F_2$	0.145	0.040	0.232	3.582	0.000	0.621	1.609
满意度	常数	-0.013	0.044		-0.295	0.769		
	自然环境	0.374	0.049	0.374	7.688	0.000	0.765	1.307
	文化环境	0.353	0.046	0.353	7.632	0.000	0.846	1.182
	社会环境	0.418	0.045	0.418	9.225	0.000	0.882	1.134
	设施环境	0.253	0.047	0.253	5.418	0.000	0.831	1.203
	$F_2 \times F_3$	0.148	0.048	0.169	3.080	0.002	0.599	1.668
	$F_1 \times F_4$	0.231	0.054	-0.227	-4.306	0.000	0.651	1.537
忠诚意愿	常数	-0.018	0.043		-0.413	0.680		
	自然环境	0.225	0.049	0.225	4.619	0.000	0.765	1.307
	文化环境	0.417	0.046	0.417	8.999	0.000	0.846	1.182
	社会环境	0.459	0.045	0.459	10.123	0.000	0.882	1.134
	设施环境	0.055	0.047	0.055	1.173	0.042	0.831	1.203
	$F_1 \times F_2$	0.174	0.049	0.192	3.562	0.000	0.621	1.609
	$F_1 \times F_3$	0.102	0.039	-0.135	-2.593	0.010	0.670	1.493
	$F_1 \times F_4$	0.107	0.054	-0.105	-1.985	0.048	0.651	1.537
	$F_3 \times F_4$	0.428	0.065	0.389	6.575	0.000	0.519	1.927

F_1(体验价值) = -0.003 + 0.079×自然环境 + 0.246×文化环境 + 0.343×社会环境 + 0.056×设施环境 + 0.145×自然环境×文化环境

　　方程 F_1 中，旅游环境性因子对体验价值的影响系数均为正值，验证假设 7 成立。而且，社会环境对体验价值的影响最大，其次为自然环境和文化环境的交互效应、文化环境、自然环境、设施环境。自然环境和文化环境的交互效应系数为 0.145，说明文化环境对体验价值具有正向放大影响的作用。

$$F_2(满意度) = -0.013 + 0.374×自然环境 + 0.353×文化环境 + 0.418×社会环境 + 0.253×设施环境 + 0.231×自然环境×设施环境 + 0.148×文化环境×社会环境$$

方程 F_2 中，旅游环境性因子对满意度的影响系数均为正值，验证假设 8 成立。其中，社会环境对满意度的影响最大，其次为自然环境、文化环境、设施环境、自然环境和设施环境交互作用、文化环境和社会环境的交互作用。而且，自然环境和设施环境、文化环境和社会环境交互作用系数分别为 0.231 和 0.148，说明设施环境、社会环境对旅游者满意度具有正向放大影响的作用。

$$F_3(忠诚意愿) = -0.018 + 0.225×自然环境 + 0.417×文化环境 + 0.459×社会环境 + 0.055×设施环境 + 0.174×自然环境×文化环境 + 0.102×自然环境×社会环境 + 0.107×自然环境×设施环境 + 0.428×社会环境×设施环境$$

方程 F_3 中，旅游环境质量影响因子对忠诚意愿的影响系数均为正值，验证假设 9 成立。其中，社会环境对忠诚意愿的影响最大，其次为社会环境和设施环境的交互效应、文化环境、自然环境、自然环境和文化环境质量的交互效应、自然环境和设施环境的交互效应、自然环境和社会环境的交互效用，设施环境的影响最小。同时，环境因子的交互效用均为正数，说明设施环境、社会环境、文化环境质量均对旅游者的忠诚意愿具有正向放大影响的作用。

山岳型世界文化遗产地旅游环境质量因子与旅游者的体验价值、满意度、忠诚意愿的多元回归分析结果，见图 6-13。

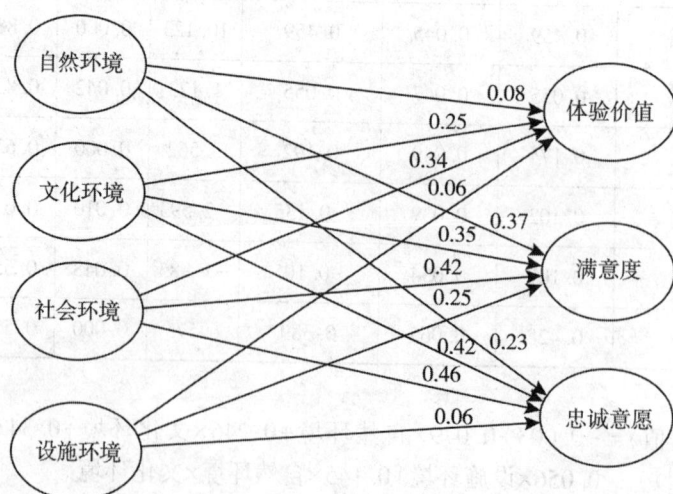

图 6-13 多元回归分析结果图

图 6-13 直观显示了旅游环境质量影响因子与旅游者体验效果变量之间的路径关系。对山岳型世界文化遗产地来说,高品质的文化和自然环境是提升旅游者体验效果的基础,但社会环境、设施环境扮演极其重要的影响作用。而且,山岳型世界文化遗产地旅游环境质量影响因子的交互作用对旅游体验效果还具有正向放大的影响作用。这充分说明山岳型世界文化遗产地旅游环境建设的潜在价值和重要意义。

七、指标重要性和表现性分析

根据 12 个关键指标变量的权重和均值,确定指标的重要性和表现性分布,明确武当山旅游环境建设的着力点。

(一)均值检验分析

运用 SPSS16.0 输出的变量和因子均值检验结果,如表 6-36 所示。

表 6-36   均值 T 检验一览表

变量	均值	t 值	Sig.	排序
空气环境质量优	4.78	-0.953	0.490	1
遗产建筑经典	4.53	-0.155	0.440	2
声环境质量优良	4.50	-0.434	0.520	3
水环境质量优良	4.40	-0.393	0.300	4
交通工具低碳	4.18	-0.830	0.078	5
宗教氛围原真	3.95	-0.536	0.490	6
度假设施绿色	3.88	0.770	0.090	7
环卫质量优良	3.85	-0.639	0.980	8
文化元素传承	3.83	-0.801	0.530	9
餐饮原料有机	3.60	-0.594	0.097	10
收费价格合理	3.40	0.683	0.540	11
环境容量适度	3.30	0.561	0.780	12
自然环境	4.56	0.745	0.970	1
文化环境	4.10	0.827	0.089	2
设施环境	3.88	-0.538	0.931	3
社会环境	3.52	0.782	0.073	4

表 6-36 显示，12 个指标变量的均值均介于 3.30～4.78，说明被调查者对武当山旅游环境持比较赞成（满意）的态度。其中，"空气环境质量优"、"遗产建筑经典"、"声环境质量优良"、"水环境质量优良"、"交通工具低碳"这五个指标的得分介于 4.18～4.78，总体评价高。"宗教氛围原真"、"度假设施绿色"、"环卫质量优良"、"文化元素传承"、"餐饮原料有机"、"收费价格合理"6 个指标的得分均值相对较低。"环境容量适度"变量的得分均值最低。双尾检验值均大于 0.05，推断出调查样本可以代表遗产地武当山的旅游者总体评价。同时，针对 4 个主要影响因子的均值统计表明，遗产地"自然环境"和"文化环境"因子的均值较高，而"设施环境"和"社会环境"因子的均值较低。整体上，旅游者对遗产地武当山旅游环境质量的总体满意度比较高，但各变量之间的均值差异比较大。

（二）重要性和表现性分析

12 个指标变量的均值（表现性）和权重值（重要性）分布图，见图 6-14。

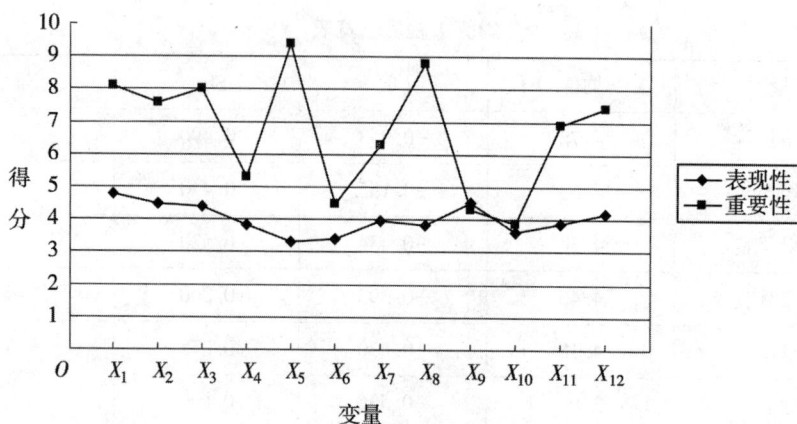

图 6-14　指标变量的均值和权重值分布图

图 6-14 中，X_1"空气环境质量优"、X_2"声环境质量优良"、X_3"水环境质量优良"、X_9"遗产建筑经典"和 X_{12}"交通工具低碳"5 个指标均值得分高，表现性最好，旅游者满意度高。

而从权重值来看，X_5"环境容量适度"、X_8"文化元素传承"、X_1"空气环境质量优"和 X_3"水环境质量优良"这四个指标权重值高，重要性突出。

总体上，旅游者认为表现性和重要性均高的指标变量有：X_1"空气环境质量优"、X_3"水环境质量优良"、X_2"声环境质量优良"、X_{12}"交通工具低碳"。旅游者认为重要性突出，但表现性较差的指标变量有：X_5"环境容量适度"、X_8"文化元素传承"、X_{11}"度假设施绿色"。旅游者认为重要性和表现性都不是很突出的指标变量有：X_7"宗教氛围原真"、X_4"环卫质量优良"、X_6"收费价格合理"、X_{10}"餐饮原料有机"。旅游者原认为重要性不强，但表现性非常突出的指标变量为 X_9"遗产建筑经典"。

第三节 统计分析结论

一、武当山旅游环境质量的重要瓶颈

(一)旅游环境容量失衡

通过实地调研和观察发现，环境容量适度是影响游览体验的首要因素。武当山不同的季节、景点、线路，旅游环境容量高度不均。旅游旺季，金顶、紫禁城墙、紫霄宫等黄金景点和热点线路的旅游环境容量严重超载。如武当山金顶海拔 1200～1600 米，面积仅约 160 平方米。2012 年 3 月 31 日农历"三月三"庙会朝圣日，武当山当天共接待游客 33851 人次。以日开放 10 小时(早 8∶00 至晚 6∶00)计算，高峰日金顶的游客容量为 20 人/平方米。环境容量达到极限，大大超过其额定承载力。在极度拥挤的环境中，旅游者摩肩接踵，艰难前行，走马观花，匆匆摄影，缺乏五龙宫、太子坡等赋存原真性价值的景点，却门庭较为冷落，旅游环境容量远远低于负荷值，说明对环境容量调控的紧要性。

(二)文化旅游体验单薄

武当山拥有世界级的遗产建筑群和武当武术、武当宫观道乐、武当庙会 3 项国家级非物质文化遗产以及历史悠久的道教文化。但从实地调查来看，游客基本上主要属于观光类型，沉醉于武当山的自然景观、文化景观。但作为世界文化遗产和中华道教名山，武当山文化体验产品和活动设计不足，吸引力相对缺乏。而且，也存在道教文化商业化的问题。古典建筑文化、道教精华文化及当地民间文化挖掘不足，致使旅游者难以获得文化层面的深度体验。因而深度研究和开发文化旅游和文化体验产品，是提升游客体验的必须，也是提升武当山旅游品牌内涵的重要途径。

(三)山地住宿舒适性不足

武当山内住宿设施主要集中在乌鸦岭核心景区。目前的设施建设标准层次不齐，服务质量和服务标准也都由酒店自行设定，建筑选址与风格也是凌乱不一。山地酒店的潮湿、蚊虫、网络问题以及污染排放问题严重影响着旅游者的体验质量，也是旅游者普遍感觉不舒适的问题。对于山岳型世界文化遗产地来说，食宿设施建筑与遗产地的整体和谐，与游客服务需求的匹配，与遗产地环境系统的融合直接关系着遗产地的可持续发展和游客旅居舒适度保障。美国、意大利等国家世界遗产地在旅游食宿设施建设方面拥有良好的经验。武当山未来发展需要重点考虑，并借鉴相关经验亟待解决这一问题。

X_5、X_8、X_{11}，属于游客非常重视，但体验效果比较差的方面。所以，这三个指标与旅游者的期望和遗产地可持续发展要求还存在较大的差距，是武当山旅游环境建设的重要制约瓶颈和首当其冲要解决的问题。

二、武当山旅游环境质量的其他改善空间

分析图中，X_7、X_4、X_6、X_{10}重要性和表现性均低，显示目前旅游者对"宗教氛围原真"、"环卫质量优良"、"收费价格合理"、"餐饮原料有机"这四个指标持基本接受的态度。如果今后能够结合国际前沿理念和领先技术，营造原真性的宗教氛围，维持优良的环卫质量，实现收费价格的规范化、透明化，开发有机、绿色、特色餐饮，无疑有助于打造旅游环境保护与建设的亮点。总体上，武当山在这四个方面存在较大的改善和提升空间。

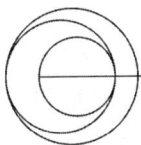

第七章 武当山网络游记文本内容分析

游记是旅游者在旅游过程中对所见、所闻所感的客观、真实记述①，源于心灵深处，表达口头难以言传的旅游体验。古代文人将对自然山水的情感，付诸文学诗词，促进山水游记的产生和繁荣（郝润华，2010）。正所谓"游必有诗"，"且有记"，"乃欲托以不朽，其志则甚大"。古人通过山水游记寄托闲适情怀，再现山水神韵，实现由"物"到"我"的过程②，呈现更为逼真、潇洒自在的心境感悟和精神意趣。

随着互联网技术的发展，博客日志（Weblog）成为主流的自媒体形式③。网络旅行日志逐渐成为一种流行的博客文化现象。旅游者撰写自己的旅游经历或转载他人的旅游体验供他人分享。透过博客游记，阅读者可以感受旅游者在异域环境中的精神状态，体会生命个体的灵性和活力，体察其真实的"我游故我在"的心路历程。研究者得以推开旅游心灵之窗，捕捉旅游体验的具体形态与成分（陈才，2010）。

旅游体验具有很强的情景性，缺失典型情境支撑，旅游体验就会失去生动性、鲜活性和可传达性，只剩下干瘪的概念形式（陈才，2010）。本书考虑到量化实证研究结论虽具有统计学意义上的信度和效度，但无法洞悉旅游者在山岳型世界文化遗产地丰富、细腻的体验心理。本书以武当山博客游记为采集样本，采用文本内容分析法，深度挖掘旅游者对武当山旅游环境体验，以鲜活的内容资料丰富量化实证研究。

第一节 武当山旅游者特征及行为方式分析

本书以"武当山日志"为关键词，在同城旅游网、游友网、山水旅游黄页、携程网、爱自由旅游网、穷游网、乐途旅游网、新浪网、百度网等网站，搜索近5年（2008—2012年）的网络旅游日志，共获得53篇。为确保样本的代表性、可靠性、价值性，根据博客游记所包含的旅游信息、图文资料逐一进行筛选。删除线路推介、内容重复以及字数少于500的游记，共获得30篇有效样本。

①　李岚．行旅体验与文化想象——论中国现代文学发生的游记视角［D］．华中师范大学博士论文，2007：22.

②　夏咸淳．明代山水审美［M］．北京：人民出版社，2009：301.

③　郭玉锦．网络社会学［M］．北京：中国人民大学出版社，2010：174.

一、网络游记撰写者的基本特征分析

为了进一步把握博客游记撰写者的基本旅游特征，本书对 30 篇博客游记的客源地、性别、年龄、职业、游览方式、游览时间、游览次数、交通方式、游记字数和发表时间等信息进行统计和编码，如表 7-1 所示。

表 7-1　　　　　　　　　武当山博客游记基本信息统计一览表

编号	客源地	性别	年龄	职业	游览方式	游览时间	游览次数	交通方式	字数	发表时间
1	西安	女	中年	公司职员	自助	2 天	首次	自驾车	947	2010-6-11
2	北京	女	中年	公司职员	自助	3 天	首次	火车	2909	2009-8-18
3	武汉	男	青年	学生	自助	2 天	首次	火车	2377	2010-8-20
4	广州	男	中年	公司职员	自助	2 天	首次	火车	1021	2010-12-9
5	广州	女	中年	公司职员	参团	3 天	首次	火车	820	2009-12-24
6	武汉	男	青年	公司职员	参团	2 天	首次	火车	1129	2010-5-19
7	上海	男	青年	自由职业	自助	2 天	首次	火车	2321	2010-7-8
8	武汉	男	青年	学生	自助	2 天	首次	火车	4008	2010-1-25
9	上海	男	青年	公司职员	自助	2 天	首次	火车	3908	2009-12-30
10	杭州	男	中年	公司职员	自助	2 天	首次	飞机	3171	2009-12-01
11	北京	男	老年	退休	团队	2 天	首次	飞机	2247	2008-3-14
12	武汉	男	中年	自由职业	自助	2 天	首次	火车	3258	2008-11-02
13	山西	女	青年	学生	自助	2 天	首次	火车	1045	2009-11-24
14	武汉	男	中年	公司职员	自助	2 天	首次	火车	2255	2008-10-17
15	北京	男	中年	公司职员	自助	2 天	首次	飞机	5463	2008-10-27
16	北京	女	中年	政府职员	自助	2 天	首次	火车	949	2009-6-04
17	上海	女	青年	公司职员	自助	2 天	重游	火车	781	2009-9-21
18	武汉	男	青年	学生	自助	2 天	首次	火车	3260	2010-10-17
19	武汉	男	青年	学生	自助	3 天	首次	火车	3312	2010-9-25
20	北京	男	中年	公司职员	自助	3 天	首次	飞机	4459	2009-10-9
21	武汉	女	青年	学生	自助	3 天	首次	火车	2945	2010-7-17
22	北京	女	青年	学生	自助	3 天	首次	火车	1091	2010-11-6
23	襄阳	男	中年	教师	自助	2 天	首次	汽车	2033	2009-9-03

续表

编号	客源地	性别	年龄	职业	游览方式	游览时间	游览次数	交通方式	字数	发表时间
24	武汉	男	青年	学生	自助	2天	首次	火车	2075	2010-3-12
25	陕西	女	中年	公司职员	自助	3天	首次	自驾车	806	2010-4-12
26	武汉	男	中年	公司职员	自助	2天	首次	火车	1099	2010-10-5
27	武汉	男	青年	学生	参团	2天	首次	火车	539	2010-7-13
28	武汉	男	青年	学生	自助	5天	首次	火车	1412	2010-4-23
29	十堰	女	青年	学生	参团	1天	首次	汽车	778	2009-8-07
30	武汉	男	青年	学生	自助	2天	首次	火车	874	2010-7-1

表 7-1 显示，武当山博客游记的撰写者主要集中在网络、信息、经济、技术比较发达的武汉、北京、上海、广州等省会或其他大中城市。男性游客撰写积极性高，比较活跃。青年、中年游客占据主体地位。公司职员、学生所占比例较大。这可能与不同性别、年龄段、职业的旅游者生活方式、写作习惯以及对互联网的依赖程度有关。

从游览方式来看，自助旅游者是撰写博客游记的生力军。他们熟悉网络工具，有独立的旅行计划，重视与他人交流，追求深层次旅游体验。从游览时间来看，在武当山停留 2 天的游客有 21 人，停留 3 天的有 7 人，而超过 3 天或低于 1 天的游客寥寥无几。从游览次数来看，样本中有 29 人都是首次旅游，仅有 1 位上海的游客属于重游，可见，武当山对重游市场的吸引力仍然非常有限。从交通方式来看，火车仍然是旅游者所选择的主要交通工具，飞机次之，自驾车旅游发展势头较好，而选择乘坐汽车的旅游者最少。博客游记样本的字数介于 539~4008，采取纯文字和图文并茂的表现形式。

二、语义网络和高频词描述性统计分析

博客游记的量化统计分析可以更清楚、更直观地呈现游记的核心内容。语义网络便是由博客游记中出现的高频词和词组构成的网络结构，它反映出旅游者对旅游目的地的总体印象结构(Bing Pan, Tanya Maclaurin, John C. Crotts, 2007)[①]。利用 ROST Content 软件，输出 30 篇博客游记的语义网络结构图，见图 7-1。

由图 7-1 可以看出，以"武当山"一词为核心形成最大的环状集群，其次，以"金顶"和"南岩"两个词为核心形成两个较小的环状集群。可见，旅游者对武当山的体验

---

① Bing Pan, Tanya Maclaurin, John C. Crotts. Travel blogs and the implications for destination marketing[J]. Journal of Travel Research，2007(8)：35-46.

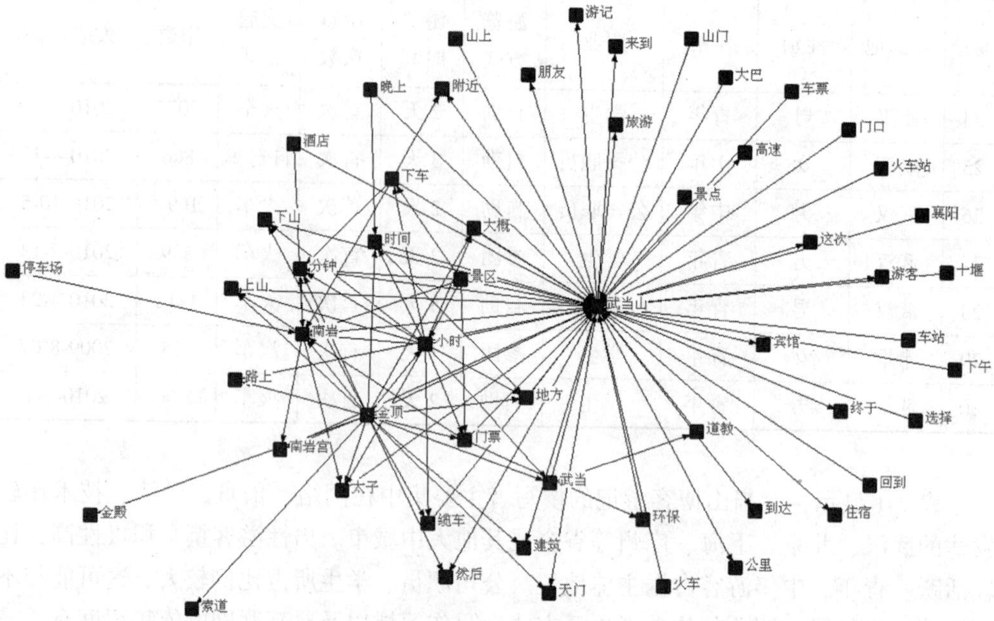

图 7-1　博客游记语义网络结构图

以武当山、金顶、南岩核心旅游吸引物为中心，形成相应的集群。集群所辐射的具有实际意义的高频词依次为：金顶（金殿）、南岩（南岩宫）、太子坡、门票、龙头香、天门、建筑、道士、道教、索道、缆车、大巴、酒店（宾馆）、山门、住宿、乌鸦岭、环保、自然、空调、车票、大帝、便宜、风景、道观、逍遥谷、景色、老板、传说，共计 28 个。

根据高频词之间的距离和关联，初步将旅游者对武当山旅游环境的体验归为 4 个类属，第一个类属为武当山文化环境体验，相应的高频词为金顶（金殿）、南岩（南岩宫）、太子坡、天门、龙头香、乌鸦岭、古建筑、道士、道教、道观、逍遥谷、神道、大帝、传说；第二个类属为武当山自然环境体验，高频词如爬山、自然、风景、景色；第三个类属为武当山设施环境体验，高频词为索道、缆车、大巴、酒店（宾馆）、住宿、环保；第四个类属为武当山社会环境，高频词如门票、老板、便宜。高频词类属编码与旅游环境质量影响因子分析结果吻合。

第二节　武当山旅游环境质量体验情景分析

本书根据武当山旅游环境体验因子和高频词类属，嵌入相应的典型情景文字，借助博客游记中本真性的话语，原汁原味地再现旅游者对武当山旅游环境质量的体验。

一、自然环境健康养生体验

武当山是著名的山岳型国家级风景名胜区，古有"太岳"、"玄岳"、"大岳"之称。武当山优美的山姿水态、独特的山水气候环境、完整的生态系统、优良的自然环境质量，被誉为"亘古无双胜境，天下第一仙山"。旅游者在博客游记中，记述了武当山自然环境产生的冲击力，特别是徜徉山水、派遣烦恼、修养身心、体悟玄理、充实信念的心态。

(一) 山林之乐

中国文化的起源与山岳息息相关，正所谓"智者乐水，仁者乐山。智者动，仁者静。智者乐，仁者寿"。乐山代表精神上的追求和回归，也是人与自然亲近交流、和谐共处的方式。在游记文本中，旅游者不惜笔墨，表露回归自然山水的快乐。

1. 晴峦胜景

游客描述了晴日从初见武当、投身山中到置身山顶整个过程的乐趣和愉悦：

山路弯弯，之字形路线不断出现，大山就在身边，似乎触手可及，并且随着时间推移，太阳出山，日出胜景，云蒸霞蔚，灿烂的阳光照在山头，感觉很好……再走不久，视野大开，群峰林立，山影叠嶂，仙雾缭绕，美极了，心中欣喜，无限的快乐想要抒发……在金顶眺望远景，俯瞰群山，别有一番风情，美不胜收，远处仙雾缭绕，蓝天无限。①

人在山中走，如在画中行……沿途的风景真的很不错，给登山增加了不少乐趣。②

2. 雨中仙山

雨中登山则又是另一番韵味，更能使旅游者体验到雨雾缥缈的武当仙境。一位武汉的中青年自助旅游者写道：

山，只有投入它的怀抱，才能感受它的峥嵘，它的雄伟，它的灵秀……分不清是雾气还是雨气缭绕在我的周围，武当山开始变得虚无缥缈，按道家的说法这氤氲水气应该叫紫气，身伴紫气又是另一番境界，可惜我这样的俗子无法做到道家所说的不喜，不躁，不惊，不悔……③

① 祈福问道武当山 [EB/OL].http://lvyou.elong.com/101555/tour/a001lca2.html.
② 湖北省内十日游——武当山第四日 [EB/OL].http://shiyan.cncn.com/article/101156/.
③ 相看两不厌，还有武当山 [EB/OL].http://you.ctrip.com/travels/wudangshan146/1071959.html.

一位广州的中青年游客描述了同样的体验：

> 山有根，水有源……因为下雨的缘故，山中雾气很重，望着那长长的阶梯，总有一种置身仙境的感觉……下山的时候身上已经被雨全部淋湿，但是有一种畅快的感觉。①

3. 避暑佳境
夏季武当山带给旅游者独特的避暑体验：

> 身侧是高耸古木，头上蔓藤垂挂，山风凉爽，又叫你忘记登山的疲倦。②
> 在山上走会很晒也很热，但是谷里林木密布，温度很适宜。③

4. 武当雪景
冬游武当山，武当雪景颇具魅力和吸引力。一位游客写道：

> 雪满神道，漫山皆白，树上挂满冰挂，晶莹剔透！不断有冰雪块从树上掉落在山坡上，沙沙直响，如天地奏鸣曲。④

可见，旅游者将不同时节登山的感受和心情诉诸文字，共同表达出回归景观优美的山岳怀抱所带来的闲适之乐。

(二) 天然氧吧
山中空气质量无疑是旅游者最敏感的要素，同时也是影响旅游者自然环境体验的重要因素。游客对武当山空气环境质量和天然氧吧环境非常称赞：

> 早晨，山里的空气特别新鲜。⑤
> 不过在初夏的清晨，呼吸着山中清新的空气，还是一种享受。⑥
> 从山门到南岩 25 公里，路途虽远，呼吸着山间新鲜的空气，却也意兴盎然。⑦

---

① 武当山灵 [EB/OL].http://blog.iboysky.com/home-space-uid-437034-do-profile-view-me.html.

② 春雨拂过的武当山 [EB/OL].http://www.mafengwo.cn/travel-news/115890.html.

③ 6 月的武当山别样游 [EB/OL].http://you.ctrip.com/travels/wudangshan146/1231459.html.

④ 武当雪(上) [EB/OL].http://you.ctrip.com/travels/wudangshan146/1185291.html.

⑤ 武当山·逃票行 [EB/OL].http://u.8264.com/space-33847698-do-blog-id-259742.html.

⑥ 宜昌—襄樊—武当山 5 日游 [EB/OL].http://you.ctrip.com/travels/wudangshan146/1144744.html.

⑦ 春雨拂过的武当山 [EB/OL].http://www.mafengwo.cn/travel-news/115890.html.

下午四点，我们愉快地结束了本次小小的武当山 2 日游，在天然氧吧里感觉就是好啊！①

(三) 饮用水优质

在中国传统文化中，山与水密不可分。"山水"是具有浓郁隐逸和闲适恬淡气息的名词。水环境是构成高质量旅游环境的重要元素。山环水抱，才有万物勃勃生机。武当山气候温暖湿润，有"二十四涧、三潭、九泉、十池"胜景。博客游记中游客对武当山水景描述较少，但在拉家常式的记述中，却真情流露出品尝到优质饮用水的意外惊喜。两位北京游客特别提到武当山水的甜软：

在武当住宿的时候，第一天我没敢直接从龙头里放水出来烧，虽然看到房间里摆放着烧水壶和茶杯。直到第二天，看到老板就那么直接从龙头放水烧了给我沏茶，我小心地尝了一下，发现味道不错，才知道水是可以这样喝的。这就跟我预期的旅行目的很接近了。武当山的水甜软，尤其对于从北京这个缺水地区来的我，那水就更好喝了。我就是想旅行到某个适宜人类生存的环境里好好地享受几天。最不可或缺的水已经给了我惊喜……②

武当山水皆备，正是这样的山水才成就这样的智慧，这样的灵。武当的水是甜的，一种沁人心脾的甘甜。③

武当山生活饮用水源均取自山坡的裂隙水、孔隙水和山泉水，水质达《地表水环境质量标准》(GB3838-2002) Ⅱ 类水质标准，符合生活饮用水、地表水源地一级保护区的标准。因此，旅游者对武当山优质饮用水满意度高。尤其对于来自北方或水资源短缺地方的游客来说，武当山水环境质量对旅游环境质量体验的影响尤为重要。

(四) 声环境质量优良

声环境质量也是影响旅游者自然环境质量体验的重要指标。多数游客记述了对武当山声环境的体验。一位游客登山时间较早，游人尚且不多，对山的幽静别有感触：

在地图上朝天宫到一天门的距离大概是到金顶的三分之一，等花了半小时爬到一天门的时候，气开始喘了，一路上没有看到任何的其他游人，除了幽静还是幽静。④

---

① 武当山游记［EB/OL］.http://user.qzone.qq.com/423468499/blog/1279036306.

② 6 月的武当山别样游［EB/OL］.http://you.ctrip.com/travels/wudangshan146/1231459.html.

③ 道法自然,武当灵山［EB/OL］.http://you.ctrip.com/travels/wudangshan146/1254507.html.

④ 宜昌—襄樊—武当山 5 日游［EB/OL］.http://you.ctrip.com/travels/wudangshan146/1144744.html.

游客认为山谷中，声环境质量更高：

> 逍遥谷山谷清幽，水声潺潺。①
> 我们打拳的时候，甚至能听到山谷里流水的声音和鸭子的游水声。②
> 山谷内鸟鸣频繁，蝴蝶飞舞。水流时缓时急。全程惬意自在。③

冬季游览，更能体验到武当的静谧之美：

> 沿着右边的明神道前行我跑过去想近距离地拍照，发现冰从从容容地融着，许久，一滴，滴在下方的汪泉里，一种声音空寂得使我忘记了在哪里，也无法借用一个恰当的象声词来表达我之所感。④

武当山声环境质量达到《声环境质量标准》（GB3096-2008）的1类要求，为旅游者体验山谷之幽和自然万物之声提供了适宜的场所。

旅游者对武当山林之乐、天然氧吧、饮用水优质、声环境质量优良的体验明显，满意度高。这与前文量化研究的结果相吻合，充分说明武当山自然环境健康养生性是其旅游环境质量建设的优势。

二、文化环境休闲益智体验

武当山以道家思想为本源，承载着皇家宫观建筑、武当武术、道教文化活动等民族文化记忆，是旅游者进行文化休闲益智体验的绝佳场所。

(一)古建风韵

武当山古建筑群拥有"世界文化遗产"品牌。南岩宫、紫霄宫、金顶、太子坡、五龙宫等经典建筑群是游客凝视、欣赏、拍摄、思索的重点。

1. 沧桑南岩宫

南岩宫的建筑带给游客深刻的视觉冲击力，使游客体验到历史的沧桑感：

> 南岩宫的最大看点无疑是冲击视觉和震撼心灵的龙头香了。⑤
> 天下第一香的龙头香不能不看，还好南岩不远，走一会就到了，不过大多建

---

① 武当山游记[EB/OL].http://www.uzaiuzai.com/youji.php? uid=37 2010-7-17.
② 逍遥谷[EB/OL].http://enya1840.blogbus.com/logs/70040297.html.
③ 6月的武当山别样游[EB/OL].http://you.ctrip.com/travels/wudangshan146/1231459.html.
④ 武当山—襄樊—武汉圣诞之旅游记[EB/OL].http://www.9tour.cn/info/53/223051.shtml.
⑤ 武当山雪(下)[EB/OL].http://beijing.cncn.com/article/110949/.

筑似乎是断壁残垣，空空的旧楼，剥落的墙体，经历几百年的风雨，满目荒凉。①

南岩巧夺天工的石殿更引发游客对精神信仰的思索：

> 南岩宫的石殿悬挂在飞升崖的峭壁之间，林木苍翠，峰岭奇峭，无法想象古人在悬崖之上开凿出这巧夺天工的石雕仿木构建筑，直悬云罅龙头香沉静地守候着这些秘密，唯有在石殿的细微处留下岁月沧桑的痕迹……我仰视苍穹，那里，有他们信仰的神灵，那是我们所无力到达的地方。②

2. 壮观紫霄宫

颇具皇家道场气派的紫霄宫，在建筑选址和布局方面极具艺术性和科学性，对游客吸引力极高：

> 紫霄宫整体建筑凭借山势，至取欲扬先抑、先疏后密、首尾相顾、遥相呼应的手法建成，数百级宽阔的台阶依山叠砌。层层崇台气象森严，殿堂楼阁鳞次栉比，红墙翠瓦宏大壮观，威严肃穆，极具皇家道场的气派。③

3. 神秘金顶

金顶更是给游客留下了震撼、神秘的印象。一位北京的游客写道：

> 巍峨的紫金城居于云雾环绕的山巅与天幕之间，深青的岩石，朱红的围墙，碧绿的筒瓦，湛蓝的天空，色彩和谐而凝重，建筑雄伟而轻灵。那是怎样的一种力量将它筑就，让人无不感叹先人的造就与设计。在这天地之中它展示了一种超乎于自然所想象的建筑艺术之美，一种超乎于自然界的顽强的生命之美。你会感慨，这建筑与山体本成一体，如天地一样的神秘莫测。④

4. 奇妙太子坡

掩映在群山绿树中的"别致"的榔梅祠和太子坡也留给游客深刻的印象。一位对建筑艺术感兴趣的游客写道：

---

① 祈福问道武当山［EB/OL］.http://lvyou.elong.com/101555/tour/a001lca2.html.

② 相看两不厌，还有武当山［EB/OL］.http://you.ctrip.com/travels/wudangshan146/1071959. html.

③ 宏伟玄妙的古代建筑——紫霄建筑群之一［EB/OL］.http://blog.sina.com.cn/s/blog_5e7f9fb80100fhz5.html.

④ 相看两不厌,还有武当山［EB/OL］.http://you.ctrip.com/travels/wudangshan146/1071959. html.

"九曲黄河墙"顺山势而建，是利用陡坡开展建筑的经典之作……"一柱十二梁"是古建筑中的绝作，全国未见有相同的构造。早有耳闻武当山的古建筑群是联合国历史文化遗产，只可惜在飞檐斗拱处不少古建筑的构件不认识(回头抱着梁思成的《中国建筑史》睡觉)。①

5. 天人合一建筑典范

从空中俯瞰，武当山天造玄武景观赫然显现，极具"天人合一"和"道法自然"的艺术典范。游客也表达了对武当建筑群环境艺术的赞赏和思考：

> 一天门，二天门，三天门，道道天门，座座道观……又如同道家所倡的道法自然，在朱棣"不得动山体半分"的圣旨严命下，这些建筑物并不张扬，几与山势融为一体，与山体极为和谐统一，把道家和中国传统文化的"天人合一"体现得淋漓尽致。②

在游客看来，武当山古建筑群极具科学美、艺术美、和谐美，不愧为世界文化遗产。

(二)道教文化

体验武当道教文化，尤其道教法事活动和道人生活等活态非物质文化，是游客重要的旅游动机之一。武当"道士"和"道教"也是博客游记中出现的高频词。

1. 道教法事

武当山的道教法事活动对游客有着较高的吸引力。游客对本真性的法事活动满意度比较高，只是遇到活动的几率比较小，要靠"运气"：

> 我们去的时候正好遇上新加坡的一个道教协会到这里来做交流，请紫霄宫里的道姑做法事祈福，并且邀请了人表演武当武术，我们得以看到这两个盛会。十分有意义，估计也不是经常可以见到的，也算有缘了。③

一位北京的游客写道：

> 紫霄宫是武当山现存最完善，最大的宫观之一。我们到时正赶上其道场做法

---

① 相看两不厌，还有武当山[EB/OL]. http://you.ctrip.com/travels/wudangshan146/1071959.html.

② 武当雪(下)[EB/OL]. http://beijing.cncn.com/article/110839/.

③ 湖北省内十日游——襄樊、武当山第三日[EB/OL]. http://you.ctrip.com/travels/wudangshan146/1148055.html.

事，很是壮观，但不许拍摄。①

2. 金顶朝拜
游客专门记述了对香火鼎盛的朝拜圣地——金顶的感受：

> 我们在金殿上时，正好碰到有几人在金殿上还愿，又是吹唢呐，又是唱歌，好不热闹。看来这里香火鼎盛是自有道理的了。②

3. 武当道人
除道教法事活动外，武当道人俨然成为游客置身于道教环境中所认知的重要文化符号。在博客游记中，游客对代表着特殊文化和生活方式的武当道人特别关注。

一位北京游客记述在太子坡偶遇道人的体验和收获：

> 途中去太子坡再看看。九曲黄河墙，正当我想能够看到道士练功就好了，就在回龙观前看到了真正的道士。他的气色真是太好了，虽然不是鹤发童颜，但能感受到他气色饱满，神采飞扬。他正指导一个外籍学员练功。这也算是一个意外收获。③

道长的友善和人格魅力可以深深感染游客。一位武汉的学生游客描述了自己与老道长诚挚交往的过程：

> 老道就是一个人住在这洞中，一住就是十几年。老道得知我没吃午饭后赠我一包饼干，我不好意思接，但是担心不接是不礼貌，于是接过并吃完，接着老道坐下与我交谈有40分钟有余，给我说为人之道，处事之道，并送我一些道家书籍。我临行前跟老道合影留念，并答应老道不将此照片公布在互联网上。道长抱拳相送，送我走出好远，一直挥手，祝我一路顺风，我边走边退。直到消失在森林的深处。在武当山上的众多寺庙中，太子洞是我唯一跪拜的地方，更多的原因是因为这位道长。④

当然，游客对于武当道士也不全是正面印象，一位游客就写道：

---

① 武当山经典游 2008 年春 6 老人 20 站游之第一站［EB/OL］. http://you.ctrip.com/travels/wudangshan146/1064682.html.

② 湖北省内十日游——武当山第四日［EB/OL］. http://shiyan.cncn.com/article/101156/.

③ 6 月的武当山别样游［EB/OL］. http://you.ctrip.com/travels/wudangshan146/1231459.html.

④ 武当山·逃票行［EB/OL］. http://u.8264.com/space-33847698-do-blog-id-259742.html.

难怪金顶上的道士也在玩着智能手机，不管一旁拜神的人，专心地看着手机小说……沿路没有看到道士，即便金顶上统一着装的道士也没有给我些点灵气。百步梯那里放着道士念经的录音，懒洋洋的声音让我的底气泄了大半。金顶的确修得名不虚传，可是金顶上面的硬币，懒洋洋穿着安踏鞋的道士真的是种亵渎，也许是我太激愤了……①

还有一位武汉的游客也表达了自己对道教晚课活动的仪式化、世俗化的感慨，他写道：

> 碰巧看到了道士们准备晚课的过程，他们三三两两从后院中走来，边走边披显然是仪式用的道服，还有人用牙签剔着牙，似乎是刚刚吃完晚饭。不知道500年前武当山道教鼎盛的时候，道人们是一种怎样的仪态，而现在多了一份世俗，少了一份庄严。②

游客对道教法事活动、道教人士的形象和行为有着特定的期望。大多数游客感觉武当道教文化名副其实，持正面态度，但也有些游客已流露出对道教文化世俗化、原真性流失的不满和忧虑。

(三) 武当武术

武当山是太极武术的发源地。太极武术以道教思想为哲学根基，讲究以静制动、以柔克刚，以养生、健身为主要宗旨(于志均，2006)，素有"北崇少林、南尊武当"之谓③，在金庸武侠小说和影视作品中广泛出现。随着旅游业的发展，武当山已开发出相应的武术表演活动项目，如在山下武当剧院演出的《天下太极出武当》以及每天上午10：30、下午3：30在逍遥谷举行的武当武术表演活动。

游客从观看武术表演、模仿武术招式、主动学习武术内涵三个不同的视角，展现参与和学习武当武术的旅游需求。

1. 观看表演

游客对武术表演充满称赞之情，如：

> 前往逍遥谷，看了武当山武术表演，太极拳、螳螂拳、鞭法、棍法一一展现，赢得台下观众一阵阵热烈的掌声……④

---

① 武当山日志[EB/OL].http://www.mtime.com/my/1139796/blog/3643388/.

② 宜昌—襄樊—武当山5日游[EB/OL].http://you.ctrip.com/travels/wudangshan146/1144744.html.

③ 张薇，黄黎敏.论世界文化遗产地武当山的核心价值[J].中国紫禁城学会会刊，2010，7：20.

④ 武当山·逃票行[EB/OL].http://u.8264.com/space-33847698-do-blog-id-259742.html.

还有一位游客记述观看道长表演武术的经历：

> 言罢老道长表演了道家武术独桩功，其间或抬足齐顶单腿而立，或曲臂弯腿单膝挺立，其柔韧体格、过人定力不禁令我们拍手称叹。①

2. 模仿招式
有些游客不满足于单纯观看武术表演，乐于模仿习练，如一位游客写道：

> 紫霄宫主殿前一个道士正带着大家练武当功夫，一招一式有板有眼，有武当风韵，女友也跟着依葫芦画瓢，学了几招。②

3. 拜师学艺
部分游客对武当武术超出了观看、模仿的体验要求，有着更高的专业学习愿望。一位游客写道：

> 我说想学站桩或者太极，时间在4~5天。道长让先跟着一群正在学的法国人练习，一开始跟着练很奇怪，后来放松下来也觉得还好。投入地、用心地跟着，脑子里要记着路数，而不是一直眼看着前面的教习。要用力，脚法和手上的转换，都是圆，重心的转移等。这与瑜伽练习有很多相通的地方……③

游记文字清晰地表明：精彩震撼的武术表演固然是吸引游客眼球的重要因素，但能否营造浓郁的武术氛围、提供大众互动习练的场所至关重要。武当武术不能满足于停留在电影、传说、书本或舞台上，而是要走进大众游客，使游客慕名而来不仅能观能看，更能融入其中，学有所得，这也是武当文化元素传承所必需的。否则，就会让游客生发这样的感慨：

> 紫霄宫前的太极广场上，一群道士打扮的小孩子正在练功。北少林，南武当，武当是中国武术的代名词之一，但如今的武当武术，似乎只剩下摆在店铺里叫卖的武当剑了。④

从武当山文化环境体验来看，旅游者对武当古建筑满意度高，但对道教文化的世俗化发展颇为担忧，同时认为以武当山武术为代表的文化元素传承和大众化的互动体

---

① 出游札记[EB/OL].http://blog.sina.com.cn/s/blog_638c5ec00100ic51.html.
② 祈福问道武当山[EB/OL].http://lvyou.elong.com/101555/tour/a001lca2.html.
③ 逍遥谷[EB/OL].http://enya1840.blogbus.com/logs/70040297.html.
④ 武当山雪（下）[EB/OL].http://beijing.cncn.com/article/110949/.

验开发力度不足。因而，通过深度挖掘和弘扬武当山原生文化资源，实现资源的多级复合利用，提高文化环境的休闲益智性，延伸产业链，是武当山旅游环境优化建设的重要内容。

三、设施环境低碳环保体验

在遗产地旅游环境体验中，旅游设施环境承担着必不可少的辅助支撑作用，甚至扮演着高峰体验的角色(陈才，2010)。在博客游记中，旅游者对遗产地武当山的住宿设施、餐饮设施、环保交通设施体验也给予客观真实的记述。

(一) 住宿设施

武当山核心景区内分布着银苑宾馆、玄武宾馆、祥和山庄、太和宾馆等二星级宾馆以及水平参差不齐的家庭旅馆，精品住宿设施少，严重影响旅游者的栖居体验。一位游客写道：

> 乌鸦岭热闹得如泰山上的天街，宾馆、酒楼、停车场等一应俱全，小贩们不厌其烦地挨个儿招揽生意。①

游客普遍感觉南岩的住宿条件一般，尤其硬件设施问题比较严重。

> 我们找了个最近的宾馆，160元一晚的标间住下，条件一般。②
> 汽车到达了南岩，下车后就有不少人拉你去看住宿。我们看了一家大酒店，房间虽然不算特别干净，但还算可以。开价120元，还到了110元，说好24小时空调、热水。不过住下后，才发现，厕所里不知道什么原因有积水……这后来给我们造成了很多麻烦。③

山西的一位女性游客直接表现出对××宾馆设施和服务的不满：

> 南岩住宿请不要选择××宾馆，房间设施陈旧，空调是摆设没有暖风，也没有冷风；房间内没有电话，如果有问题要找前台，都要自己走到楼上找人；厕所冲水很大噪音，这样的酒店连120元都觉得给多了。④

---

① 相看两不厌，还有武当山 [EB/OL]. http://you.ctrip.com/travels/wudangshan146/1071959.html.

② 武当山—襄樊—南阳—许昌—新郑—云台山 [EB/OL]. http://you.ctrip.com/travels/wudangshan146/1220006.html.

③ 湖北省内十日游——襄樊、武当山第三日 [EB/OL]. http://you.ctrip.com/travels/wudangshan146/1148055.html.

④ 武当山两日游[EB/OL]. http://you.ctrip.com/travels/wudangshan146/1144179.html.

游客夏天住在××宾馆，备受蚊虫侵扰：

> 遇到了一个很和气的人在推荐他们的宾馆。下车看了看，要了一个5人间，带卫生间和热水100元一晚，比想象中便宜。5人间的电视是20年前的那种，只有8个频道，还不清楚。由于在山上，一亮灯，各种飞虫进进出出。①
>
> 晚上睡的那家宾馆，据说是两星级。我可不信，简直就是昆虫世界，幸好聪明的我开了卫生间的灯，在黑暗中就听见昆虫向卫生间进军。②

可见，现有的山地度假设施不仅侵占、消耗了遗产地的资源，给环境带来巨大压力，而且存在设施陈旧、质量较差的问题，严重影响着旅游者的舒适栖居体验。遗产地度假设施分批迁出核心景区或实施标准化、节能化建设，亟待进行。

(二) 绿野美食

旅游餐饮是味觉体验和文化体验的综合体，餐饮消费在旅游消费中占据着特殊的位置(陈才，2010)。武当山赋存丰厚的原生态果蔬资源，如板栗、锥栗、胡桃、华榛、山莓、火棘、野山楂、金樱子、野樱桃、苦李、拐枣、猕猴桃、松白果、野柿、桑葚、枇杷、沙梨、花红、木瓜、桃、李、杏、梅、蜜橘、葡萄、石榴、枣、苹果等；野生蔬菜资源有马齿苋、蒲公英、白头翁、白木耳、黑木耳、龙须草、车前草、香菇、天南星、桔梗、天定片、壳柏子、地附子、百合、野葛、黄精、魔芋、玉竹等。此外，武当八仙观道茶和云雾茶美誉度较高，八仙观道茶与西湖龙井、武夷岩茶、寺院禅茶并称于世。博客游记中，游客对武当山野菜、家常菜以及道教素膳体验深刻。

1. 山野菜

武当山乡野菜肴很受游客欢迎，如北京的一位游客说：

> 进山了，就要吃山货。山里最好吃的美味就是干笋和木耳。③

另一位说道：

> 晚饭和第二天早饭都在他家吃，做得还可以接受，大家反映较好的是一个叫步步高的野菜。④

---

① 宜昌—襄樊—武当山5日游［EB/OL］. http://you.ctrip.com/travels/wudangshan146/1144744.html.

② 武当山游记［EB/OL］. http://user.qzone.qq.com/423468499/blog/1279036306.

③ 6月的武当山别样游［EB/OL］. http://you.ctrip.com/travels/wudangshan146/1231459.html.

④ 武当山—襄樊—南阳—许昌—新郑—云台山［EB/OL］. http://you.ctrip.com/travels/wudangshan146/1220006.html.

2. 家常菜

游客认为武当家常菜的味道也不错，而且分量很足。如一位游客写道：

> 下车后，我们找了一个看上去干净的饭店，点了一个西红柿炒鸡蛋，一个青椒土豆丝，还有一个土豆牛肉煲。菜的分量倒是很足，我们两人吃不完，三个人估计差不多。味道还不错。①

一位学生游客还专门描述自己享用经济实惠的早餐的经历：

> 在办理入住手续时，服务员得知我还没吃早饭，就拿出餐厅的菜单指着价格说，你看，我们这里的菜价也是很便宜的。看了看，还真是不贵，就边填写住宿单边吩咐餐厅来一碗鸡蛋面，6元。当我到房间才整理好行囊，服务员就来敲门说面条煮好了，快点下去吃，免得凉了。一大海碗热气腾腾的鸡蛋面下肚，手脚热乎乎的。②

3. 道教素膳

游客期望能品尝到独特的道教素膳，如：

> 我们到达紫霄宫时已经是下午1点。斋饭肯定是错过了，我们就在旁边的小店里吃了饭。家常菜，味道还可以。③

总体来说，武当山野菜、家常菜、道家素膳对游客颇具吸引力，其有机化、品牌化开发极具市场潜力。

(三) 低碳巴士

遗产地内部交通是影响旅游者环境体验的重要因素。武当山统一投入尾气排放达到欧Ⅲ标准的旅游巴士，在景区内循环运行，游客购票后可自由乘坐。不少游客记述了低碳旅游巴士带给自己的便捷、舒适体验，如：

> 感觉武当山的管理还是蛮到位的，电子点票设备，像地铁站的检票口一样，有景区内部的环保车等候着，可以随时乘坐这种景区的环保车在景区内穿行。④

---

① 湖北省内十日游——襄樊、武当山第三日 [EB/OL]. http://you. ctrip. com/travels/wudangshan146/1148055.html.

② 武当雪(上)[EB/OL].http://you.ctrip.com/travels/wudangshan146/1185291.html.

③ 6月的武当山别样游[EB/OL].http://you.ctrip.com/travels/wudangshan146/1231459.html.

④ 襄阳—隆中—武当 [EB/OL]. http://wankamoon. blog. 163. com/blog/static/3073333920 1138101612423/.

一位南京的游客写道:

> 旅游车很干净,盘山路上时常有180°的急转,却不颠簸。①

当然,也有游客发现淡季环保巴士运营不足的弊病:

> 因为是淡季,所以车子非常少,而且中间间隔时间很长……下车后到武当山买票,进去后就是上山的运营巴士,因为人少等了很久很久。②

可见,武当山环保巴士的投入提高了从门区到乌鸦岭之间山地交通的舒适性、便捷性和安全性,有效降低遗产地的碳排量,受到旅游者的好评,但淡季环保巴士运营不足,造成旅游者等车时间较长的麻烦。

从武当山的旅游设施环境体验来看,旅游者对山地住宿设施满意度较低。但山野特色菜肴受到旅游者青睐,而且,环保旅游巴士体验效果显著,旅游者满意度较高,因此,有序搬迁遗产地核心景区范围内的住宿设施或实施标准化、节能化改造,开发绿野美食品牌,普及多样化的低碳交通工具,营造低碳环保设施环境,是武当山旅游环境建设需要着力解决的问题。

四、社会环境和谐融洽体验

实证研究表明,社会环境也是山岳型世界文化遗产地旅游环境质量的主要影响因子。博客游记中,游客对武当山环境容量、服务质量、社区安全等社会环境因素体验深刻。

(一)环境容量

旅游环境容量直接影响旅游者的游览心情和舒适体验。几乎30%的游客都记述了对金顶旅游环境容量超负荷和排队等候索道的无奈和不满。

1. 金顶容量超负荷

北京的一位老年游客描述道:

> 我们到达时游客和上香许愿、还愿的香客众多,已人满为患。③

武汉的一位游客认为拥挤使金顶失去了应有的景观审美效果和庄严神圣的氛围,他写道:

---

① 南京到武当山旅游游记[EB/OL].http://www.xici.net/d113466827.htm.
② 中原西北之武当(中)[EB/OL].http://you.ctrip.com/travels/wudangshan146/1276883.html.
③ 武当山经典游2008年春6老人20站游之第一站[EB/OL].http://you.ctrip.com/travels/wudangshan146/1064682.html.

　　金顶巴掌大的地方，挤满了人，导游在神侃着金殿的材料，雾气下、拥挤游人中，金殿更像是一个村口的土地庙。①

还有一位北京的游客认为拥挤导致登山时间延长，他说：

　　因为拥挤的关系，整个正常到金顶大概需要 10 分钟的路程走了大概 20 分钟。②

更为严重的是，部分游客认为金顶环境容量超载，游兴大受影响：

　　武当山的风光自然是壮丽秀美，灵气逼人，但满山最多的神仙是财神这让我觉得俗气了不少。再加上去的时间不理想和我们一起上山的有 4 万人，大家想象下在不足两人并排前行的陡峭山路上同 4 万人比肩接踵还是比较影响游玩兴致的。③

上海的一位女性游客写道：

　　我们一行直上金殿，殿内外到处都是人，简直无立足之地，根本没有心思欣赏什么风景了，我们只能匆匆留个影(到此一游)就下山。④

部分游客通过摄影的痛苦来表达金顶拥挤不堪的状态：

　　金殿前为敬香许愿的人，围得水泄不通，想拍一张空镜头金殿全貌图片都不成，只好拍人头啦。⑤
　　金顶上已经人头攒动，想拍个纯风景照片已经是不可能了。⑥

2. 乘坐索道拥堵
游客还重点反映了排队等候缆车的拥挤和无奈，如：

① 宜昌—襄樊—武当山 5 日游[EB/OL].http://you.ctrip.com/travels/wudangshan146/1144744.html.

② 湖北省内十日游——武当山第四日[EB/OL].http://shiyan.cncn.com/article/101156/.

③ 武当山之行有感[EB/OL].http://user.qzone.qq.com/410442597/blog/1286220928.

④ 雨中游武当[EB/OL].http://shiyan.cncn.com/article/127721/.

⑤ 重阳节登武当山[EB/OL].http://shiyan.cncn.com/article/130567/.

⑥ 6 月的武当山别样游[EB/OL].http://you.ctrip.com/travels/wudangshan146/1231459.html.

排队等候上山索道，天气闷热人挤人，大家也没有了非礼一说。还好结识了几个朋友，时间也没有那么漫长。①

索道排队很痛苦的，逢年过节 2 小时，旺季平时是 1 个小时多些。②

更有一位游客写道：

一步一挪，挤在一堆香客中，排了 3 个半小时的长队，终于坐上了上行的缆车。③

可见，武当山金顶及热点线路旅游环境容量超载，对旅游环境体验质量造成威胁。合理调控旅游环境容量迫在眉睫。

(二) 服务质量

中国 8 处山岳型世界文化遗产地中，武当山门票价格处于低端水平。同时，武当山实现景区门票统一包含旅游巴士费用的制度，这在八山中也是首例。从博客游记内容来看，旅游者普遍支持这一做法。

1. 门票价格合理，设计精巧

一位北京的游客写道：

武当山门票 110 元，车票 70 元，军人和 70 岁以上老人全免，这是我第一次看到连车票一起免的景区，值得表扬。④

开始还以为门票里的 70 块钱大巴是多余的，不过坐上车走了 10 分钟才发现，这个大巴还真是必不可少的。⑤

武当山旅游环保观光车票价为 70 元/人，发现来武当山就是这个车钱 70 块花得最值，其中奥妙，希望你自己体验。⑥

武当山门票的精致设计更让旅游者感觉到细节服务的温馨：

门票会附赠地图，还有个光盘，回家留念挺好的。

武当山门票是个光碟，可以想象武当人对自己的推崇是多么的精到和人性。我想回家后重温、回味自己游览过的山水景物，会很受益。

① 重阳节登武当山攻略 [EB/OL]. http://you.ctrip.com/travels/wudangshan146/1259888.html.

② 武汉—武当山自助游 [EB/OL]. http://u.cncn.com/space-71397-do-blog-id-185539.html.

③ 重阳节登武当山攻略 [EB/OL]. http://you.ctrip.com/travels/wudangshan146/1259888.html.

④ 武当山—襄樊—南阳—许昌—新郑—云台山 [EB/OL]. http://you.ctrip.com/travels/wudangshan146/1220006.html.

⑤ 武当山日志 [EB/OL]. http://www.mtime.com/my/1130796/blog/3643388/.

⑥ 武汉—武当山自助游 [EB/OL]. http://u.cncn.com/space-71397-do-blog-id-185539.html.

门票里面还放了一张武当山的光盘，精致得无与伦比。①

2. 住宿服务缺乏诚信

游客普遍体验到入住酒店需要讨价还价，煞费苦心。博客游记突出反映了住宿服务诚信不足的问题：

正要交住宿款时，那中年女人凑上来说："标间 150 元。""不是说好 100 元吗？"俺非常气愤："怎么一下又变了卦呢？"……正要拂袖而去，那办登记的男人忙赔不是："别走别走，就收 100 元。"言而无信，再便宜俺也不住了！②

另外一位北京的游客提醒道：

酒店就在南岩停车场处的最佳位置，距南岩宫很近，当然要砍价了。③

一位武汉的游客也提到在某酒店砍价的过程：

××宾馆看起来比较新，就进去看房问价。中档的标间从 150 元砍到 100 元，并且服务员们反复保证可全天开空调，遂入住。④

3. 餐饮价格偏高

游客普遍认为武当山旅游餐饮的价格较高，但考虑到山上经营的成本，还可以理解和接受，如：

晚饭在这个家庭旅馆吃的，菜价比较高，炒了红烧肉、番茄炒鸡蛋和一个汤，50 元。不过历来山上的价格都高，包括了运费。反正也难得，50 元就 50 元吧。⑤

而另外一位游客认为菜价贵，但明码标价，没有猫腻，自己也还能接受，他说：

山上的饭菜好贵啊，一个番茄炒鸡蛋都要 20 元，黑，太黑了，不过值得表

---

① 武当山日志[EB/OL].http://www.mtime.com/my/1130796/blog/3643388/.

② 重阳节登武当山[EB/OL].http://shiyan.cncn.com/article/130567/.

③ 武当山经典游 2008 年春 6 老人 20 站游之第一站[EB/OL].http://you.ctrip.com/travels/wudangshan146/1064682.html.

④ 武当雪（上）[EB/OL].http://you.ctrip.com/travels/wudangshan146/1185291.html.

⑤ 杭州到武当山周末两日游[EB/OL].http://you.ctrip.com/travels/wudangshan146/1026940.html.

扬的是明码标价。①

4. 游憩设施不足

针对游憩设施存在数量短缺、供给不足的问题，游客直接提出建议：

> 想跟武当山的旅游区管理人员说一下，本来游客们上山都不容易，你们在中途可以多设一些供游客休息的坐椅行吗？有时候游客累得想休息一下都没地方坐，想坐就要花钱买东西才可以坐……②

总体上，旅游者对武当山的门票、交通、餐饮性价比和服务质量满意度较高，但住宿服务和游憩设施的服务质量还存在较大问题，亟待改善。

(三) 旅游安全

旅游安全状况关系着旅游者的人身财产安全，也关系着遗产地的生存与发展。在博客游记中，旅游者从不同的视角表达了对武当山旅游安全性的体验。

1. 安全监控到位

武当山实施全方位旅游安全监控，成效良好。在博客游记中，游客记述了自己的切身体验：

> 记得我们在雷神洞的时候，周围安静得没有一个人，刚想拍照，不知道哪里喊了声不许拍照，把我们吓了一跳还以为雷神显灵，找了半天才发现监视器，可是没有找到喇叭，真是佩服武当的手段。一路上的监视器不断，沿路的灯一直修到了山顶。③

2. 治安状况良好

一位游客体验到即使在夜晚，武当山治安状况也非常好：

> 晚上爬武当山的人很少，一路上三个小时，很少遇到几个游客，只有那几个轿夫一直尾随着，间或有些农户分散在武当的路途上。到朝天宫的时候，看到一个人正在收拾他的货铺，我好奇地问他晚上害怕吗？他说这有什么害怕的，一个人在这里做买卖习惯了……④

---

① 祈福问道武当山[EB/OL].http://lvyou.elong.com/101555/tour/a001lca2.html.

② 失败的武当山之游 [EB/OL]. http://lxl81825. blog. 163. com/blog/static/16211504820103120 5245193/.

③ 武当山日志[EB/OL].http://www.mtime.com/my/1130796/blog/3643388/.

④ 五一湖北自驾游:武当山—米公祠—襄阳古城—古隆中—明显陵[EB/OL]. http://www.xcar.com.cn/bbs/viewthread.php? tid=12138424.

3. 防护设施有待加强

武当山在冬季、雨天以及地势比较险要的景点增设防滑设施、安全护栏、警示标志不可疏忽，如一位游客写道：

> 小心翼翼地一步一个冰窝地缓步踏行，生怕一不小心就"溜光大道"了……而遇到有些没有栏杆可抓的台阶，就更是弯腰躬身，尽量放低重心，一脚踏稳了再换另一脚。①

此外，有必要加强对逍遥谷放养猴群的管理以及对游客的安全提醒。因为即使是男性游客，面对猴群都表现出惧怕的心理，如北京的一位男游客就写道：

> 我们放弃了逍遥谷……看到猕猴实在有点害怕，据说逍遥谷里的猴子也很野。自从我在峨眉山上遭遇过猴抢事情后，对猴子多少都有些心理障碍了。②

武汉的一位男性游客也写道：

> 沿峡谷前行，前边是猕猴剧场……我们碰到几个游客，一个小孩惊恐万分地提醒我们要小心，猴子会抢东西，搞得我们心也有点怕怕的。刚过了小瀑布旁的石头桥，远远就看到两只大猴子直向着我们狂奔，并且还是懂兵法的，兵分两路，一个沿小路，一个跨越土坡，合围而来。女友一声惊叫，拔腿就跑……两人戴上手套，全副武装，还好，一路平安，人猴两无恙，和谐相处。③

从游客对武当山社会环境的体验来看，旅游环境容量调控是最亟待解决的问题。住宿设施服务质量存在问题较大，也亟待改善。整体环境安全性较高，部分景点、线路的安全防护设施和安全信息提醒标志有待强化。因此，实施科学的环境容量调控，提升服务质量，采用现代化的旅游安全技术手段，创造和谐融洽的社会环境，是武当山旅游环境建设需要重点解决的问题。

第三节　武当山旅游环境质量的潜在价值分析

旅游环境质量是旅游目的地生存与竞争的生命线。前文多元回归分析表明山岳型世界文化遗产地旅游环境质量对旅游者体验价值、满意度和忠诚意愿具有正向影响关

---

① 武当雪(上)[EB/OL].http://you.ctrip.com/travels/wudangshan146/1185291.html.
② 湖北省内十日游——武当山第四日[EB/OL].http://shiyan.cncn.com/article/101156/.
③ 祈福问道武当山[EB/OL].http://lvyou.elong.com/101555/tour/a001lca2.html.

系。在武当山博客游记中，游客也记述了置身于世界遗产地旅游环境之中所产生的体验价值、满意度和忠诚意愿等积极的体验效果。

一、增加体验价值

对旅游者而言，旅游只是一种媒介，体验才是最终目的（陈才，2010）。高质量旅游环境能使旅游者从山水之中求得人生乐趣。不少游客记述了武当山旅游带来的生理、心理以及精神等体验价值。西安的一位游客说：

> 我们的目的是带老人出来散散心，看看风景，呼吸一下山里的新鲜空气……长达七小时的跋涉，终于"会当凌绝顶，一览众山小"，总算是不虚此行了。①

一位上海的游客则认为武当山之行的收获在于看到孩子的开心与快乐：

> 看到平常因为学习和作业忙得没时间玩的孩子开心的笑容，我觉得这也许是武当山之行最大的收获吧。②

还有游客获得的则是精神层面的收获：

> 我突然顿悟感觉自己找到了改变的理由，明白了明天需要靠今天去创造，知道了改变要从充实自己开始。这次武当之行沾染了仙气的我收获真是不少啊。③

可见，武当山旅游质量环境增加旅游者的体验价值，使旅游者感到不虚此行。

二、提升满意度

在增进游客体验价值的基础上，高质量旅游环境还是一种重要的转移模式，它使旅游者从厌倦、无聊的日常生活中转移出来，投入忘却性的氛围中，实现心灵告慰。正如一位夜宿山中的游客用三个"宜"字道出高质量旅游环境带给他的陶醉享受：

> 山高夜寒，晚来风急，昏暗的灯光下，和宁哥、老九相围而坐，喝不醉的酒，说不完的话。那一夜空山寂静，那一夜兄弟们摆酒临风，那一夜无关功名，

---

① 返乡日记——游武当山［EB/OL］.http://www.lanyue.com/html/99/328499-135210.html.
② 雨中游武当［EB/OL］.http://shiyan.cncn.com/article/127721/.
③ 武当山之行有感［EB/OL］.http://user.qzone.qq.com/410442597/blog/1286220928.

无关权势，只有风月。而今何事最相宜？宜醉，宜游，宜睡。①

游客还抒发了置身自然和谐之美环境中的满足感：

> 道法自然，武当的路都顺着山势而建，行走在山的脊梁上，而我们的脊梁似乎和山脊形成了统一，远远看去，分不清山和我，更不知山是谁，谁是山。如若我就是这山，我就是这水，你的心灵如何不自由，如何不欢乐，哪里还有烦恼而言。②

可见，武当山旅游环境质量能够增加旅游者的整体满意感。

三、培育忠诚意愿

武当山旅游环境质量的潜在价值，还体现在促使游客产生依恋情结或重游愿望等方面。一位武汉的游客写道：

> 几个小时后回到武汉，可是还是想着武当山，却不是那些景点，只是那些无忧无虑，迎着风向上自由自在爬行的感觉……③

北京的一位游客直接表达自己的重游意愿：

> 时光飞快，在武当的三天很快就过去了！但武当的山水，武当的灵却走进了我的生命里，让我终身受益！不记得山的形水的声，只知山和水的灵！道法自然，武当灵山！期待下一次的相见。④

总体上，武当山博客游记文本内容分析，再次验证本文所构建理论模型的合理性，明晰旅游环境质量体验在增加旅游者体验价值、提升满意度以及培育忠诚意愿等方面的积极作用，揭示出旅游环境质量对降低旅游营销成本，吸引回头客的潜在价值。可见，武当山旅游竞争力和吸引力的提升，高度依赖于其旅游环境建设。

---

① 相看两不厌，还有武当山［EB/OL］. http://you.ctrip.com/travels/wudangshan146/1071959.html.

② 道法自然，武当灵山［EB/OL］.http://you.ctrip.com/travels/wudangshan146/1254507.html.

③ 祈福问道武当山［EB/OL］.http://lvyou.elong.com/101555/tour/a001lca2.html.

④ 道法自然，武当灵山［EB/OL］.http://you.ctrip.com/travels/wudangshan146/1254507.html.

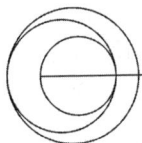

第八章 武当山旅游环境质量提升建议

根据武当山旅游环境建设的着力点，本章综合运用旅游体验理论、人居环境理论、循环经济理论和低碳经济理念，从实施清洁生产、推进资源循环利用和完善绿色管理三个层面提出武当山旅游环境质量优化建设的建议。

第一节 实施清洁生产

《京都议定书》（1997）正式确定清洁发展机制。清洁生产是一种崭新的环境战略思想，即将整体预防的环境战略持续应用于生产过程、产品和服务中，以增加生态效率和减少人类及环境的风险，使社会经济效益最大化。清洁生产能够从源头上提高资源、能源的使用率，降低和避免废弃物污染，并节约成本，从而产生正的环境效应和经济效应，对促进旅游业可持续发展具有重要作用。清洁技术正促使旅游目的地形成新的旅游业态，具有广阔的发展前景（Fitzgerald Yaw Jr，2005）。武当山实施清洁生产的具体途径为：

一、景观游憩设施生态化

对武当山来说，其景观、游憩、标志牌设施的选址、体量、规模、风格、选材以及植物配置突显文化性和地方性，降低对土地、能源、水和建材的需求，同时实现对自然生态环境和文化生态原生元素的保护（Joe Kelly et al.，2007），是构建武当山生态环保、健康迷人的景观系统的内在要求。

武当山景观游憩设施要以赋存的皇家宫观古建筑群典型资源以及古建筑群布局与整个山形水势相契合的景致为蓝本和典范，在选址布局、建筑取材、植物配置方面做到因地制宜，因景就势，人工建造与整体山形水势相契合，与皇家宫观园林环境相互融合，维护名山景观神韵。对极富真实美、历史美的遗产建筑应抢救性保留其原貌，留给旅游者体验遗产历史原真性的场所。如武当山最早修建的宫殿群五龙宫①，历经沧桑演变，古城墙依然矗立，青苔茅草丛生，是旅游者体验遗产历史真实信息的重要

---

① 修建于唐太宗年间，位于灵应峰下，现存庙房 42 间，建筑面积 2975 平方米，残存宫墙251 米。

场所。五龙宫完美体现了道教对水的生命哲学的理解和运用①。五龙宫以"五井四池"为典型代表，五井与五行呼应，井水互通有无，形成"一井打水、五井皆动"的神秘效果，天地日月四池其实是保护建筑免受水灾的消防用水系统，排水系统顺应山沟地势，汇集暗渠，闭气藏风，整体上形成了富于景观、实用、科学效果的给排水体系。但实地调研中发现，五龙宫正殿正在实行大规模的整修。因此，"应以世界最前沿的文化遗产原真性保护和适度性利用理念为指导，最大限度地保留五龙宫遗址原貌。在自姥姆祠经吴家院房后修建环五龙宫遗址生态步游道，包括沿山地栈道、跨沟谷吊桥、平地石板道和坡地石台阶，选择在观赏五龙宫遗址最佳视域线处修建采风亭台廊棚，供游客欣赏和进行摄影、绘画等艺术创作。修复主殿至其南侧山间小路的生态通道，在主殿西侧修建木结构美人靠，既隔离游客进入五龙遗址核心保护区，又供游客凭栏倚坐，领悟五龙宫遗韵"。既节约人力物力资源，保护原生文化环境，又为旅游者提供遗产建筑原真体验的机会。

根据游客密度和景点分布，适当增设景观游憩点。在建筑取材方面，就地取山石、原木、竹藤等材料建造，配以与文脉相符的景名，成为旅游者驻足、休息、游赏、观景、留念的重要节点。园林地被景观配置方面，通过风景林改造等技术措施，丰富植被景观的林相景观，建设以生态景观和古树名木复合的植物景观系统。古建筑可以选种富有道教内涵和寓意的植物，如马尾松、柏树、桂竹、枫香、茶树、枣树、梅花、桂花等乡土树种，乔灌草合理配植，富有园林季相变化和可持续性，成为遗产地的生命绿脉，同时，发挥固碳效果和碳汇作用（张薇，张晓燕，2010）。旅游标志牌设计以富有特色的山形水态、古建筑物、野生动植物等标志性符号，在选材、语言、信息传递等方面充分体现与自然环境相融合的特点以及对游客的人文关怀，在自然而然的环境氛围中实现标志指示和形象宣传等功能（张薇，张晓燕，2010）。总体上，通过景观游憩设施的生态化设计，充分体现节约化、景观化，营造美妙的人与自然和谐的生境和意境。

二、交通工具低碳多样化

机动交通工具是旅游目的地重要的碳排放源头之一（Stefan Gossling et al.，2005）。武当山作为山岳型世界文化遗产地，旅游交通的低碳化转型是其内在要求。从实际情况来看，武当山统一使用120辆尾气排放达到欧Ⅲ标准的旅游巴士，而且形成了独特的收费制度，即旅游巴士费用统一包含在景区门票之中，避免旅游者购买门票进入遗产地后再次购买交通车票的抵触心理。遗产地内居民和旅游经营者、管理者实行上山只需支付5元，下山免费乘坐，赢得遗产地利益相关者对公共环保交通模式的支持，达到降低碳排放量、维护交通安全的目的。

---

① 道教对水的尊崇，源自于水往低处流的低调、无为思想，而水可以洗清浊物、沉淀后即刻澄清、生性柔软却富有穿石的力量。

可根据游客量变化，结合地形坡度，适当增加新型电动旅游敞篷车。对南岩至金顶的轿夫、滑竿等人力环保交通动力予以支持，并进行统一规范管理。免费提供山地自行车，甚至可以考虑开辟一段专门的自行车游线。完善嵩口至五龙宫和南岩至五龙宫的登山步游道；完善嵩口经行宫、仁威观、隐仙岩至五龙宫的约12公里登山步游道；完善南岩经上、中、下院、驸马桥至五龙宫的约12公里登山步游道，方便、鼓励旅游者徒步登山。通过多种措施，普及多样化的低碳交通工具，缓解淡季环保巴士供应不足的压力，给旅游者带来新的交通娱乐活动机会，营造畅游的廊道。

除道路交通工具外，索道是武当山重要登山交通工具。武当山现有1条琼台—金顶索道，2009年开始实施索道扩建工程。根据《武当山索道扩建工程环境影响评价》，"索道扩建后占地6400m²，原自然、半自然生态系统彻底变成人工生态系统，土地利用的性质发生根本性变化。索道下站造成5000m²人工植被破坏，索道上站致使100m²灌草植被破坏，支架线路建设造成5000m²乔灌植被破坏"[①]。实地调研发现，虽然残存的渣土均已长出野草，但与两旁茂盛的乔灌林形成明显反差，建筑施工痕迹明显，景观破碎、生态破坏、视觉污染等生态损失极大。因此，索道生态修复和生态补偿金支付迫在眉睫。可通过对索道下方补植本地适生灌木树种，对索道上下站房周围和裸露的山坡、掩体进行植树绿化等措施进行生态修复。此外，应维修步行上山的明道和清道，增加扶手护栏，提高安全性，增加游客登山朝拜之旅体验，减轻索道运输压力和金顶游客承载压力。

三、住宿设施标准化和节能化

武当山核心景区范围内乌鸦岭、南岩、琼台住宿设施资源消耗密集，但游记中旅游者普遍认为酒店硬件设施问题突出，严重影响旅游者的住宿体验质量。无论是从遗产地可持续发展的需要，还是从旅游者旅游环境体验的需要来看，必须对核心景区的住宿设施进行有序搬迁。博客游记中显示出旅游者普遍能接受的住宿价格水平介于每晚100~200元，倾向于选择经济实惠、卫生干净、优质服务的住宿设施。因此，武当山可以保留一定量的经济型酒店和青年旅舍，实行标准化和节能化改造，降低酒店的能源和资源消耗。尤其考虑隔音、通风、防潮等实用功能。具体可通过选用具有良好隔音效果的材料，尽量降低客房外噪音对客人的影响；客房内的通风设施时常清洁，保持正常运作，使房内空气保持一定的新风量；客房内的家具采用实用、美观性的原木家具，并注意外围空间的绿化。栽种山地适生景观花卉植物，与武当山整体环境氛围相融。此外，在保障基本硬件设施达标的基础上，进行酒店节能化建设。有实力的酒店空调系统可考虑运用VSD变频驱动离心式冷水机组技术、双机头离心式冷水机组技术或空调热泵系统，保证24小时供暖和供热水，

---

① 武当山索道扩建工程环境影响评价［EB/OL］. http：//www.wordwendang.com/word_hangye/07/13/822740.html.

解决酒店潮湿、阴冷的问题。同时，安装节电设施或进行节电技术投资，如灯具可选择高效节能的单端荧光灯、三基色荧光灯、细管轻型荧光灯、节能型小射灯、高压钠灯电子镇流器等，实现电能节约。通过度假设施的标准化和节能化建设，营造舒适的栖居空间。

四、旅游餐饮有机化

旅游者对绿色旅游食品的要求日益提高。武当山博客游记内容分析发现，野菜、水果、茶叶、野生花卉以及药材等原生态山林物产等对旅游者吸引力极高。因此，通过生物低碳农业技术①，培育生物低碳农业生产链，从生产源头促使环境污染减量化，确保旅游餐饮的绿色、有机化。具体环节为：植物类利用生物制剂净化土壤，确保种植产地安全—利用生物有机肥取代化学农药，确保种植过程安全—通过国家产品质量安全评价—投入市场；畜禽类动物通过利用生物制剂净化养殖场，确保生物养殖环境安全—通过生物饲料添加剂以及生物兽药确保养殖过程安全—通过国家产品质量安全评价—投入市场。通过生产、种植的有机化，培育出名副其实的"玄武牌"绿色果蔬。开发武当道茶、药膳、素食等多元化健康、绿色美食品牌，原材料不使用色素或防腐剂。打造"太和鲍鱼"、"红油海参"、"紫霄对虾"、"三丝春卷"、"清蒸富贵鱼"、"三鲜排骨汤"、"辣子田螺"、"梅菜扣肉"、"素火腿"、"扒素鸡"、"素鱼翅"等色香味形俱佳，质素形荤的道斋，满足旅游绿色餐饮的需求，实现产业链的延伸和产业价值的提升。此外，食品包装材料按照减量化（Reduce）、能重复利用（Reuse）、可回收再生（Recycle）、能自然降解（Degradable）原则，选择绿色包装材料。异地消费型的可选用自然降解的塑料包装如聚己内酯（PCL）；就地消费型的可选用 PCL 和淀粉共混料、PCL 和 PHBV 共混料、PCL 和尼龙共混料以及新型绿色包装材料——水溶性塑料聚乙烯醇，以从源头上减少消费污染。从原材料选择、加工过程到包装过程的清洁生产，为旅游者营造健康、绿色的餐饮体验环境。

第二节　推进资源循环利用

旅游开发加剧遗产地的资源消耗和清洁成本（Sanjay K. Nepal，2008）。对于资源环境极其脆弱的遗产地武当山来说，提高资源循环利用能力，是降低环境污染，维护环境质量，营造良好旅游环境的基本运作方式。具体实施途径为：

---

① 张令玉. 生物低碳农业——高价值创新的低碳农业革命[M]. 北京：中国经济出版社，2010：18-28.

一、资源节约与循环利用

资源节约和循环利用是降低旅游目的地资源消耗的首要途径（Nikolaos，Zografakis et al.，2010）。武当山主要以径流量相对较大、生态背景较好、水质佳的溪流或山泉水作为水源。但山地降水存在垂直落差大、季节分布不均、地表径流大、储水困难的问题。在海拔 750 米以下的太子坡降雨量为 843～995mm，而在海拔 750～1200 米的南岩—金顶带降水量为 995～1106mm。因此，根据不同区域的水源供给情况设置雨水收集系统，供水系统按照高质高用、低质低用的原则，分类提供。同时，采用公共服务设施节水、林田微灌、中水回用（Marc Fortuny et al.，2008）等技术节约水资源。

除水资源外，生物资源也是重要的循环利用对象。武当山地处亚热带季风气候区，光热资源丰富，雨量充沛，气候垂直层带明显，兼有丰富多样的局部地区小气候，孕育了丰富的生物资源。可以武当山多样化的生物资源为基础，通过生态性农林作物种植、畜禽养殖—观光、采摘、饲养—有机商品销售、餐饮供应—废物—沼气—肥料—种养循环等，培育自然生态产业链，实现种植养殖业、旅游业、农副产品深加工业的多级复合和深度耦合。

依托皇家宫观园林遗产建筑群，挖掘道教、武术、道医、道乐等原生文化资源与生活、艺术、科普、精神诉求的结合点，增加文化的实用性和鲜活感，培育武当养生文化产业链。开发武当建筑摄影、绘画、名家讲坛、历史探秘等活动，丰富旅游者遗产建筑文化体验。结合道教文化，为旅游者提供参与道教早课、练功、斋膳、诵经、聆听道乐、习练书法、研习绘画等道家日常生活和仪式活动的机会（顾江，2010）。在《天下太极出武当》舞台剧的基础上，融合实景表演、功夫影片拍摄、功夫 4D 电影、功夫绝学精讲、太极养生保健、武当弟子日常生活体验、解密探奇、动漫参与、影视互动等，或以 1993 年港台电影《太极张三丰》为蓝本，利用皮球、不倒翁、水缸、小草、树叶为道具展现太极武术原理①，实现武当武术传统与时尚链接，培育旅游者的武当武侠情结，使武当山功夫可感、可观、可学、可修。让时尚青少年在欢乐中领略中华武德的博大与传奇，中老年人在武当功夫修炼中感悟养生奥秘。依托太极养生文化底蕴和纯天然草药资源禀赋，培育中草药园，配备专业道医、太极养生导师，为旅游者提供慢性病、亚健康理疗。拓展太极养生系列文化出版物、影视作品、纪念品，生产太极养生用具、器械、中药保健品。对外建立连锁分支机构，输出太极养生品牌，培育全球太极养生产业的总部基地。

通过文化生态资源的产业链开发，充实旅游者在武当山的文化环境体验，延长游客的停留时间，发挥武当山自然和文化生态资源的价值。

---

① 蔡尚伟. 武当"武"文化影视化创新研究［C］. 2010 中国文化创新高峰论坛（武当山论坛）论文集，2010：219.

二、清洁能源利用

旅游目的地清洁能源使用能有效降低温室气体的排放(Joe Kelly et al.，2007)。清洁能源主要体现在对当地优势可再生能源的开发和利用。从武当山能源赋存情况来看，其可供旅游开发的清洁能源主要是太阳能、风能和生物质能。

武当山全年日照时数为 1949 小时，夏季和冬季太阳能相对丰富，山顶太阳辐射强度大。太阳能可作为武当山理想的清洁能源之一。可根据日照强度在金顶、紫霄宫、南岩以及其他阳坡高地修建太阳能采集站，在酒店、宾馆的建筑物立面选用太阳能板或在建筑物顶部建立太阳能收集系统。同时，引入太阳能—热能交换技术，利用太阳能干燥器干燥食品、餐巾、床单等物品或利用太阳能光电转换技术作为储备能源，满足日常照明及安全设施的不间断用电需求①。

武当山四季盛行偏东风，风速随山势的升高而增大，山口及山顶风速大，如老君堂年平均风速为 1.4m/s，南岩年平均风速为 2.3m/s，金顶在 3m/s 以上。每年 3~4 月冷空气活动频繁，风力最强，大风频率高。开发风能比较适宜可行。可在山口和山顶设置风力发电、风力致热和风力提水设备，作为较小用电单位的电源。同时，风力设备采用景观艺术风格的风车造型，成为武当山新的旅游吸引物和实体环保教材，集景观、环保、科普、实用多种功能于一体。

生物质能也是武当山可利用的重要清洁能源之一。武当山的生活垃圾、污水、林木生物质、农作物废弃物等原材料丰富，均可作沼气原料，且运用技术相对简单。但山地垂直气温变化和季节性变化对沼气利用也会造成一定制约，可根据温度条件，夏季加大沼气利用力度和冬季加大其他能源补充力度，如探索开发杜仲油、桐油、茶油，解决部分燃料和生活用油的供给需求。

太阳能、风能、生物质能等清洁能源的开发与利用，可降低武当山对碳能源的依赖，节约遗产地宝贵的资源和能源，并从源头上降低污染排放。

三、废弃物再利用

通过废弃物再利用，可以有效实现遗产地废弃物的资源化和减量化，减少废弃物的处理量(Bergh，G.，1994)。武当山固体废弃物产生量为 247.5 吨/年，主要是旅游者自身和旅游服务设施产生的生活垃圾。垃圾以纸类、塑料包装物、易拉罐以及食品残渣等为主，不易降解，但易于回收。据实地调查，武当山已经建立了比较完善的垃圾收集、清运、处理体系，但其固体废弃物再利用能力还比较欠缺。目前基本上是由遗产地环卫工人和遗产地居民，对回收价值较高的垃圾进行人工分拣。因此，有必要

---

① 张薇，张晓燕. 低碳时代世界遗产地武当山旅游生态效率提升范式[C]. 2010 中国文化创新高峰论坛(武当山论坛)论文集，2010：219-228.

建立废弃物回收和交换中心，在旅游者、遗产地居民和经营者之间开展垃圾回收运动（Joe Kelly et al.，2007），鼓励遗产地利益相关者对回收价值较大的固体垃圾进行自发回收。对于回收价值较低的固体垃圾，遗产地企业可重新组合，使其成为颇具环保、科普、艺术创意效果的作品，如用废CD、破皮靴、易拉罐以及废五金等材料制成的"环保大兵"、"耕牛"、"垃圾时装"、"垃圾屋"等，形成新的旅游吸引物。对于餐馆污水、油脂及残渣等液体废弃物，可集中回收，生产有机肥料和肥皂等。总体上，通过废弃物再利用，降低废弃物的处理量和处理成本，彻底实现旅游区垃圾处理无害化、资源化、产业化，保证武当山拥有良好的环卫质量和视觉印象，为旅游者营造干净、卫生的游览体验空间。

第三节　完善绿色管理

对于旅游目的地来说，绿色管理更是保护旅游目的地环境质量的重要途径（Ivana Logar et al.，2010）。武当山绿色管理的具体实施途径为：

一、生态安全监控

旅游环境安全是旅游环境质量的首要前提（Michael Barker & Stephen J. Page，2002）。武当山作为山岳型世界文化遗产地，其生态安全监控有着更高的要求。因此，有必要在武当山设立生态安全监测点，综合运用全球定位系统（GPS）、卫星遥感技术（RS）和地理信息系统（GIS），实施全方位数字化监控（Davide Geneletti & Dorje Dawa，2009）。通过温度、湿度、风速、风向、降水五要素气象观测站，预警气象灾害；监测重点河段的流量、流速等水文状况以及水库的库容量，对洪水、滑坡、崩塌、不稳定斜坡地质灾害和泥石流等灾害进行预警；对大气环境、地表水环境、声环境、土壤肥力和生态多样性实时监测，确保各项环境指数达标和生态系统处于相对平衡状态。确保空气质量继续保持《环境空气质量标准》（GB3095-1996）的一级标准；地表水水质维持《地表水环境质量标准》（GB3838-2002）Ⅱ类水质标准；声环境质量维持《声环境质量标准》（GB3096-2008）1类标准；土壤质量达到《土壤质量标准》（GB15618-1995）一级标准。按照《保护世界文化和自然遗产公约》（1972）要求，严格保护武当山古建筑群及其周围环境。对旅游区内的国家级、省级重点文物保护单位严格按照《中华人民共和国文物保护法》（2007）进行保护。采取防火、防蛀、防风、防震措施，安置监测设备，全面监控其自然和人为损坏状况。对道路状况、旅游车辆、索道等设备定时检修，增设高档道路安全警示牌和安全防护墩，消除安全隐患。

采取多样化的游客容量调控措施加以解决部分线路、景点的严重拥挤问题（A. M. O'Reilly，1986）。科学测算不同区域、线路、时段的旅游环境承载力，确定合理的旅游环境容量。据测算，武当山金顶面积约为 1500 平方米，日可容游客量为 8000人①。考虑到旅游者的心理环境容量和视觉环境容量，金顶以每 10 平方米不超过 3人为宜。根据测算结果，采取门票预约、门票限售、年票发行、景点轮休等措施，合理调控游客接待量。尤其在"五一"、"十一"等节假日旅游高峰期，专门抽调、安排工作人员在游客集散地、危险地段、拥堵点，负责疏散。此外，合理布局旅游路线，增强其余各景点旅游文化活动的参与性，实现游客分流。合理配备消防栓、消防车、机动喷雾器。设立骨干医疗救护中心，配备专业医护人员，确保旅游环境安全和旅游者人身安全。

二、废弃物无害化处理

废弃物无害化处理是旅游目的地绿色管理的内在要求之一（Christine Lim，Michael McAleer，2005），也是营造清洁、健康的遗产地旅游环境的基本保障。

武当山的生活饮用水源均取自山坡的裂隙水和孔隙水，因而废弃物的无害化处理和水源保护尤为重要。集中式的污水处理设施和收集系统亟待建立。首先建立雨污分流排水系统，雨水排放通过地面漫流进入明沟或小溪，然后进入较大的水体。生活污水结合地形和排放情况，采用分散式和集中式生活污水处理系统灵活处理。八仙观、五龙村、金顶、南岩、乌鸦岭等排污比较集中的旅游接待服务区或分布集中的居住点等宜采用 WSZ 地埋式生活污水处理系统。也可借鉴澳大利亚的科恩海滨度假区（Couran Cove Island Resort）在排水沟中设置真空泵统一收集污水，并进行紫外线消毒的先进技术（Christine Lim，Michael McAleer，2005），减少污水对林地、农田的污染。对于索道所在地的污水，采用埋地式无动力污水处理系统，进入琼台污水处理站处理，处理后的废水用做冲厕用水和景观绿化用水。污水排放较为分散的区域，建立组合式沼气池、改良型化粪池加以处理。近期建设乌鸦岭、琼台两个污水处理站，远期修建西河、鲁家寨、玄武湖污水处理站。污水处理站采用"生物接触氧化"和"隔油—生化处理—物化沉淀"工艺技术，达到污水再生利用工程设计规范（GB50335-2002）景观环境用水控制指标，采取穿孔管布水的回用水系统，进行绿化喷洒灌溉，实现废水零排放。

按照《饮用水水源保护区划分技术规范》（HJ/T338-2007），严格划定水源保护区范围，并根据《饮用水水源保护区标志技术要求》（HJ/T 433-2008）设立保护标志，对水环境质量定期监测。通过微生物强化技术、植物净化技术、生物膜技术进行水环境治理和生态修复，确保水源安全。

按照三星级标准，实施生态厕所改建、新建工程。现有的生态旅游厕所可采用微生物处理系统，安装 EM 处理器，转化为有机肥，厕所内给水系统采用自动感应装置，节约水资源，摆放绿色盆栽，净化空气。对于遗存的旱厕改为生态旱厕，采用分

---

① 湖北省环境科学研究院. 武当山太和索道技术改造项目环境影响报告书[R]. 2009：99.

集式厕具，排泄物发酵后可作农家肥再次利用，起到有效保护水源、防止细菌传播的目的。

武当山已经采取净菜工程和半成品熟食加工工程，故旅游服务设施产生的生活垃圾量较少。对于旅游者沿路产生的垃圾，道路沿途配置或增设自卸式环保垃圾桶，并根据游客量变化及时调配垃圾箱，加大对固体废弃物的收集、清理力度即可。完善元和观、中观、乌鸦岭和紫霄宫4处垃圾转运站建设。垃圾转运站采用密闭式垃圾池形式，倾倒垃圾在室内进行，并同步进行喷淋除臭，随后由后上式密闭垃圾统一运至山下太山庙生活垃圾卫生填埋场进行集中处理。垃圾填埋场采用全封闭、无泄漏、零污染 ECLIPS 垃圾处理技术，处理后应达到《生活垃圾填埋场污染控制标准》（GB16889-2008）的规定。

生活油烟污染是武当山的主要废气污染源。严禁使用燃煤锅炉等设备，并在厨房安装过滤式或静电式油烟净化装置，油烟处理效率大于 80%。

通过对污水、固体废弃物、废气无害化处理，营造健康、安全的旅游环境。

三、绿色消费引导

环境伦理在处理旅游与环境的关系中扮演非常重要的角色（Andrew Holden，2009），旅游绿色消费是降低旅游目的地生态足迹，缓解旅游消费污染的重要途径（Christine Lim & Michael McAleer，2005）。武当山可利用自身独有的道教文化底蕴，在旅游标志牌和提示语中，嵌入个性化、生态化、生命化的道教生态伦理观，如"修心为体，养性为用"，"洞明心地，不乐奢华"，如"云窗鹤梦"、"松风萝月"、"草堂清兴"、"锄云耕月"、"风帘邀客"等，彰显道教人与自然、人与人之间的和谐相处理念，潜移默化地引导遗产地利益相关者尊重自然，珍惜资源，保护遗产。同时，通过专题环保宣传和绿色产品推介，倡导旅游者选择绿色产品，培养绿色时尚消费理念和简约生活理念（Trista M. Patterson，2007）。通过开展"文明游客"与"文明导游"的评选活动，约束游客的不良行为，发挥导游的积极引导作用。同时，还可以拓展到当地社区村民和旅游经营者，评选"文明村民"、"环保卫士"、"绿色经营模范单位"，并招聘当地村民参与武当山的环境保护和监督工作，让生态文明和绿色消费理念延伸和深化。

从制度上鼓励适度消费和循环利用产品。武当山核心景区范围内的酒店和餐饮点一律杜绝使用一次性餐具。在游客进山时以收取押金的形式发放环保购物袋，在出口处，回收环保购物袋，返还押金，并对游客所购产品使用武当山统一标志的环保型包装袋，采取免费简包装服务和收费精包装服务。鼓励游客自主回收消费垃圾，根据所回收垃圾的种类和重要性给予发放武当山标志性纪念品、小商品、风景宣传册、光盘影碟以及重游门票优惠折扣等奖励活动。通过多种方式约束和支持旅游者的绿色消费行为，减轻旅游消费的环境污染和清洁成本。

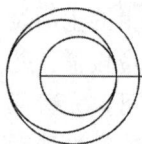

第九章 结论与展望

本书在综合以往遗产旅游和旅游环境研究成果的基础上，立足山岳型世界文化遗产地面临的环境问题，采用交叉学科研究方法，对山岳型世界文化遗产地旅游环境质量进行实证研究。主要结论概述如下：

第一，本书对山岳型世界文化遗产地旅游环境质量问题研究，符合国际遗产旅游研究发展态势，为遗产旅游研究拓展了一个全新的研究视角。

围绕本书标题中的"遗产旅游"、"旅游环境"核心关键词，在 SCI-EXPANDED、SSCI 和 A&HCI、Elsevier Electronic Journals、ProQuest Information and Learning 等数据库中进行检索，进行文献计量分析。国外遗产旅游研究主要以城镇遗产、村落遗产、历史公园三大类型为对象，较少涉及山岳型世界文化遗产地。美国佛罗里达州立大学旅游管理系终身教授 Mark A. Bonn 2007 年在 *Annals of Travel Research* 发表论文《为遗产旅游者创造舒适的旅游环境空间》，开创遗产旅游环境研究的先河。中国是世界遗产第二大国，拥有 8 处山岳型世界文化遗产地，理应立足丰厚的遗产资源，为国际遗产旅游研究做出贡献。本书符合国际遗产旅游发展态势，顺应国家旅游发展战略要求。

第二，人居环境理论、旅游体验理论、循环经济理论、低碳经济理念理论等交叉学科相关理论是本书重要的理论基点。

围绕所要解决的问题，借助人居环境理论、旅游体验理论、循环经济理论、低碳经济理论等交叉学科的思想和技术，探索合适的解决方法。人居环境理论对山岳型世界文化遗产地旅游环境质量测量维度确定提供方法论指导意义；旅游体验理论对理论模型构建提供重要启示；循环经济理论和低碳经济理念对为山岳型世界文化遗产地旅游环境质量优化建设提供操作技术支撑。

第三，对山岳型世界文化遗产地旅游环境质量理论进行探研，构筑本书的文心。

书中提出了山岳型世界文化遗产地旅游环境质量的内涵：自然环境健康养生性、文化环境休闲益智性、社会环境和谐融洽性和设施环境低碳环保性。构建山岳型世界文化遗产地旅游环境质量的理论模型。采用文献变量提取的方法，结合专家意见，拟定山岳型世界文化遗产地旅游环境质量测量指标体系，共计 43 个指标。

第四，采用量化实证研究，确定山岳型世界文化遗产地旅游环境质量的影响因子、关键变量、潜在价值、指标表现性和重要性分布。

武当山旅游者主要来自湖北省内、陕西、河南周边邻近省份，其年龄、职业、学历和年收入结构上的差异比较大。年龄上以青中年为主，职业上以工薪阶层和学生为主，学历上以大专或本科学历为主，年收入 4 万元以下的游客占据绝对比重。自助旅游人数远远超过团队游客人数。旅游者停留时间介于一天到两天，整体消费水平普遍不超过 500 元。这说明武当山存在延长旅游者停留时间、提升旅游消费水平、扩大市场辐射范围的价值和潜力。

采用 SPSS16.0 软件探索性因子分析，三次旋转后，提取 4 个公因子和 12 个变量，累积方差贡献率达到 69.91%。根据变量属性，相应命名为遗产地"自然环境"、"文化环境"、"设施环境"和"社会环境"因子。通过 F 检验，发现除"性别"外，旅游者"年龄"、"年收入"、"职业"和"受教育程度"不同，对遗产地旅游环境质量体验存在显著差异。

多元回归分析结果表明：山岳型世界文化遗产地旅游环境质量影响因子对旅游者的体验价值、满意度和忠诚意愿具有正向显著影响作用。而且，因子之间的交互影响作用显著，对旅游者的体验效果具有扩大作用。

AMOS17.0 软件验证性因子分析表明：12 个指标变量和 4 个因子构建的测量方程模型适配度较好，因子和变量之间的路径关系合理。而且，"环境容量适度"、"文化元素传承"、"空气环境质量优"、"水环境质量优良"、"声环境质量优良"、"交通工具低碳"、"度假设施绿色"这几个指标的路径系数大于 0.69，对旅游环境质量体验影响较大。

SPSS16.0 均值统计结果显示：遗产地武当山"空气环境质量优"、"声环境质量优良"、"水环境质量优良"、"遗产建筑经典"和"交通工具低碳"5 项指标的均值得分均大于 4，表现性好。

指标重要性和表现性分布图分析显示出武当山旅游环境质量评价的各个指标变量的分布状况。其中，空气环境质量优、水环境质量优良、声环境质量优良、交通工具低碳重要性和表现性均处于较高水平，遗产建筑经典表现性好，这五个方面是武当山旅游环境建设的优势所在，需要继续保持和维护；环境容量调控、文化元素传承、度假设施绿色化这三个指标重要性突出，但表现性较差，是旅游环境建设的严重制约瓶颈；而宗教氛围原真性维护、优良环卫质量保障、公共服务质量高质、餐饮有机化发展这四个指标的重要性和表现性暂时都不突出，因而也存在较大的改善空间。

第五，引入博客游记内容分析方法，校验量化实证研究，原汁原味地揭示旅游者对武当山旅游环境真实体验情感。

武当山博客游记的撰写者主要位于武汉、北京、上海、广州等省会或其他大中城市。青年、青中年男性游客发表游记频率较高。他们主要是公司职员和学生，普遍采取自助旅游方式，为发表博客游记的活跃群体。

通过博客游记典型情境分析，发现旅游者对山林之乐、天然氧吧、水之清甜、谷之幽静等自然环境健康养生体验明显。遗产古建经典、道教文化本真性震撼人心、武当功夫极富魅力，但道教文化世俗化不符合旅游者的心理期望，武当武术文化传承和大众化互动开发欠缺，文化环境休闲益智性有待通过产业层面加以提升。环保旅游巴士收效良好，绿野菜肴颇具吸引力，但山地度假设施却差强人意，旅游设施低碳环保建设刻不容缓。从社会环境体验来看，旅游环境整体安全性良好，但部分景点、线路旅游环境容量超载，住宿、餐饮旅游消费价格诚信服务质量亟待提升，构建和谐融洽的社会环境不可忽视。博客游记内容分析与指标重要性和表现性分析结果一致。

第六，结合实证分析结果和前沿理念、技术，提出武当山旅游环境质量优化建设的建议。

立足实证研究结果和案例实际，本书提出实施清洁生产、推进资源循环利用、完善绿色管理的旅游环境优化建设建议。其中，清洁生产是基本前提，资源循环利用是运作方式，绿色管理是可靠保障。清洁生产是从源头上控制和预防环境污染的新理念，实施思路为：景观游憩设施生态化、低碳交通工具多样化、住宿设施标准化、节能化、旅游餐饮有机化等。资源循环利用可以降低废弃物产生量和清洁成本，依托武当山旅游资源禀赋，本书提出自然生态资源和武当山古建筑群、武当武术、武当道教、武当道医等文化生态资源的节约与循环利用，太阳能、风能、生物质能等清洁能源的开发，固体和液体废弃物的再利用等实践思路，拓展生态产业链，营造良好的旅游环境。绿色管理是提升旅游环境质量的重要途径。实施路径为：完善现代化生态安全监控体系，实现废弃物无害化处理，通过道教生态伦理观、鼓励产品适度消费和循环利用，引导绿色旅游消费等。致力于把武当山建设成为旅游环境质量示范区，彰显人与自然、人与人、人与自身的和谐共存性。

随着全球资源竞争的加剧和低碳能源革命的掀起，山岳型世界文化遗产地旅游环境质量提升任重道远，本研究也只是冰山之一角。限于笔者的理论视野和研究精力，本书在如下几个方面尚待完善：

第一，旅游环境质量基础理论有待进一步完善。书中采用人居环境学、环境经济学等学科交叉的研究方法，提出山岳型世界文化遗产地旅游环境质量的概念，在理论内涵阐释上还存在着提升和完善的空间。

第二，理论模型普适性有待进一步验证。书中对武当山的实证研究虽表明预设模型拟合度较好，但后续研究还需要对中国其余七处山岳型世界文化遗产地进行实证研究，验证理论模型的普适性。

第三，案例研究对象有待进一步拓展。考虑到书中主要围绕武当山为典型案例，具有明显的针对性，今后还需要对其余7处山岳型世界文化遗产地进行横向对比或聚类研究，方能明确旅游环境质量评价与建设的共性问题。需要注意的是，中国山岳型世界文化遗产地旅游环境特征不同，构成要素也有差异，旅游环境质量优化建议也需要因地制宜提出。

中国的山岳型世界文化遗产与许多业已消失或仅存遗迹的文明奇观共生共存，饱含着地球文明资讯，遗存至今。期待更多的后续相关研究成果出现，共同推动遗产旅游环境研究发展，使山岳型世界文化遗产地成为人与自然和谐相处、彰显地球家园魅力的典范。

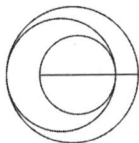

参 考 文 献

一、英文部分

[1] Andrew Holden. The environment-tourism nexus: Influence of market ethics[J]. Annals of Tourism Research, 2009(3).

[2] B. Joseph Pine, James H. Glimore. The experience economy: Work is theatre and every business is a stage[M]. Harvard Business School Press, 1999.

[3] C. A. Doxiahs. Ecumenopolis: The inevitable city of the future[M]. Athens Publishing Center, 1975.

[4] Carlino, G., Mills, E.. The determinants of county growth[J]. Journal of Regional Science, 1987 (1).

[5] Chen, C. F. Investigating structural relationships between service quality, perceived value, satisfaction, and behavioral intentions for air passengers: Evidence from Taiwan [J]. Transportation Research Part A, 2008(4).

[6] Chen, C. F., Tsai, D.. How destination image and evaluative factors affect behavioral intentions[J]. Tourism Management, 2007(4).

[7] Christopher Tweed, Margaret Sutherland. Built cultural heritage and sustainable urban development[J]. Landscape and Urban Planning, 2007(83).

[8] Cohen, E. A.. Phenomenology of tourist experiences[J]. The Journal of the British Sociological Association, 1979, 1.

[9] Cohen, E.. Rethinking the sociology of tourism[J]. Annals of Tourism Research, 1979 (16).

[10] Davide Geneletti, Dorje Dawa. Environmental impact assessment of mountain tourism in developing regions: A study in Ladakh, Indian Himalaya[J]. Environmental Impact Assessment Review, 2009(4).

[11] Deepak Chhabra. Staged authenticity and heritage tourism[J]. Annals of Tourism Research, 2003(3).

[12] Frochot, Hughes. Histoqual: The development of a historic houses assessment scale [J]. Tourism Management, 2000 (2).

[13] Fitzgerald, Yaw Jr.. Cleaner technology for sustainable tourism: Caribbean case

studies[J]. Journal of Cleaner Production, 2005, 13 (2).

[14]G. Ross. Tourist destination images of the wet tropical rainforests of North Queensland [J]. Australia Psychologist, 1991, 1.

[15]Günay Kocasoy, Hatice İmer Mutlu, B. Aylin Zeren Alagöz. Prevention of marine environment pollution at the tourism regions by the application of a simple method for the domestic wastewater[J]. Desalination, 2008, 226(1-3).

[16] Hamid Beladi, Chi-Chur Chao. Tourism and the environment [J]. Resource and Energy Economics, 2009(1).

[17]Herbert, D. Literary places, tourism and the heritage experience [J]. Annals of Tourism Research, 2001(2).

[18]Ivana Logar. Sustainable tourism management in Crikvenica, Croatia: An assessment of policy instruments[J]. Tourism Management, 2010, 31(1).

[19]Hamid Beladi, Chi-Chur Chao, Bharat R. Hazari, et al.. Tourism and the environment[J]. Resource and Energy Economics, 2009, 31(1).

[20]Hyungyu Park. Heritage tourism: Emotional journeys into nationhood[J]. Annals of Tourism Research, 2010(1).

[21]John S. Akama Damiannah Mukethe Kieti. Measuring tourist satisfaction with Kenya's wildlife safari: A case study of Tsavo West National Park[J]. Tourism Management, 2003(24).

[22] Jose Antonio Puppim de Oliveira. Governmental responses to tourism development: Three Brazilian case studies[J]. Tourism Management, 2003, 24(1).

[23]Kao, Y. F., Huang, L. -S., Wu, C. -H.. Effects of theatrical elements on experiential quality and loyalty intentions for theme parks[J]. Asia Pacific Journal of Tourism Research, 2008(2).

[24]Kyung Ho Kang, Laura Stein, Cindy Yoonjoung Heo, et al.. Consumers' willingness to pay for green initiatives of the hotel industry[J]. International Journal of Hospitality Management, 2012, 31 (2).

[25] Lorraine Nicholas, Brijesh Thapa, Yong Jae Ko. Residents' perspectives of a world heritage site: The Pitons Management Area, St. Lucia [J]. Annals of Tourism Research, 2009(3).

[26]Macdonald, S.. Undesirable heritage: Fascist material culture and historical consciousness in Nuremberg[J]. International Journal of Heritage Studies, 2006(1).

[27] Maria Berrittella. Ageneral equilibrium analysis of climate change impacts on tourism [J]. Tourism Management, 2006(5).

[28] Maria Kousis. Tourism and the environment: A social movements perspective [J]. Annals of Tourism Research, 2000 (2).

[29] Mark A. Bonn, Sacha M. Joseph, Mathews, Mo Dai, Steve Hayes, Jenny Cave.

Heritage cultural attraction atmospherics: Creating the right environment for the heritage/cultural visitor[J]. Journal of Travel Research, 2007(2).

[30] Masberg, Silverman. L. H.. Visitor experience at heritage sites: A phenomenological approach[J]. Journal of Travel Research, 1996(4).

[31] Michael Barker, Stephen J. Page. Visitor safety in urban tourism environments: The case of Auckland[J]. New Zealand Cities, 2002, 19(4).

[32] Mimi Li, Bihu Wu, Liping Cai. Tourism development of world heritage sites in China: A geographic perspective[J]. Tourism Management, 2008(29).

[33] Natan Uriely, Aviad A. Israeli, Arie Reichel. Heritage proximity and resident attitudes toward tourism development[J]. Annals of Tourism Research, 2002(3).

[34] Neelam C. Poudyal, Donald G. Hodges, H. Ken Cordell. The role of natural resource amenities in attracting retirees : Implications for economic growth policy [J]. Ecological Economics, 2008(2).

[35] Nzaku, K., Bukenya, J.. Examining the relationship between quality of life amenities and economic development in the southeast USA[J]. Review of Urban and Regional Development Studies, 2005 (2).

[36] Otto, J. E., Ritchie, J. R. B.. The service experience in tourism[J]. Tourism Management, 1996(3).

[37] Parasuraman, A., Zeithaml, V. A., & Berry, L.. SERVQUAL: A multiple item scale for measuring consumer perceptions of service quality[J]. Journal of Retailing, 1988 (1).

[38] Parasuraman, A., Zeithaml, V. A., Berry, L.. A conceptual model of service quality and its implications for future research[J]. Journal of Marketing, 1985(4).

[39] Petrick, J. F. Backman. An examination of the construct of perceived value for the prediction of golf travelers' intentions to revisit[J]. Journal of Travel Research, 2002 (1).

[40] Sandro Pignatti. Impact of tourism on the mountain landscape of central Italy[J]. Landscape and Urban Planning, 1993(1).

[41] Stefan Gossling. Ecological foot print analysis as a tool to assess tourism sustainability [J]. Ecological Economics, 2002(43).

[42] T. Young. False, cheap and degraded: When history, economy and environment collided at Cades Cove, Great Smoky Mountains National Park [J]. Journal of Historical Geography, 2006(1).

[43] Takamitsu Jimura. The impact of world heritage site designation on local communities—A case study of Ogimachi, Shirakawa-mura, Japan[J]. Tourism Management, 2010 (1).

[44] Tran Huu Tuan, Stale Navrud. Capturing the benefits of preserving cultural heritage

［J］. Journal of Cultural Heritage, 2008(3).

［45］Yaniv Poria, Richard Butler, David Airey. The core of heritage tourism［J］. Annals of Tourism Research, 2003(1).

［46］Yoo-Shik Yoon, Jin-Soo Lee, Choong-Ki Lee. Measuring festival quality and value affecting visitors' satisfaction and loyalty: Using a structural approach［J］. International Journal of Hospitality Management, 2010(2).

［47］Chang, Tou-Chuang. Local uniqueness in the global village: Heritage tourism in Singapore［D］. McGill University , Canada, 1997(59-08).

［48］Chhabra, Deepak. Heritage tourism: An analysis of perceived authenticity and economic impact of the Scottish Highland Games in North Carolina［D］. North Carolina State University, USA, 2001(62-10).

［49］Fowler, Edwin Ray. Heritage tourism attraction, diverse cultures and multicultural history［D］. The University of Texas, USA, 2004 (43-03).

［50］Freitas, Jennifer L.. Heritage tourism as secular pilgrimage [D]. Concordia University, Canada, 1998(37-06).

［51］Harrison, Julia. Sustainability, authenticity and tourism development in Nunavut［D］. Trent University, Canada, 2004(43-05).

［52］Khirfan, Louna Ja'far. Historic preservation and tourism development: Planning for distinctiveness and sustainability in heritage tourism [D]. University of Michigan, USA, 2007 (68-08).

［53］Klingener, Nancy. Becoming paradise: Key West, Florida, and the community consequences of heritage tourism［D］. California State University, USA, 2007(46-04).

［54］Lawrance, Robert A.. Defining and protecting cultural and heritage tourism authenticity in rural Nova Scotia［D］. DalTech Dalhousie University, Canada, 1998(37-06).

［55］Minott, Andre St.. Listening to local voices in historic preservation and heritage tourism: The case of Emancipation Square, Spanish Town Historic District, Jamaica [D]. City University of New York, USA, 2003(63-12).

［56］Ranjan Bandyopadhyay, Duarte B. Morais, Garry Chick. Religion and identity in India's heritage tourism [J]. Annals of Tourism Research, 2008(3).

［57］Richardson, Elvis Nathaniel. Towards a sustainable ecotourism strategy for St. Kitts [D]. University of Calgary , Canada, 1998(36-05).

［58］Whitley, Bryan James. Heritage tourism: Historical society museums, cultural production, and policymaking［D］. State University of New York Empire State College, USA, 2007(45-06).

［59］Wideman, Maureen Anne. A community development approach to heritage tourism in small towns: A case study of Millbrook, Ontario［D］. Trent Universit, Canada, 2008 (36-02).

［60］Yaw，Fitzgerald J.，Jr.．Cleaner technologies as an aspect of sustainable tourism：Caribbean case studies［D］. The University of Southern Mississippi，USA，2004（65-09）.

［61］Young. False，cheap and degraded：When history，economy and environment collided at Cades Cove，Great Smoky Mountains National Park［J］. Journal of Historical Geography，2006，32（1）.

［62］Yoo-Shik Yoon，Jin-Soo Lee，Choong-Ki Lee. Measuring festival quality and value affecting visitors' satisfaction and loyalty：Using a structural approach［J］. International Journal of Hospitality Management，2010，29（2）.

［63］Zahra. Rethinking regional tourism governance：The principle of subsidiarity［J］. Journal of Sustainable Tourism，2011，19（4-5）.

［64］Zeppel，Hall. Selling art and history：Cultural heritage and tourism［J］. Journal of Tourism Studies，1991，2（1）.

［65］Zeppel，Hall，Weiler. Arts and heritage tourism［J］. Special Interest Tourism，1992.

二、中文部分

［1］蒂莫西. 遗产旅游［M］. 陈尽能译. 北京：旅游教育出版社，2002.

［2］莱斯特·R. 布朗. B 模式——拯救地球，延续文明［M］. 林自新译. 上海：东方出版社，2003.

［3］凯文·林奇. 城市意象［M］. 北京：华夏出版社，2001.

［4］克鲁蒂拉. 自然环境经济学：商品性和舒适性资源价值研究［M］. 北京：中国展望出版社，1989.

［5］托马斯·海贝勒，李惠斌. 中国与德国的环境治理：比较的视角［M］. 北京：中央编译出版社，2012.

［6］威廉·J. 穆尔塔夫. 美国遗产保护的历史和原理［M］. 谢靖译. 北京：电子工业出版社，2012.

［7］陈才. 旅游体验的性质与结构——基于博客游记的探讨［M］. 北京：旅游教育出版社，2010.

［8］郭玉锦. 网络社会学［M］. 北京：中国人民大学出版社，2010.

［9］郝润华. 山水趣谈［M］. 上海：上海古籍出版社，2010.

［10］李丽萍. 宜居城市建设研究［M］. 北京：经济日报出版社，2007.

［11］刘鸿志，郭米娜. 绿色发展的实证研究与探索［M］. 北京：中国环境科学出版社，2012.

［12］刘会远，李蕾蕾. 德国工业旅游与工业遗产保护［M］. 北京：商务印书馆，2007.

［13］聂华林. 发展生态经济学导论［M］. 北京：中国社会科学出版社，2006.

［14］邵甬. 法国建筑、城市、景观遗产保护与价值重现［M］. 上海：同济大学出版

社, 2010.

[15]陶良虎. 中国低碳经济——面向未来的绿色产业革命[M]. 北京: 研究出版
社, 2010.

[16]陶伟. 中国"世界遗产"的可持续旅游发展研究[M]. 北京: 中国旅游出版
社, 2001.

[17]王军. 循环经济的理论与研究方法[M]. 北京: 经济日报出版社, 2007.

[18]王云龙. 新兴旅游产业问题研究[M]. 天津: 南开大学出版社, 2007.

[19]吴必虎. 旅游规划原理[M]. 北京: 中国旅游出版社, 2010.

[20]吴良镛. 吴良镛城市研究论文集[M]. 北京: 中国建筑工业出版社, 1996.

[21]吴良镛. 人居环境科学导论[M]. 北京: 中国建筑工业出版社, 2001.

[22]谢彦君. 旅游体验研究——走向实证科学[M]. 北京: 中国旅游出版社, 2010.

[23]熊焰. 低碳之路——重新定义世界和我们的生活[M]. 北京: 中国经济出版
社, 2010.

[24]杨锐. 中国自然文化遗产资源管理[M]. 北京: 社会科学文献出版社, 2001.

[25]杨雪峰. 循环经济运行机制研究[M]. 北京: 商务印书馆, 2008.

[26]游正林. 社会统计学[M]. 北京: 社会科学文献出版社, 2010.

[27]于志均. 中国传统武术史[M]. 北京: 中国人民大学出版社, 2006.

[28]张朝枝. 旅游发展与世界遗产地政府治理: 理论与实证旅游研究进展[M]. 北
京: 商务印书馆, 2009.

[29]张朝枝. 旅游与遗产保护——基于案例的理论研究[M]. 天津: 南开大学出版
社, 2008.

[30]张薇. 园冶文化论[M]. 北京: 人民出版社, 2006.

[31]中国人民大学气候变化与低碳经济研究所. 低碳经济——中国用行动告诉哥本
哈根[M]. 北京: 石油工业出版社, 2010.

[32]左冰. 旅游流动、资本积累与不平衡地理发展——基础设施建设对旅游发展影
响研究[M]. 北京: 经济科学出版社, 2010.

[33]安定明, 张利雅. 中国世界遗产地旅游环境分析及其对策[J]. 中国科技信息,
2008(23).

[34]卞欣毅. 规划中的文化景观保育方法研究——以武当山世界文化遗产地为例[J].
四川建筑, 2006(1).

[35]崔凤军. 泰山旅游环境承载力及其时空分异特征与利用强度研究[J]. 地理研究,
1997(4).

[36]李金, 张跃西. 旅游环境容量模型的改进及应用探讨[J]. 西南农业大学学报,
2009(1).

[37]梁军, 郑硕飞. 社区参与乡村旅游环境系统维护的实证研究——以井陉县于家
村为例[J]. 安徽农业科学, 2008(21).

[38]林璧属. 武夷山封闭式管理对利益相关者的影响研究[J]. 旅游学刊, 2006(7).

[39]林越英. 旅游环境保护与创造研究的初步研究框架[J]. 北京第二外国语学院学报，2007(3).

[40]刘庆友，冯立梅. 庐山旅游可持续发展研究[J]. 北京第二外国语学院学报，2003(4).

[41]卢军. 巧妙利用山地，营造家园[J]. 广西城镇建设，2005(10).

[42]孟华，秦耀辰. 遗产保护与遗产旅游双赢的制度选择[J]. 中国人口·资源与环境，2005(2).

[43]苗壮. 深圳华侨城生态广场的设计[J]. 城乡建设，2008，6.

[44]南剑飞. 旅游景区游客满意度模糊综合评判方法刍议[J]. 社会科学家，2008(2).

[45]钱丽萍，罗明. 武夷山世界遗产地旅游环境承载力研究[J]. 环境科学与管理，2009(7).

[46]史春云，刘泽华. 基于单纯感知模型的游客满意度研究[J]. 旅游学刊，2009(4).

[47]万金保，朱邦辉. 庐山风景名胜区旅游环境容量分析[J]. 城市环境与城市生态，2009(4).

[48]王辉，刘琳琳. 生态足迹模型在旅游环境研究中的应用——以中国32个地区为例[J]. 大连民族学院学报，2008(6).

[49]王辉，杨高荣. 城市旅游环境质量评价方法探讨——以大连市为例[J]. 大连海事大学学报，2009(2).

[50]王潞，李树峰. 旅游伦理、旅游环境保护与旅游可持续发展关系探讨[J]. 河北大学学报，2009(2).

[51]王群. 旅游环境游客满意度的指数测评模型——以黄山风景区为例[J]. 地理研究，2006(1).

[52]王兴斌. 体验经济新论和旅游服务的创新[J]. 桂林旅游高等专科学校学报，2003(1).

[53]王正刚，侯兆铭. 塑造的城市环境[J]. 建筑学报，2003(1).

[54]徐嵩龄. 中国文化与自然遗产的管理体制改革[J]. 管理世界，2003(6).

[55]徐喆，马冲亚. 城市旅游环境竞争力评价与提升策略研究[J]. 吉林师范大学学报，2009(1).

[56]杨美霞. 世界旅游精品建设目标下的张家界旅游环境管理对策研究[J]. 环境科学与管理，2008(8).

[57]俞孔坚，李博. 自然与文化遗产区域保护的生态基础设施途径——以福建武夷山为例[J]. 城市规划，2008(10).

[58]张薇，黄黎敏. 论世界文化遗产地武当山的核心价值[J]. 中国紫禁城学会会刊，2010(7).

[59]张薇，黄黎敏. 世界文化遗产保护与生态型旅游产品培养的和谐[J]. 经济管理，

2009(12).

[60]张薇,张晓燕.世界文化遗产地殷墟旅游可持续吸引力提升研究——基于旅游产品原真性开发的新视角[J].北京第二外国语学院学报,2009(5).

[61]张薇.《园冶》古典人类宜居环境理论探研[J].自然科学史研究,2006(3).

[62]张薇,张晓燕.黄鹤楼景区旅游吸引力提升研究——基于深度旅游的视角[J].武汉大学学报,2011(1).

[63]张言庆.旅游目的地游客忠诚度的驱动因素及管理启示[J].北方经济,2007(1).

[64]章尚正,杨琪.世界文化遗产地——黄山、西递、宏村国外旅游实证分析[J].黄山学院学报,2008(12).

[65]周志田,王海燕,杨多贵.中国宜居城市研究与评价[J].中国人口·资源与环境,2004(1).

[66]邹统钎,吴丽云.旅游体验的本质、类型与塑造原则[J].旅游科学,2003(4).

[67]陈辉.基于生态足迹理论的四川青城山区生态旅游可持续发展研究[D].四川农业大学硕士论文,2007.

[68]李岚.行旅体验与文化想象——论中国现代文学发生的游记视角[D].华中师范大学博士论文,2007.

[69]孟华.中国山岳型"世界自然—文化遗产"的人地和谐论[D].河南大学博士论文,2006.

[70]张良斌.基于 ASEB 分析框架的历史文化遗产旅游体验研究[D].华东师范大学硕士学位论文,2009.

[71]循环经济评价指标体系[EB/OL]. http://hzs.ndrc.gov.cn/newfzxhjj/ W020070814519102464061.doc.

[72]邹统钎.遗产旅游发展与管理[M].北京:中国旅游出版社,2010.

[73]白如山,王晓文.跨界区域品牌共享型旅游地冲突及其治理机制研究——以福建土楼为例[J].亚热带资源与环境学报,2012,7(4).

[74]蔡尚伟.武当武文化影视化创新研究[C].2010 中国文化创新高峰论坛(武当山论坛)论文集,2010.

[75]程励.非常规突发事件影响下遗产旅游研究的"后危机"聚焦[J].旅游学刊,2012,6.

[76]邓小艳,刘英.符号化运作:世界文化遗产旅游地创新发展的路径选择——以湖北武当山为例[J].经济地理,2012,32(009).

[77]董皓,张喜喜.近十年国外文化遗产旅游研究动态及趋势——基于 *Annals of Tourism Research* 与 *Tourism Management* 相关文章的述评[J].人文地理,2012,27(5).

[78]冯捷蕴.世界遗产旅游:在理想和现实之间[J].旅游学刊,2012(4).

[79]顾江.慈祥道家的天人合一思想及其与旅游文化的融合[C].2010 中国文化创新

高峰论坛(武当山论坛)论文集，2010.

[80]郭文，黄震方.基于场域理论的文化遗产旅游地多维空间生产研究——以江南水乡周庄古镇为例[J].人文地理，2013，28(2).

[81]何景明.文化遗产旅游目的地：形象建构[J].旅游学刊，2010 (6).

[82]胡北明，王挺之.基于利益相关者视角的我国遗产旅游地管理体制改革[J].软科学，2010，24(5).

[83]胡北明，王挺之.我国遗产旅游地的利益相关者分析：两个对立的案例[J].云南师范大学学报(哲学社会科学版)，2010，42(3).

[84]胡志毅.国外遗产旅游"内生矛盾论"研究述评[J].旅游学刊，2011，26(9).

[85]李蕾蕾.逆工业化与工业遗产旅游开发：德国鲁尔区的实践过程与开发模式[J].世界地理研究，2002，11(3).

[86]李爽，黄福才，李建中.旅游公共服务：内涵，特征与分类框架[J].旅游学刊，2010 (4).

[87]李雪峰.旅游区资源过度利用的经济学分析及治理途径探究[J].旅游学刊，2002，17(5).

[88]刘长生.一般均衡视角的旅游产业福利效应研究——基于中国四个世界双遗产旅游地的面板数据分析[J].旅游科学，2011，25(4).

[89]刘长生，简玉峰.环境保护与旅游经济协调发展研究——基于中国四大世界自然与文化遗产旅游目的地的面板数据分析[J].旅游学刊，2010 (10).

[90]刘庆友，冯立梅.庐山旅游可持续发展研究[J].北京第二外国语学院学报，2003(4).

[91]罗佳明.遗产旅游的发展向度：遗产地精神与体验旅游的融合[J].旅游学刊，2010 (5).

[92]马波.旅游与民生：从抽象到具象[J].旅游学刊，2010 (7).

[93]孟华，秦耀辰.遗产保护与遗产旅游双赢的制度选择[J].中国人口·资源与环境，2005(2).

[94]闵庆文."科学性解说"是遗产旅游科学发展不可忽视的一个方面[J].旅游学刊，2012 (6).

[95]曲颖.遗产性旅游景点开发和管理的逆营销思考[J].旅游学刊，2012 (4).

[96]隋丽娜，李颖科，程圩.中西方文化遗产旅游者顾客价值差异研究——以旅西游客为例[J].旅游学刊，2010 (2).

[97]孙克勤.中国的世界自然遗产战略管理研究[J].中国人口·资源与环境，2011，21(3).

[98]孙业红.关于遗产旅游几个重要问题的认识[J].旅游学刊，2012 (4).

[99]石美玉，孙梦阳.非物质遗产旅游利用中的三大环节探论——以北京为节点的实证研究[J].旅游学刊，2010 (6).

[100]陶伟，王花妮.遗产旅游地平遥古城本土小企业的空间聚集[J].旅游学刊，

2013（12）.

[101]王京传，李天元. 国外旅游目的地治理研究综述[J]. 旅游学刊，2013，28(6).

[102]王林，廖国一. 从困境到理性：村落遗产旅游中的自组织研究——以龙脊平安寨为例[J]. 旅游科学，2013，27(2).

[103]徐嵩龄. 中国遗产旅游业的经营制度选择——兼评"四权分离与制衡"主张[J]. 旅游学刊，2003，18(4).

[104]杨桂华，张一群. 自然遗产地旅游开发造血式生态补偿研究[J]. 旅游学刊，2012(5).

[105]尹华光，赵丽霞，彭小舟等. 张家界非物质文化遗产旅游居民感知差异分析[J]. 经济地理，2012，32(005).

[106]尹寿兵，刘云霞，赵鹏. 景区内旅游小企业发展的驱动机制——西递村案例研究[J]. 地理研究，2013，32(002).

[107]赵娜娜，熊康宁，肖时珍. 中国的世界自然遗产旅游与保护研究进展[J]. 旅游论坛，2011(6).

[108]赵悦，石美玉. 非物质文化遗产旅游开发中的三大矛盾探析[J]. 旅游学刊，2013，28(9).

[109]张宏梅. 文化学习与体验：文化遗产旅游者的核心诉求[J]. 旅游学刊，2010(4).

[110]张朝枝，保继刚. 国外遗产旅游与遗产管理研究——综述与启示[J]. 旅游科学，2005，18(4).

[111]张建忠，孙根年. 遗址公园：文化遗产体验旅游开发的新业态——以西安三大遗址公园为例[J]. 人文地理，2012，27(1).

[112]张维亚，陶卓民，蔡碧凡，等. 基于结构方程模型的遗产旅游地网站营销路径——以中国世界遗产地官方网站为例[J]. 地理研究，2013，9.

[113]张晓燕. 旅游景区事件营销误区透析——以飞机再次穿越天门洞为例[J]. 旅游学刊，2006，21(8).

[114]张晓燕，詹丽，郑宇飞. 世界文化遗产地旅游融资制约因素及实现途径分析——以武当山为例[J]. 武汉金融，2013(4).

[115]庄志民. 文化遗产旅游产品创新设计的意象视角初探 [J]. 旅游学刊，2010，25(5).

[116]庄志民. 文化遗产旅游价值取向的新探索[J]. 旅游学刊，2012(5).

[117]周永博，沙润，卢晓旭. 文化遗产旅游地意象空间扩散研究[J]. 地理科学，2012，32(11).

[118]周永博，沈敏，魏向东. 遗产旅游地意象媒介传播机制——苏州园林与江南古镇的比较研究[J]. 旅游学刊，2012(10).

[119]周志田，王海燕，杨多贵. 中国宜居城市研究与评价[J]. 中国人口·资源与环境，2004(1).

[120]朱建安. 世界遗产旅游发展中的政府定位研究[J]. 旅游学刊, 2004, 19(4).

[121]陈爱宣. 古村落旅游公司利益相关者共同治理模式研究[D]. 厦门大学博士学位论文, 2008.

[122]李玉峰. 新遗产城市[D]. 中央美术学院博士学位论文, 2010.

[123]游巍斌. 世界双遗产地武夷山风景名胜区景观演变时空特征、干扰模拟与生态安全预警研究[D]. 福建农林大学博士学位论文, 2012.

[124]张晓燕. 山岳型世界文化遗产地旅游环境宜人性研究[D]. 武汉大学博士学位论文, 2011.

[125]周永博. 文化遗产旅游景观意象结构性评价与信息化传播[D]. 南京师范大学博士学位论文, 2011.

[126]朱强. 京杭大运河江南段工业遗产廊道构建[D]. 北京大学博士学位论文, 2007.

三、博客游记网址

[1]祈福问道武当山[EB/OL]. http://lvyou.elong.com/101555/tour/a001lca2.html.

[2]湖北省内十日游——武当山第四日[EB/OL]. http://shiyan.cncn.com/article/101156/.

[3]相看两不厌,还有武当山[EB/OL]. http://you.ctrip.com/travels/wudangshan146/1071959.html.

[4]武当山灵[EB/OL]. http://blog.iboysky.com/home-space-uid-437034-do-profile-view-me.html.

[5]春雨拂过的武当山[EB/OL]. http://www.mafengwo.cn/travel-news/115890.html.

[6]6月的武当山别样游[EB/OL]. http://you.ctrip.com/travels/wudangshan146/1231459.html.

[7]武当雪(上)[EB/OL]. http://you.ctrip.com/travels/wudangshan146/1185291.html.

[8]武当山·逃票行[EB/OL]. http://u.8264.com/space-33847698-do-blog-id-259742.html.

[9]宜昌—襄樊—武当山5日游[EB/OL]. http://you.ctrip.com/travels/wudangshan146/1144744.html.

[10]武当山游记[EB/OL]. http://user.qzone.qq.com/423468499/blog/1279036306.

[11]道法自然,武当灵山[EB/OL]. http://you.ctrip.com/travels/wudangshan146/1254507.html.

[12]武当山游记[EB/OL]. http://www.uzaiuzai.com/youji.php? uid=37 2010-7-17.

[13]逍遥谷[EB/OL]. http://enya1840.blogbus.com/logs/70040297.html.

[14]武当山—襄樊—武汉圣诞之旅游记[EB/OL]. http://www.9tour.cn/info/53/223051.shtml.

[15]武当山雪(下)[EB/OL].http://beijing.cncn.com/article/110949/.

[16]宏伟玄妙的古代建筑——紫霄建筑群之一[EB/OL].http://blog.sina.com.cn/s/blog_5e7f9fb80100fhz5.html.

[17]湖北省内十日游——襄樊、武当山第三日[EB/OL].http://you.ctrip.com/travels/wudangshan146/1148055.html.

[18]武当山经典游2008年春6老人20站游之第一站[EB/OL].http://you.ctrip.com/travels/wudangshan146/1064682.html.

[19]武当山日志[EB/OL].http://www.mtime.com/my/1130796/blog/3643388/.

[20]出游札记[EB/OL].http://blog.sina.com.cn/s/blog_638c5ec00100ic51.html.

[21]武当山—襄樊—南阳—许昌—新郑—云台山[EB/OL].http://you.ctrip.com/travels/wudangshan146/1220006.html.

[22]武当山两日游[EB/OL].http://you.ctrip.com/travels/wudangshan146/1144179.html.

[23]襄阳—隆中—武当[EB/OL].http://wankamoon.blog.163.com/blog/static/30733339201138101612423/.

[24]南京到武当山旅游游记[EB/OL].http://www.xici.net/d113466827.htm.

[25]中原西北之武当(中)[EB/OL].http://you.ctrip.com/travels/wudangshan146/1276883.html.

[26]武当山之行有感[EB/OL].http://user.qzone.qq.com/410442597/blog/1286220928.

[27]雨中游武当[EB/OL].http://shiyan.cncn.com/article/127721/.

[28]重阳节登武当山[EB/OL].http://shiyan.cncn.com/article/130567/.

[29]武汉—武当山自助游[EB/OL].http://u.cncn.com/space-71397-do-blog-id-185539.html.

[30]杭州到武当山周末两日游[EB/OL].http://you.ctrip.com/travels/wudangshan146/1026940.html.

[31]失败的武当山之游[EB/OL].http://lxl81825.blog.163.com/blog/static/162115048201031205245193/

[32]五一湖北自驾游:武当山—米公祠—襄阳古城—古隆中—明显陵[EB/OL].http://www.xcar.com.cn/bbs/viewthread.php?tid=12138424.

[33]返乡日记——游武当山[EB/OL].http://www.lanyue.com/html/99/328499-135210.html.

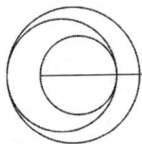

附录 山岳型世界文化遗产地武当山旅游环境质量调查问卷

尊敬的先生/女士：

您好！非常诚挚地邀请您参与世界文化遗产地武当山旅游环境的调查活动。此问卷不记姓名，仅公布综合数据用于专题研究，保证不会泄露您的任何个人信息。此次问卷调查会占用您的一些时间。对于您的支持与合作，我们表示衷心的感谢！

第一部分 个人基本资料

本部分选择题均为单项选择题，请您在符合实际情况的方格内打"√"。

1. 请问您的性别？
   (1)□ 男
   (2)□ 女

2. 请问您的年龄？
   (1)□ 14 岁及以下
   (2)□ 15～24 岁
   (3)□ 25～34 岁
   (4)□ 35～44 岁
   (5)□ 45 岁及以上

3. 请问您的最高学历？
   (1)□ 初中以下
   (2)□ 高中或中专
   (3)□ 大专或大学本科
   (4)□ 研究生及以上

4. 请问您目前的职业？
   (1)□ 政府机关或事业单位工作人员
   (2)□ 企业或公司工作人员
   (3)□ 学生
   (4)□ 自由职业者
   (5)□ 其他

5. 请问您的个人年收入(人民币)？
 (1)□ 2 万元以下
 (2)□ 2 万~3. 99 万元
 (3)□ 4 万~7. 99 万元
 (4)□ 8 万~11. 99 万元
 (5)□ 12 万元以上

6. 请问您来自哪个省份和城市？

_____

7. 请问您乘坐的主要交通工具？
 (1)□ 飞机
 (2)□ 火车
 (3)□ 长途汽车
 (4)□ 自驾车
 (5)□ 其他

8. 请问您旅游的主要方式？
 (1)□ 参加旅行团
 (2)□ 单位组织
 (3)□ 会议考察
 (4)□ 自助旅游

9. 请问您在此地的游览时间？
 (1)□ 1 天及以下
 (2)□ 1~2 天
 (3)□ 2~3 天
 (4)□ 3 天及以上

10. 请问您在此地的所有旅游花费大概是？
 (1)□ 300 元及以下
 (2)□ 300~499 元
 (3)□ 500~999 元
 (4)□ 1000 元及以上

第二部分　山岳型世界文化遗产地武当山旅游环境质量和旅游体验效果调查

请您对武当山旅游环境质量和旅游体验效果打分，5 分表示"非常赞同或非常满意"，4 分表示"比较赞同或比较满意"，3 分表示"中立或一般"，2 分表示"比较反对或比较不满意"，1 分表示"非常反对或非常不满意"。

旅游环境质量

问 题 要 素	非常赞同	比较赞同	中立	比较反对	非常反对
A01 气候舒适	5	4	3	2	1
A02 空气环境质量好	5	4	3	2	1
A03 噪声干扰小	5	4	3	2	1
A04 水环境质量好	5	4	3	2	1
A05 植被茂盛	5	4	3	2	1
A06 动植物观赏效果好	5	4	3	2	1
A07 古建筑经典、特色	5	4	3	2	1
A08 道教法事活动氛围庄重	5	4	3	2	1
A09 武术文化传承较好	5	4	3	2	1
A10 旅游安全性好	5	4	3	2	1
A11 废弃物收捡、清理及时	5	4	3	2	1
A12 游客数量适中	5	4	3	2	1
A13 服务人员态度好	5	4	3	2	1
A14 当地居民友善	5	4	3	2	1
A15 收费价格合理	5	4	3	2	1
A16 车辆尾气污染小	5	4	3	2	1
A17 度假设施干净舒适	5	4	3	2	1
A18 品尝了当地绿色菜肴	5	4	3	2	1
A19 购买了使用环保包装的旅游商品	5	4	3	2	1
A20 索道给旅游带来了便利	5	4	3	2	1
A21 厕所干净卫生	5	4	3	2	1
A22 垃圾箱分布合理	5	4	3	2	1
A23 标志系统醒目	5	4	3	2	1
A24 休息亭、椅布局合理	5	4	3	2	1

旅游体验效果

问 题 要 素	非常赞同	比较赞同	中立	比较反对	非常反对
Z01 了解了更多的知识	5	4	3	2	1
Z02 实现道教朝拜愿望	5	4	3	2	1
Z03 身心放松、心情调节	5	4	3	2	1
Z04 感受到人际关系的和谐	5	4	3	2	1
Z05 对武当山旅游环境感到满意	5	4	3	2	1
Z06 感觉此次旅游非常值得	5	4	3	2	1
Z07 会再次来武当山旅游	5	4	3	2	1
Z08 会推荐其他人来武当山旅游	5	4	3	2	1
Z09 愿意在武当山多停留几天	5	4	3	2	1

~问卷到此结束，再次感谢您的填写~

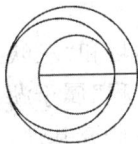

后　记

　　本书跨越了 8 年的资料搜集和思考沉淀，今天得以出版，周围许许多多的朋友和同事都为本书贡献了智慧和精力。

　　本书汲取了武汉大学师生们的宝贵思想，是集体智慧的结晶。在武汉大学经济与管理学院的学术殿堂之中，谭力文老师、李燕萍老师、吴先明老师、刘伟老师、赵锡斌老师的严谨治学精神和精彩课堂讲解使我颇为受益。本书在体系结构、研究方法等方面得到了李锡元老师、杨艳琳老师、刘学元老师、寿志钢老师、樊志勇老师的辛勤指导。同时，张彪、王九位、崔俊涛、张浩、廖军华、赵勇、钟晟、吴新宇、闵详晓等同学为本书的撰写贡献了宝贵的智慧。感谢浙江大学周玲强教授、陕西师范大学马耀峰教授和东北财经大学谢彦君教授对本书初稿的辛勤评阅和指导。

　　从硕士求学到博士毕业，笔者非常荣幸能师从武汉大学经济与管理学院张薇教授。张老师严谨的治学态度和豁达的人生态度深深感染着我们每一位学生。从师几载，受益终生。本书的选题、调研、框架构思每一步都倾注着导师的智慧和心血，犹记得在去武当山开会的列车上，笔者与导师一起讨论书中需要完善的章节的情景。在导师主持的国家社会科学基金项目"旅游目的地和谐环境构建研究——围绕中国山岳型世界文化遗产地资源开发与保护"（编号：07BJY136）的资助下，笔者完成了对庐山、武当山、青城山、峨眉山 4 处山岳型世界文化遗产地的多次实地调研，获得了宝贵的第一手资料，积累了丰富的原始素材。

　　同时，在三峡大学阚如良教授主持的国家社会科学基金项目"非物质文化遗产保护传承与旅游开发的互动研究"（编号：12BMZ052）的资助下，笔者系统地完成了近十年遗产旅游研究进展的文献计量分析，以及对武当山等八处山岳型世界文化遗产地的非物质文化遗产资源的调查与研究。

　　本书研究得到了笔者所主持的湖北省社科基金项目"武当山旅游环境质量评价与优化建设研究——基于世界遗产大国新背景"（编号：2013217）的支持。在其资助下，笔者完成了对中国的世界遗产大国地位、2013 年国际世界遗产地旅游环境保护新动态以及武当山典型案例等内容的科学分析与实证研究。

　　此外，笔者所主持的湖北省教育厅人文社会科学研究项目"世界文化遗产地武当山旅游环境质量宜人性研究"（编号：2012Q145）、宜昌市科学技术研究与开发项目"低碳经济视角下的宜昌市旅游景区生态环境优化研究"（编号：A2012-302-32）、三峡大学科学基金项目"世界遗产地文化旅游产业发展研究——以武当山为典型案例"（编号：KJ2011B048）均为本书的调查研究和规范分析给予了很大的支持。

以上基金项目为本书提供了切实可靠的项目经费支持。这使笔者能够长期专注于遗产旅游学术研究，而且保证了研究体系的一脉相承和研究内容的不断深化，从而最终使笔者扎实、完整、系统地完成本书的理论构思和实际撰写工作。

本书最终出版得到了三峡大学"管理科学与工程"省级重点学科建设项目和"三峡区域经济社会可持续发展三峡大学协同创新中心"的资助。"管理科学与工程"属于湖北省级重点(特色)学科，依托 3 个省重点实验室和 2 个省级人文社科重点研究基地。该学科在复杂系统理论与应用、战略管理、信息系统理论与应用等方面开展了富有成效的探索。"三峡区域经济社会可持续发展三峡大学协同创新中心"依托管理科学与工程、工商管理等优势特色学科，协同国务院三峡办移民管理咨询中心等 7 家单位开展创新研究，并将"三峡区域旅游产业发展研究"作为中心的四个创新平台之一。这为本书提供了良好的平台支持基础。为此，谨以出版此书来感谢上述机构的全力支持！

三峡大学经济与管理学院领导及学术委员会的专家们对本书的出版给予了很大的帮助和支持。学院专门组织召开出版资助论证会议，会上专家们对本书内容和细节提出了宝贵的指导意见。三峡大学旅游管理教研室和长江三峡旅游发展研究中心为本书出版提供了大力支持和帮助，并对书中具体内容提出了科学建议。在各位领导、专家、同事严谨的治学精神和新颖的学术思想影响下，本书内容日臻完善。在此，对院领导、专家和系教研室老师的辛勤指导与辛苦付出深表谢忱！

三峡大学理学院应用数学专业的张艳娟老师对书中的因子分析、假设检验、结构方程模型及多元回归分析等数理统计工具和分析内容贡献很大，多次对这部分内容进行数学演算和运行分析，并提出了宝贵的修改意见。更为可贵的是，通过与张艳娟老师的多次讨论、学习交流，笔者还学到了更为便捷的数学、图表编辑工具，如MATLAB 等，领会到了数理统计研究的科学性与严谨性。张老师严谨的数学思维更使笔者受益良多。感谢张老师的辛勤付出。

感谢武当山旅游局张科长、武当山特区政府接待办讲解员刘佳，他们为本书的资料收集和问卷发放提供了大力支持。

最后，本书的撰写还参阅了大量的国内外文献，在此对学术同仁们表示诚挚的谢意。

限于时间和能力所限，本书的疏漏和不完善之处还请读者提出宝贵意见、给予指正。

2013 年 12 月 20 日